Εὐαγγελία Ν. Ἀμοιρίδου

# Ἡ editio princeps τῶν Ἑλληνικῶν «Πρακτικῶν» (1577) τῆς Συνόδου Φερράρας-Φλωρεντίας

Περιγραφή - Διάδοση - Ἐπιβίωση

Θεσσαλονίκη 2012

Κατασκευή Εξωφύλλου: Εκδόσεις Μέθεξις
Επιμ. Έκδοσης: Εκδόσεις Μέθεξις

© Copyright Εκδόσεις Μέθεξις 2012
Καρόλου Ντηλ 27, Θεσσαλονίκη ΤΚ 546 23
Τηλ. - Fax: 2310-278301
e-mail: info@metheksis.gr
www.metheksis.gr

ISBN: 978-960-6796-27-2

Απαγορεύεται η ολική, μερική ή περιληπτική αναδημοσίευση, αναπαραγωγή ή διασκευή του περιεχομένου του παρόντος βιβλίου με οποιονδήποτε τρόπο χωρίς γραπτή άδεια του εκδότη.

*Τοῦ Πετρῆ*

*Ἡ editio princeps τῶν Ἑλληνικῶν «Πρακτικῶν» (1577) τῆς Συνόδου Φερράρας-Φλωρεντίας*

Ἀντί προλόγου

Ὁ κόσμος τοῦ παλαίτυπου βιβλίου ἐξακολουθεῖ νά ἀσκεῖ πάνω μου ἰδιαίτερη γοητεία, ἴδια μ' αὐτήν τῆς στιγμῆς πού τόν πρωτογνώρισα, πᾶνε τώρα πιά κοντά δύο δεκαετίες. Γυρίζω καί ξαναγυρίζω ὁλοτρίγυρα ἀπό τά παλαιά βιβλία, μέ τήν σχέση πού περιγράφουν οἱ στίχοι πού σιγοσφύριζε ὁ παππούς μου, ὁ μπαρμπα- Ἀναγνώστης Δουγαλῆς, «... τοῖχος παλιός δέ γίνεται, καινούργιος δέ χαλνιέται· καινούργι' ἀγάπη γίνεται, παληά δέ λησμονιέται...». Ἐκεῖνο πού πιό πολύ μέ συγκινεῖ στά παλιά βιβλία, εἶναι πού τό καθένα τους κουβαλάει στίς σελίδες του στά φανερά μέν τήν ὅποια «ἱστορία» πού τυπώθηκε σ' αὐτό, καί σιωπηλά τήν δική του ἱστορία, τό δικό του παραμύθι. Τό παραμύθι αὐτό, πού διαβάζεται μέ ἄλλον τρόπο γιατί ἔχει τήν δική του γλῶσσα, συχνά κρύβει ἀπρόσμενη ἐξέλιξη, πιό συχνά ὅμως ἐξελίσσεται μέ τήν ἴδια ρουτίνα, πού κι αὐτή στά μάτια μου φαντάζει γοητευτική, ἀφοῦ πιά μοῦ εἶναι οἰκεία.

Ἡ ἱστορία ἑνός τέτοιου βιβλίου, πού ξεκίνησε ἕναν αἰώνα προτοῦ κἄν 'δεῖ τό διά τοῦ τύπου φῶς τό 1577, ξεδιπλώνεται στίς σελίδες πού ἀκολουθοῦν. Μοῦ τό πρωτόδειξε κατά σύμπτωση πρίν μερικά χρόνια ὁ ἰδιοκτήτης του, τόν ὁποῖο εὐχαριστῶ ἐκ βάθους καρδίας γιά τήν δυνατότητα πού μοῦ πρόσφερε νά τό μελετήσω. Σύμφωνα μέ τήν πάγια ρουτίνα, τό ἀναζήτησα πρῶτα - πρῶτα στούς σχετικούς βιβλιογραφικούς καταλόγους, ὅπου, λόγω τῆς σπανιότητάς του, βρῆκα μόνον ἐπιγραμματικές ἀναφορές. Μετά, τό ἕνα ἔφερε τό ἄλλο καί ἐγώ βρέθηκα νά τά ἀκολουθῶ, κι αὐτό κατάληξε στήν ἱστορία πού ἐδῶ παρατίθεται.

"Συνοδοιπόροι" μου στό τελευταῖο στάδιο αὐτοῦ τοῦ δρόμου στάθηκαν οἱ συνάδελφοι θεολόγοι, Ἑλένη Κατῆ, ὑποψήφια διδάκτορας, καί Ἀναστάσης Βασιλειάδης, μεταπτυχιακός φοιτητής. Ἐλπίζοντας ὅτι μυήθηκαν στόν γοητευτικό κόσμο τῆς ἔρευνας, τούς εὐχαριστῶ ἀπό καρδιᾶς γιά κάθε λεπτό πού δαπάνησαν, ὥστε ἡ ἱστορία αὐτή νά ὁλοκληρωθεῖ πιό ἄρτια. Ἐπίσης τούς συναδέλφους Μαρία Καζαμία, Ἄννα Κόλτσιου, Ἑλένη Οἰκονόμου, Σωτηρία Σταυρακοπούλου, Χρῆστο Ἀραμπατζῆ, Διονύση Βαλαῆ καί Σίμο Πασχαλίδη, γιά τήν εἰκρινῆ - καί πέρα ἀπό τήν συναδελφική συμπαράσταση - πρόθυμη συνδρομή τους ὅποτε τούς χρειάστηκα. Στήν Δέσποινα Τσούρκα - Παπαστά-

*Ευαγγελία Αμοιρίδου*

θη, πού μέ τιμᾶ τόσο ἡ ἴδια ὅσο καί ἡ οἰκογένειά της μέ τήν φιλία της, χρωστῶ τήν «πίεση» νά ξεπεράσω τούς δισταγμούς μου. Στόν πρίν μερικά χρόνια φοιτητή μου καί τώρα ἐκδότη Γιάννη Καραδέδο ὀφείλω εὐγνώμονες εὐχαριστίες γιά τήν προθυμία του, καί κυρίως τήν διάθεσή του νά «ἐπενδύσει» σέ μή ἰδιαίτερα δελεαστικά γιά τήν ἀγορά βιβλίου θέματα.

Τό ἀφιερώνω στόν Πετρῆ, πού μοῦ ἔδειξε πῶς τό παραμύθι γίνεται παραμυθία.

Θεσσαλονίκη, 2012. Φεβρουάριος.

*Ἡ editio princeps τῶν Ἑλληνικῶν «Πρακτικῶν» (1577) τῆς Συνόδου Φερράρας-Φλωρεντίας*

Βραχυγραφίες

    BZ Byzantinische Zeitschrift

    CFHB Corpus Fontium Historiae Byzantinae

    DTC Dictionnaire de Théologie Catholique

    ΕΑ Ἐκκλησιαστικὴ Ἀλήθεια

    ΕΕΒΣ Ἐπετηρὶς Ἑταιρείας Βυζαντινῶν Σπουδῶν

    OCP Orientalia Christana Periodica

    REB Revue des Études Byzantines

    PLP Prosopographisches Lexikon der Paleologenzeit (Wien)

*Ἡ editio princeps τῶν Ἑλληνικῶν «Πρακτικῶν» (1577) τῆς Συνόδου Φερράρας-Φλωρεντίας*

Περιεχόμενα

| | |
|---|---|
| Ἀντί προλόγου | 5 |
| Βραχυγραφίες | 7 |
| Περιεχόμενα | 9 |
| Εἰσαγωγή | 11 |
| Α. Ἡ σύνοδος | 11 |
|    Γραμματειακή ὀργάνωση | 13 |
|    Πρακτικά τῆς Συνόδου | 15 |
|    Σωζόμενα Κείμενα | 18 |
| Β. Ἱστορία τῆς ἔρευνας | 23 |
|    Μέρος Α΄ | 29 |
|    Η Editio Princeps των Ελληνικών «Πρακτικών» Περιγραφή | 29 |
| Κεφάλαιο 1ο. Ἀπό τά Πρακτικά στά «Πρακτικά» | 31 |
|    α) Ἰωάννης Πλουσιαδηνός (1429/30-1500) | 31 |
|    β) Ἡ ταυτότητα τῆς Περιγραφῆς. Ὁ δημιουργός της | 36 |
|    Περιεχόμενο | 36 |
|    Συγγραφέας | 37 |
| Κεφάλαιο 2ο. Η Editio Princeps των Ελληνικών «Πρακτικών» | 41 |
|    Περιγραφή. Συντελεστές της Έκδοσης | 41 |
| Α. Τὸ Ἔντυπο | 41 |
|    α) Περιγραφή | 41 |
|    β) Περιεχόμενα | 44 |
| Β. Συντελεστες Της Εκδοσης | 47 |
|    α) Τυπογράφος. Φραγκίσκος Ζανέτης | 47 |
|    β. Ὁ χαλκογράφος Berto | 49 |
|    γ) Χορηγός τῆς ἔκδοσης | 50 |
|    δ) Ἐκδότες. Gasparo Viviani - Nicolò Stridoni | 52 |
|    ε) Διορθωτής. Ματθαῖος Δεβαρῆς | 57 |

Μέρος Β' 61
Η Editio Princeps των Ελληνικών «Πρακτικών». 61

Κεφάλαιο 1°. Εκδόσεις - Μεταφράσεις 63
   I. α) Ἡ λατινική μετάφραση τῶν Ἑλληνικῶν «Πρακτικῶν» τοῦ Βαρθολομαίου Ἀβράμου 63
   I. β) Ἐκδόσεις Συλλογῶν Πρακτικῶν μέ τήν λατινική μετάφραση τοῦ Ἀβράμου 69
   II. Ἐκδόσεις Συλλογῶν Πρακτικῶν μέ τά Ἑλληνικά «Πρακτικά» καί λατινική μετάφραση τοῦ Ματθαίου Καρυόφυλλου 71
   III. Αὐτοτελεῖς ἐκδόσεις τῶν Ἑλληνικῶν «Πρακτικῶν» 74

Κεφάλαιο 2°. Τα Ελληνικά «Πρακτικά» και ο Κόσμος της Ουνίας 81

Μέρος Γ' 91
Η Editio Princeps των Ελληνικών «Πρακτικών» Επιβίωση 91
Τα Ελληνικά «Πρακτικά» στον Ελληνικό Κόσμο 93
α) Ἱστορία πολιτική (1578) 95
β) Βιβλίον ἱστορικόν (α' ἔκδοση 1631) 97
γ) Δοσιθέου Ἱεροσολύμων, Δωδεκάβιβλος (1715) 103
δ) Μελετίου Ἀθηνῶν, Ἐκκλησιαστική Ἱστορία (α' ἔκδοση 1784) 105
Επίλογος 109
Βιβλιογραφία 113

*Ἡ editio princeps τῶν Ἑλληνικῶν «Πρακτικῶν» (1577) τῆς Συνόδου Φερράρας-Φλωρεντίας*

Εισαγωγή

Α. *Η σύνοδος*

Στό τέλος τοῦ ἔτους 1437 ἀπό τήν Μπολώνια, ὅπου βρισκόταν, ὁ πάπας Εὐγένιος Δ΄ (1431-1447) ἀπέλυε βούλλα, μέ τήν ὁποία ἀνακοίνωνε τήν μεταφορά τῆς Συνόδου ἀπό τήν Βασιλεία στήν Φερράρα καί ὅριζε τήν ἐπίσημη ἔναρξή της στίς 8 Ἰανουαρίου τοῦ ἐπόμενου ἔτους. Προηγουμένως, εἶχε ἐξασφαλίσει τήν φιλοξενία καί τήν προστασία τῆς συνόδου ἀπό τόν ἡγεμόνα τῆς Φερράρας, τόν μαρκήσιο Νικόλαο d' Este. Ἐν ἀναμονῇ τῆς ἀφίξης τῆς ἑλληνικῆς[1] ἀντιπροσωπείας στό ἰταλικό ἔδαφος, ὁ Πάπας ἔστειλε ὡς προπομπό του στήν Φερράρα τόν καρδινάλιο τοῦ Τιμίου Σταυροῦ Ἱεροσολύμων Nicolas Albergati, προκειμένου νά κηρύξει τήν ἔναρξη τῆς Συνόδου. Γιά νά θεωρηθεῖ δέ ἡ Σύνοδος ὡς ἡ ἐπίσημη συνέχεια αὐτῆς τῆς Βασιλείας, ἔπρεπε φυσικά νά συζητήσει ἐπί τῶν ἰδίων θεμάτων μ' αὐτήν, δηλαδή, α) τήν ἕνωση τῶν Ἐκκλησιῶν, β) τήν ἐκκλησιαστική ἀναμόρφωση καί γ) τήν ἀποκατάσταση τῆς εἰρήνης μεταξύ τῶν χριστιανικῶν λαῶν. Ὁ καρδινάλιος Albergati ὁρίσθηκε προεδρεύων στήν Σύνοδο μέχρι τήν ἄφιξη τοῦ Πάπα. Πράγματι, στίς 8 Ἰανουαρίου 1438, καί χωρίς νά ἔχει ὁλοκληρωθεῖ ἡ ἄφιξη στήν Φερράρα ὅσων προτίθεντο νά συμμετάσχουν στήν συγκεκριμένη σύνοδο, στόν καθεδρικό ναό τῆς Φερράρας καί ἐνώπιον εὐάριθμων μελῶν τελοῦνταν ἡ ἑορταστική ἐναρκτήρια συνεδρίαση τῆς Συνόδου[2]. Τήν ἑπόμενη μέρα, 9 Ἰανουαρίου, ὁ προεδρεύων καρδινάλιος, ἀφοῦ ἀνέδειξε τούς ὑπεύθυνους γιά τήν συνοδική καί γραμματειακή λειτουργία, πρότεινε τήν διαδικασία πού θά ἀκολουθηθεῖ: θά ἐξετασθοῦν ὅλα τα ζητήματα, θά γίνουν οἱ ἀπαραίτητες συζητήσεις ἐπ' αὐτῶν καί οἱ σχετικές ἀποφάσεις θά κατατεθοῦν

---

1   Στίς πηγές τῆς ἐποχῆς, ἑλληνικές καί λατινικές, συνήθως οἱ μέν Ἕλληνες ἀποκαλοῦν τούς συνομιλητές τους «Λατίνους» καί «Δυτικούς» καί οἱ Λατῖνοι «Ἕλληνες» καί «Ἀνατολικούς». Ἡ πρακτική αὐτή συχνά ἀκολουθεῖται καί ἐδῶ.

2   Τά σχετικά κείμενα (δεκρέτα κ.λπ.) ἐξέδωσε γιά πρώτη φορά ὁ Horatius Justiniani τό 1638. Ἀπό τήν ἔκδοση αὐτή πέρασαν στήν συνέχεια στίς διάφορες Συλλογές Πρακτικῶν Συνόδων, γιά τίς ὁποῖες γίνεται λόγος στό σχετικό κεφάλαιο, ἀνάμεσα στίς ὁποῖες καί στήν γνωστή μας σειρά Mansi, *Sacrorum Conciliorum nova et amplissima Collectio*, Paris 1901, στόν τόμο 31Β. Τά προκαταρτικά τῆς Συνόδου ἔγγραφα βρίσκονται στίς στ. 1388-1398.

στήν ἁρμόδια ἐπιτροπή, ἡ ὁποία θά φέρει τήν εὐθύνη τῆς ἐπεξεργασίας τους προκειμένου νά πάρουν τήν μορφή ἀποφάσεων. Κατά τήν τρίτη συνεδρίαση, 10 Ἰανουαρίου, διαβάστηκε τό δεκρέτο τῆς ἐπίσημης μεταφορᾶς τῆς Συνόδου ἀπό τήν Βασιλεία στήν Φερράρα. Τό δεκρέτο αὐτό συνάμα ἀκύρωνε κάθε ἀπόφαση τῆς Συνόδου τῆς Βασιλείας, ἐφόσον αὐτή συνέχιζε τίς ἐργασίες της, καί καθιστοῦσε ἀνίσχυρες τίς ὅποιες τυχόν ποινές ἐπέβαλε στούς συνοδικούς τῆς Φερράρας. Ὁ Πάπας, στοχεύοντας νά συντονίσει σχεδόν τήν ἄφιξή του μέ αὐτή τῶν Ἑλλήνων, ἔφθασε καί ὁ ἴδιος στήν Φερράρα στίς 24 Ἰανουαρίου, ἔχοντας προηγουμένως πληροφορηθεῖ ὅτι οἱ Ἕλληνες πλησιάζουν στίς ἀκτές τῆς Ἰταλίας. Τήν ἴδια μέρα ἡ Σύνοδος τῆς Βασιλείας γιόρταζε τήν 31ῃ συνεδρίασή της ἐκδίδοντας τρία καινούργια δεκρέτα.

Δύο ἑβδομάδες ἀργότερα, στίς 10 Φεβρουαρίου, τά μέλη τῆς Συνόδου τῆς Φερράρας κλήθηκαν σέ συνεδρίαση, προκειμένου νά ἀποφασίσουν ἐπί τῶν διαδικαστικῶν ἐκκρεμοτήτων, κυρίως ἐπί τοῦ ζητήματος, πῶς θά λαμβάνονται οἱ ἀποφάσεις στήν Σύνοδο[3]. Προκρίθηκε, ὅλα τά μέλη νά χωρισθοῦν σέ τρεῖς κατηγορίες: μία, στήν ὁποία θά μετέχουν καρδινάλιοι, ἀρχιεπίσκοποι, ἐπίσκοποι· δεύτερη, μέ τούς ἡγούμενους καί τούς μή βαθμοφόρους κληρικούς, καί, τέλος, μία μέ τούς λαϊκούς διδάκτορες τῆς θεολογίας κ.λπ.. Ὁρίσθηκε δέ ὅτι οἱ ἀποφάσεις θά ἐγκρίνονται μέ τήν πλειοψηφία τῶν 2/3 κάθε κατηγορίας. Μέχρι καί τήν ἐνσωμάτωση τῆς ἑλληνικῆς ἀντιπροσωπείας, ἡ ὁποία ἔγινε σέ ἐπίσημη ἑορταστική συνεδρίαση, δέν συζητήθηκαν ἄλλα διαδικαστικά ζητήματα. Ἡ συνέχεια ὡστόσο ἔδειξε, ὅτι ἡ παράλειψη σχετικῆς προετοιμασίας γιά τά ζητήματα πρωτοκόλλου, τόσο σημαντικά γιά τήν εὔρυθμη ἔκφραση τῆς διοικητικῆς ἱεραρχίας, προκάλεσε κενό, τέτοιο, πού ἀποκαλύφθηκε μέ τόν πλέον ἐναργῆ τρόπο ἡ διαφορά στήν ἔκφραση τῶν δύο κόσμων.

Ἡ ἀποστολή τῶν Ἀνατολικῶν[4] εἶχε ἀναχωρήσει ἀπό τήν Κωνσταντινούπολη μέ τήν πεποίθηση, ὅτι ἐπιτέλους πραγματοποιεῖται αὐτό, στό ὁποῖο ἐπέμενε

---

3   Οἱ Μεταρρυθμιστικές σύνοδοι, μέ τόν μεγάλο ἐνθουσιασμό καί τήν δίψα τους νά ἀλλάξουν, εἰ δυνατόν ριζικά, τόν παπικό θεσμό, ἀντιμετώπισαν ἕνα μεῖζον πρόβλημα, πού ὀφειλόταν κυρίως στήν προηγούμενη ἀπειρία τους σέ θέματα συνοδικῆς συμπεριφορᾶς, ὅπως αὐτό τῆς ἀντιπροσώπευσης καί τοῦ δικαιώματος ψήφου. Ὁ ἐνθουσιασμός αὐτός ὁδηγοῦσε μεγάλο ἀριθμό ἀντιπροσωπειῶν στίς συνόδους, ὁπότε ἔπρεπε στήν συνέχεια νά διευκρινισθεῖ, ἄν ἡ ἀντιπροσωπεία στό σύνολό της, ἀποτελούμενη ἀπό μητροπολίτες, ἐπισκόπους, ἱερεῖς, μοναχούς, δόκτορες τῆς θεολογίας, λαϊκούς κ.λπ., θά λειτουργοῦσε καί ὡς σύνολο ἀντιπροσώπων, μέ δικαίωμα ψήφου γιά τό καθένα ἀπό τά μέλη της. Ὅπως ἦταν φυσικό, τό ζήτημα αὐτό δέν ἔληξε μέ ὁριστική ἀπόφαση, ὁπότε κάθε σύνοδος ἔκτοτε ὅριζε καί τά τῆς ψηφοφορίας της. Βλ. περισσότερα: C.-J. Hefele - H. Leclercq, *Histoire des Conciles d' après les documents originaux*, Paris 1902, tom. VII², σ. 757ἑξ., τούς σχετικούς κανονισμούς, πού ἀποφασίσθηκαν γιά τήν Σύνοδο τῆς Βασιλείας, καί J. Gill, *Konstanz und Basel-Florenz*, Mainz 1967, χαρακτηριστικά τίς σ. 251-256 [Geschichte der ökumenischen Konzilien, Band IX].

4   Βλ. πρόχειρα: Io. Leontiades, «Die griechische Delegation von Ferrara-Florenz. Eine prosopographische Skizze», Annuarium Historiae Conciliorum, 21(1989), σ. 353-369.

ἡ Ἐκλησία της ἐδῶ καί δύο αἰῶνες περίπου. Δηλαδή, οἱ δογματικές καί ἄλλες διαφορές της μέ τήν Ἐκκλησία τῆς Ρώμης νά συζητηθοῦν ἐνώπιον οἰκουμενικῆς συνόδου[5]. Φθάνοντας ὡστόσο στήν Ἰταλία βρῆκε ἤδη ἐν ἐξελίξει μία σύνοδο τῆς τοπικῆς Ἐκκλησίας, συγκεκριμένα ἑνός μέρους της, ἀφοῦ ἕνα ἄλλο λειτουργοῦσε στήν Βασιλεία. Ἔπρεπε λοιπόν νά ἐνσωματωθεῖ σ' αὐτήν, ταυτόχρονα δέ καί στόν διαφορετικό τρόπο λειτουργίας τοῦ συνοδικοῦ θεσμοῦ[6], ἀπό αὐτόν πού ἡ ἴδια γνώριζε καί ἐφάρμοζε στόν χῶρο της. Ἔπρεπε, γιά πρώτη φορά στήν ἱστορία της, νά ἀκούει τούς συνομιλητές της νά ἐκφράζονται καί νά ἐπιχειρηματολογοῦν σέ ἄλλη γλῶσσα, ἀπό κείμενα πού ἡ ἴδια δέν γνώριζε, σέ μία σύνοδο πού δέν συντονιζόταν ἀπό τόν αὐτοκράτορα ἤ δέν προεδρευόταν ἀπό τόν πατριάρχη της[7], χωρίς νά εἶναι προϊδεασμένη ἐπί τοῦ τρόπου διεξαγωγῆς τῶν συζητήσεων. Ἐπιπλέον, ἔπρεπε νά παρουσιάσει τίς θέσεις της καί νά ὑποστηρίξει τίς ἀπόψεις της, ἐπί τῶν ὁποίων θά λαμβάνονταν καί οἱ τελικές ἀποφάσεις, χωρίς νά γνωρίζει ἐκ τῶν προτέρων, πῶς θά γινόταν αὐτό ὡς πρός τήν ψηφοφορία: ποιοί, δηλαδή, θά ἔχουν δικαίωμα ψήφου, ὥστε οἱ ἀποφάσεις νά μήν προκαθορισθοῦν μόνον ἀπό τήν ἀριθμητική ὑπεροχή τῆς φιλοξενούσας Ἐκκλησίας.

*Γραμματειακή ὀργάνωση*

Ὅλη αὐτή, ἡ ἐκ τῶν πραγμάτων σύνθετη διαδικασία, γιά νά λειτουργήσει ἀποδοτικά, χρειαζόταν ὁπωσδήποτε ἐπαρκῆ, ἔμπειρη καί κατάλληλα ὀργανωμένη γραμματειακή ὑποστήριξη. Πολλῷ δέ μᾶλλον διότι δέν συζητοῦσαν ὁμόγλωσσοι καί "ὁμοϊδεάτες" μεταξύ τους, ἀλλά συνομιλητές μέ διαφορετική γλῶσσα, διαφορετικές προσδοκίες, ἀλλά καί διαφορετικά συμφέροντα. Συνεπῶς, γιά νά ὑπάρξει ἀπόφαση καί κείμενο πρακτικῶν ἑκατέρωθεν ἀποδεκτῶν, ἔπρεπε ἡ καταγραφή τῶν συζητήσεων, καθώς καί ἡ παραγωγή τῶν διαφόρων ἐγγράφων, φυσικά καί τῶν πρακτικῶν, νά συντελεῖται μέ τέτοιο τρόπο, πού θά ἀναιρεῖ κάθε καχυποψία καί δέν θά ἐπιδέχεται ἀμφισβήτησης.

Τό μεῖζον ζήτημα τῆς διαφορετικῆς γλώσσας τῶν συζητούντων ἀντιμετωπίστηκε μέ τήν ὑπόδειξη ἐπίσημου μεταφραστῆ. Ἡ ἀμφίγλωσση μετάφραση

---

5 Βλ. ἐνδεικτικά: J. Gill, «Greeks and Latins in a Common Council», OCP 25(1959), σ. 265-287. Bern. Schultze «Das letzte ökumenische Einigungskonzil theologisch gesehen», στό ἴδιο, σ. 288-309.

6 Τίς δυσχέρειες πρός αὐτήν τήν κατεύθυνση ἀναλύει ὁ Βλ. Φειδᾶς, *Μεθοδολογικά προβλήματα τῆς Συνόδου Φερράρας-Φλωρεντίας*, Ἀθῆναι 1990.

7 Αὐτό τό κλίμα περιγράφει ὁ Εὐ. Χρυσός, «Ἡ Ἀνατολή συναντᾶ τήν Δύση. Πρβλήματα ἐπικοινωνίας καί προκαθεδρίας στή Σύνοδο τῆς Φλωρεντίας», Κλητόριον εἰς μνήμην Νίκου Οἰκονομίδη, (ἐπιμ. Φλ. Εὐαγγελάτου-Νοταρᾶ, Τρ. Μανιάτη-Κοκκίνη), Ἀθήνα-Θεσσαλονίκη 2005, σ. 49-61. Βλ. ἐπίσης, Παρ. Γουναρίδης, «Πολιτικές διαστάσεις τῆς Συνόδου Φερράρας-Φλωρεντίας», Θησαυρίσματα 31(2001), σ. 107-109.

ἀνατέθηκε στόν εὐβοιέα Νικόλαο Σεκουνδινό[8]. Ἀπό τά σχόλια τῶν παρευρισκομένων φαίνεται πώς ἐντυπωσίασε ἰδιαίτερα ἡ εὐχέρεια τοῦ Σεκουνδινοῦ νά μεταφράζει καί πρός τίς δύο γλῶσσες καί μάλιστα σέ λόγιο ἐπίπεδο, πού ἀπέδιδε εὐκρινῶς ἀλλά καί μέ καλλιέπεια τά ὑψηλά νοήματα τοῦ περιεχομένου τῶν συζητήσεων[9]. Φαίνεται δέ, ἀπό τίς σχετικές ἀναφορές, ὅτι δέν περιορίστηκε μόνο στήν μετάφραση. Σέ δύο σημεῖα, γιά παράδειγμα, πῆρε τήν πρωτοβουλία νά παρέμβη στήν Σύνοδο, προκειμένου τήν μία φορά νά διορθώσει τήν μετάφραση στά λατινικά τῆς ἐπιστολῆς Μαξίμου *Πρός Μαρῖνον*[10], καί τήν δεύτερη, νά ἀμφισβητήσει σχετικό χωρίο ἀπό αὐτήν[11].

Ἡ παπική γραφειοκρατία εἶναι βέβαιο ὅτι συνδυαζόταν ἀντίστοιχα μέ καλά ὀργανωμένη γραμματειακή ὑποδομή. Ἐπιπλέον αὐτῆς, γιά τίς ἀνάγκες τοῦ λατινικοῦ "τμήματος" τῆς Συνόδου ἐπιλέγησαν "...duo notarii bonae famae, digni et experti in actibus conciliaribus, qui una cum aliis duobus jam per

---

8    Ἡ διατριβή τοῦ Π. Δ. Μαστροδημήτρη, *Νικόλαος Σεκουνδινός (1402-1464) Βίος καί ἔργον. Συμβολή εἰς τήν μελέτην τῶν Ἑλλήνων λογίων τῆς διασπορᾶς*, Ἐν Ἀθήναις 1970 [ΕΚΠΑ, Φιλοσοφική Σχολή, Βιβλιοθήκη Σοφίας Ν. Σαριπόλου, 9], προσφέρει πλήρη εἰκόνα σχετικά μέ τά τῆς καταγωγῆς, τῆς παρουσίας του στήν Σύνοδο, τήν δραστηριότητά του μετά τήν Σύνοδο καί τά ἔργα του. Νεότερη βιβλιογραφία στό ἐκτενές λῆμμα ἀρ. 25106 «Νικόλαος Σεκουνδινός»στό: Erich Trapp, Hans- Veit Beyer, Sokrates Kaplaneris, Ioannis Leontiadis, *Prosopographisches Lexikon der Palaiologenzeit*, tom. 10, Wien 1990.

9    Π.Δ. Μαστροδημήτρη, Νικόλαος Σεκουνδινός..., σ. 39-42. Ὁ A. Dain, «Le concile de Florence et la philologie», *Irénikon*, 16(1939), σ. 232-236, ἀναζητῶντας ἀπάντηση στό ἐρώτημα, ἄν ἡ Σύνοδος διαδραμάτισε κάποιο ρόλο στά φιλολογικά δρώμενα τῆς ἐποχῆς, συζητᾶ μεταξύ τῶν ἄλλων καί τήν ἀναγκαιότητα πού προέκυψε ἀπό τήν τελευταία ἀντιπαράσταση τοῦ λατινικοῦ κόσμου μέ τόν ἑλληνικό ὡς πρός τήν μόνιμη ἀνάγκη της γιά μεταφραστές καί μεταφράσεις, καί ἐκτιμᾶ ὅτι ἡ Φλωρεντινή Σύνοδος ὁριοθέτησε τήν ἀρχή τῆς νέας ἐποχῆς, πού ἀκολούθησε, καί χαρακτηρίστηκε ἀπό τίς μεταφράσεις ἑλλήνων συγγραφέων στά λατινικά, γιά νά ἐπαναλάβει, μαζί μέ τόν Voigt ὅτι «Florence est bien la "mère" des traductions", σ. 233. Τό θέμα στήν συνάφειά του μελέτησε ἀναλυτικά ἡ συνάδελφος Ἄννα Κόλτσιου-Νικήτα, *Μεταφραστικά ζητήματα στήν ἑλληνόφωνη καί λατινόφωνη Χριστιανική Γραμματεία Ἀπό τούς Ἑβδομήκοντα ὡς τόν Νικόλαο Σεκουνδινό*, Θεσσαλονίκη 2009, βλ. κυρίως σ. 93-121 καί 283-304.

10    «ἀναγνωσθείσης (τῆς ἐπιστολῆς Μαξίμου πρός Μαρῖνον) ἑλληνιστί, ὁ Ῥόδου λατινικῶς πρός τόν πάπαν ἡρμήνευσεν. ἐφ' οἷς Νικόλαος ἑρμηνεύς ὁ Σεκουνδινός ἀνέστη βουλήσει τῶν μητροπολιτῶν, ὡς ἔλεγε, καί εἶπε πρός τόν Ῥόδου. ΝΙΚΟΛ. Οὐ καλῶς ἡρμήνευσας, πάτερ, τό ῥητόν, ἐν οἷς λέγεις τόν ἅγιον λέγοντα, μίαν εἰδέναι τούς Ῥωμαίους ἀρχήν τοῦ Πνεύματος· οὐχ οὕτω γάρ φησιν ὁ ἅγιος Μάξιμος, ἀλλ' ὅτι τόν Υἱόν οὐ ποιοῦσιν αἰτίαν τοῦ ἁγίου Πνεύματος· εἶτα ἐπάγει· *Μίαν γάρ ἴσασιν αἰτίαν Υἱοῦ καί Πνεύματος τόν Πατέρα*», Gill, Que supersunt..., σ. 132[9-20].

11    «Μετά ταῦτα ἀνεγνώσθη καί ἄλλο τι ῥητόν, ὡς ὁ Ῥόδου ἠθέλησε, καί πάλιν ἀνέστη ὁ Νικόλαος, καί φησί. ΝΙΚΟΛ. Γινώσκετε, πατέρες αἰδεσιμώτατοι, ὅτι τό μετά τήν ἐπιστολήν ἐφεξῆς ἀναγνωσθέν οὐκ ἔστι τοῦ Μαξίμου, εἰ καί τοῦ πεποιηκότος τό ὄνομα σεσιώπηται, ἀλλ' ἔστιν ἑτέρου τινός μετά τό σχίσμα τοιαῦτα συγγράψαντος», ὅ.π., 132[28-33]. Φυσικά καί ὁ Συρόπουλος ἀναφέρεται στόν Σεκουνδινό, βλ. V. Laurent, Les "Mémoires"..., σ. 262[8], 326[4], 335 ὑποσ. 6 καί ἀλλοῦ.

dominum S. Crucis deputatis, scribant acta seu gesta concilii, ..."[12]. Γιά τήν καταγραφή τῶν συζητήσεων στίς κοινές συνεδριάσεις ὑποδείχθηκαν τρεῖς νοτάριοι ἀπό κάθε πλευρά. Ἄν καί τά ὀνόματά τους δέν μαρτυροῦνται σέ καμία ἀπό τίς πηγές, αὐτές ὁμοφωνοῦν ὡς πρός τήν ὕπαρξή τους[13]. Ὁ ὑπομνηματογράφος, γιά τόν ὁποῖο κάνει λόγο ὁ Συρόπουλος, ἀπό τήν συνάφεια φαίνεται νά λειτουργεῖ ὡς ὁ νοτάριος τῆς ἑλληνικῆς ἀποστολῆς[14].

Ἡ γραμματειακή ὑποστήριξη τῆς Συνόδου λειτούργησε ὡς ἑξῆς: κατά τήν διάρκεια τῶν κοινῶν συνεδριάσεων ὁ Σεκουνδινός μετέφραζε καί οἱ νοτάριοι «ταχυγραφοῦσαν» τόν ὁμόγλωσσο ὁμιλητή ὅπως τόν ἄκουγαν οἱ ἴδιοι, τόν δέ ἀλλόγλωσσο ὅπως τόν ἀπέδιδε ὁ μεταφραστής. Καθαρόγραφαν τίς σημειώσεις τους αὐτές καί στήν συνέχεια ὁριζόταν συνάντηση, προκειμένου νά ἀντιπαραβάλουν τίς καταγραφές, ὥστε τό τελικό κείμενο νά εἶναι ἴδιο[15]. Αὐτές οἱ ἐλεγχθεῖσες καταγραφές[16], πού καταλαμβάνουν τά 2/3 περίπου τῶν Ἑλληνικῶν «Πρακτικῶν» (βλ. τήν ἑπόμενη παράγραφο), μαζί μέ τά διάφορα ἔγγραφα τῆς Συνόδου καί, φυσικά, τίς ἀποφάσεις της, θά συνιστοῦσαν κατά πᾶσα πιθανότητα τά Πρακτικά της.

## Πρακτικά τῆς Συνόδου

Τό τμῆμα, λοιπόν, τῆς Συνόδου Βασιλείας-Φερράρας-Φλωρεντίας-Ρώμης, (ἀφοῦ, ὡς γνωστόν, ἡ Σύνοδος μετά τήν Φλωρεντία μετέφερε τίς ἐργασίες της στήν Ρώμη, στό Λατερανό), πού σέ ἕνα μέρος της ἀφορᾶ καί τήν συμμετοχή καί τῆς ἑλληνικῆς ἀποστολῆς, περιλαμβάνει φυσικά ὅ,τι κάθε σύνοδος, συζήτηση δηλαδή ἐπί διαφόρων ζητημάτων, μόνο πού στήν προκειμένη περίπτωση αὐτή ἔγινε μέ διαφορετικό τρόπο. Ἄν αὐτό γίνει σαφές, τότε θά γίνει καλύτερα κατανοητό περί τίνος ἀκριβῶς πρόκειται, ὅταν ὁ λόγος γιά

---

12  Mansi, Sacrorum conciliorum..., tom. 31$^B$, 1419$^{BC}$. Βλ. ἐπίσης τόν G. Hofmann, «Charakter der Sitzungen im Konzil von Florenz», *OCP* 16(1950), 359-376.

13  Γιά τούς λατίνους νοταρίους σημειώνει ὁ παρών στήν Σύνοδο (λατῖνος) ἀρχιεπίσκοπος Κρήτης Fantinus Vallaresso, *Libellus de ordine generalium conciliorum et unione Florentina*, (ed. B. Schultze), Romae 1944, σ. 21 [Series B, vol.II, fasc.II]:«Tres vero fideles notarii erant constituti pro qualibet parte, qui omnia gesta in latino fideliter conscribebant». Γιά τούς ἕλληνες, βλ. τήν ἑπόμενη ὑποσημείωση.

14  Πρβλ. ἐνδεικτικά, V. Laurent, Les "Mémoires"..., σ. 424$^{21-23}$: «... εἶπεν ὁ βασιλεύς· Δότωσαν γνώμας καί ἕκαστος λεγέτω ὡς θέλει,... ὥρισε δέ καί τόν ὑπομνηματογράφον, ἵνα γράφῃ τάς γνώμας καί γράφῃ μόνον», καί ἀλλοῦ.

15  «... τά δέ ἀπό στόματος μέλλουσι γράφειν οἱ νοτάριοι»,σ. 88$^{11-12}$, «Καί οὕτως τά μέν ῥητά τῶν ἁγίων ἐγγράφως ἐδόθησαν, τά δέ ἀπό στόματος ῥηθέντα παρ' ἀμφοτέρων ἀντεβλήθησαν καί ἐξισάσθησαν», σ. 89$^{17-19}$, (εἶπεν ὁ Ῥωσίας) «Αἰδεσιμώτατοι πατέρες, ἡ ὑμετέρα ἁγιοσύνη οἶδεν ὅτι περιεστήσαμεν ἵνα συνερχώμεθα ἰδίᾳ καί βλέπωμεν τά παρά νοταρίων γραφόμενα ὡς ἄν ἐξισάσωσιν, καί τό πρᾶγμα μέγα· καί ἐπειδή μέγα ἐστίν, ὀφείλομεν μετά σπουδῆς συνέρχεσθαι καί βλέπειν καί ἐξετάζειν», σ. 106$^{24}$-107$^5$ κ. ἀ.. βλ. σχετικά Gill, Que supersunt..., κυρίως σ. xlviii-xlix.

16  Θά γίνει ἐκτενής λόγος στήν συνέχεια ἀπ' αὐτοῦ, δοθείσης ὅμως τῆς εὐκαιρίας, αὐτές ἀκριβῶς τίς καταγραφές ἀποκαλεῖ *Πρωτόκολλο* ὁ Joseph Gill στήν κριτική ἔκδοση τῶν Ἑλληνικῶν «Πρακτικῶν».

*Εὐαγγελία Ἀμοιρίδου*

πρακτικά τῆς συγκεκριμένης Συνόδου. Κατ' ἀρχήν, τά ἑλληνικά πρακτικά, δηλαδή αὐτό πού γιά τήν Ἐκκλησία τῆς Κωνσταντινούπολης εἶναι πρακτικά ὁλόκληρης τῆς δικῆς συμμετοχῆς στήν Σύνοδο, δέν μπορεῖ νά ταυτίζονται μέ τά λατινικά πρακτικά τῆς Συνόδου αὐτῆς, παρά μόνο σέ ἕνα τμῆμα τους. Ἐπιπλέον, στό τμῆμα της μέ τήν παρουσία τῶν Ἑλλήνων ἡ Σύνοδος τῆς Φερράρας-Φλωρεντίας δέν λειτούργησε μέ τόν ἴδιο τρόπο καθ' ὅλη τήν μακρά διάρκειά της, ἀπό τόν Φεβρουάριο τοῦ 1438 μέχρι τόν Ἰούλιο του 1439. Δέν δαπανήθηκε δηλαδή ὅλο αὐτό τό διάστημα μόνο σέ ἐπίσημες συζητήσεις, ἡ καταγραφή τῶν ὁποίων θά ἀποτελοῦσε καί τά ἐπίσημα πρακτικά της. Ἡ Σύνοδος αὐτή ἐκ τῶν πραγμάτων χρειάσθηκε νά ἀναπτυχθεῖ σέ: α) γενικές συνελεύσεις τῆς ὁλομέλειας, β) διμερεῖς συνεδριάσεις τῶν ἐντεταλμένων ἐπί συγκεκριμένων θεμάτων ἐπιτροπῶν, γ) συνεδριάσεις μόνο τῆς ἑλληνικῆς ἀντιπροσωπείας, γιά ζητήματα πού ἀνέκυψαν κατά τήν διάρκειά της, δ) διμερεῖς συνεδριάσεις συνεργασίας γιά τήν προετοιμασία τοῦ κειμένου τοῦ τελικοῦ ὅρου τῆς ἕνωσης, καί ε) ὑπῆρξαν καί ἑορταστικές συνεδριάσεις τῆς ὁλομέλειας τῆς Συνόδου, ὅπως γιά παράδειγμα ἡ ἐναρκτήρια στήν Φερράρα, ἡ καταληκτική στήν Φλωρεντία, κατά τήν διάρκεια τῶν ὁποίων ἀναγνώσθηκαν ἐπίσημα κείμενα. Συνεπῶς, ζητούμενο εἶναι, τί ἀπό ὅλα, ὅσα διαδραματίσθηκαν κατά τό χρονικό αὐτό διάστημα, θά μποροῦσε νά θεωρηθεῖ ὅτι συνιστᾶ πρακτικά τῆς Συνόδου -ὑπό τήν ἀπόλυτη ἔννοια τοῦ ὅρου-, καί πῶς συντάχθηκαν, ὥστε νά καταρτισθεῖ τό ἐπίσημο σῶμα κειμένων (συζητήσεις, ἀποφάσεις), πού ἡ κάθε Ἐκκλησία ἀποκόμισε μαζί της ὡς ἐπίσημα πρακτικά τῆς Συνόδου.

Τά ἐπίσημα πρακτικά της ἀπό τήν Σύνοδο αὐτή ἡ Ἐκκλησία τῆς Ρώμης διαπίστωσε ὅτι τά ἀπώλεσε ἕναν περίπου αἰῶνα ἀργότερα. Στήν Ἀνατολή, τά ἴχνη τους χάνονται πολύ πιό πρίν, μετά τίς πρῶτες δεκαετίες ἀπό τήν Ἅλωση. Συνεπῶς, ἡ ἀπάντηση στό ἐρώτημα, ὡς πρός τό περιεχόμενο τῶν πρακτικῶν, μπορεῖ νά προσεγγισθεῖ καθ' ὑπόθεση, βασισμένη στήν προηγούμενη ἐμπειρία, ἡ ὁποία δείχνει, ὅτι μέ τόν ὅρο *πράξεις* ἤ *πρακτικά* δηλώνονται οἱ ἐπίσημες συζητήσεις κατά τήν διάρκεια μίας συνόδου. Δηλαδή, τά πρακτικά καί τῆς συγκεκριμένης Συνόδου θά περιεῖχαν τίς ἐπίσημες συζητήσεις μεταξύ τῶν δύο μερῶν, καθώς καί τά σχετικά ἐπίσημα ἔγγραφα.

Ἀπό τίς μορφές, μέ τίς ὁποῖες, ὅπως ἀναφέρθηκε πιό πάνω, ἀναπτύχθηκε ἡ Σύνοδος τῆς Φερράρας - Φλωρεντίας, οἱ ἑορταστικές συνελεύσεις της εἶναι οἱ πιό ἁπλές γιά τά πρακτικά: λαμβάνουν χώρα συνήθως σέ ναό, ὅπου, μετά τήν τέλεση τῆς ἀνάλογης ἀκολουθίας, γίνονται οἱ ἀναγνώσεις τῶν δεκρέτων ἤ οἱ ἐκφωνήσεις τῶν ἐπίσημων, κατάλληλων γιά τήν περίσταση, λόγων, οἱ ὁποῖοι ἔχουν ἑτοιμασθεῖ ἐκ τῶν προτέρων. Συνεπῶς, ὡς πρός αὐτές, ὑπάρχει ἕτοιμο γραπτό κείμενο γιά τά πρακτικά, πλαισιωμένο ἀπό σύντομη περιγραφή τῆς ὅλης διαδικασίας . Οἱ "ἰδιωτικοῦ" χαρακτῆρα -γιά τήν Σύνοδο- συνεδριάσεις τῆς ἑλληνικῆς ἀντιπροσωπείας, ὅσες φορές χρειάστηκε ἀπό τήν ἐξέλιξη τῶν γεγονότων νά γίνουν, δέν ἀφοροῦσαν εὐθέως τήν ἐπίσημη Σύνοδο. Συνεπῶς δέν ἀναμένεται νά ὑπῆρχε κάτι σχετικό ἀπό αὐτές στά ἐπίσημα πρακτικά της[17]. Ἔτσι, ἀπομένουν οἱ συζητήσεις τῶν ἐπισήμων συνεδριάσεων τῆς ὁλομέλειας, καθώς καί αὐτές τῶν συνεδριάσεων τῶν ἐντεταλμένων ἐπιτροπῶν, οἱ ὁποῖες λογικά θά ἀποτελοῦσαν τά ἐπίσημα πρακτικά τῆς Συνόδου, συμπληρωμένα ἀπό τά σχετικά ἔγγραφα τῶν ἀποφάσεων.

Σημειώνεται, ὅτι κατά τήν διάρκεια τῆς διακοπῆς τῶν ἐργασιῶν της, ἀπό τίς 9 Ἀπριλίου 1438 καί γιά τέσσερις μῆνες, λόγῳ τῆς ἀπαίτησης τοῦ βυζαντινοῦ αὐτοκράτορα νά περιμένουν καί τούς ὑπόλοιπους προσκληθέντες εὐρωπαίους ἡγεμόνες καθώς καί ὅσους ἀπό τήν Βασιλεία ἀποφάσιζαν τελικά νά προσέλθουν, γιά νά μήν μένει ἡ Σύνοδος ἀδρανής, ἀποφασίστηκε νά παρουσιασθοῦν οἱ ἀπόψεις τῆς κάθε πλευρᾶς γιά τά ἐπίμαχα ζητήματα ἐνώπιον ὀλιγομελῶν ἐπιτροπῶν[18]. Οἱ εἰσηγήσεις αὐτές, ἄν καί τυπικά ἐκτός τῶν ἐπισήμων συνεδριάσεων τῆς Συνόδου, περιέχονται στό μεγαλύτερό τους μέρος στά Ἑλληνικά «Πρακτικά», τό ἐνδιαφέρον δέ καί ἡ ἀξία τους δίνουν ἐν μέρει καί τό μέτρο γιά τό μέγεθος τῆς ἀπώλειας τῶν ὑπολοίπων.

Ἡ ἀπώλεια τῶν ἐπίσημων πρακτικῶν καί ἡ γενικευμένη χρήση κάποιων ὅρων στίς δημοσιεύσεις, πού μεσολάβησαν μέχρι σήμερα, εἶναι δυνατόν νά μήν ἀνταποκρίνονται πάντοτε καί ἀκριβῶς στά πράγματα. Χρειάζεται λοιπόν νά γίνει σαφές ὅτι: α) ἡ ἀποστολή τῶν Ἀνατολικῶν κατέγραψε στά ἑλληνικά τίς ἐπίσημες συζητήσεις της μέ τήν Ἐκκλησία τῆς Ρώμης. Αὐτά, τά ἐπίσημα ἑλληνικά πρακτικά τῆς Φλωρεντινῆς Συνόδου, χάθηκαν. β) τό λατινικό - κοινό μέ τό ἑλληνικό - κείμενο αὐτῶν τῶν συζητήσεων ἀποτελοῦσε ἕνα τμῆμα τῶν συνολικῶν λατινικῶν πρακτικῶν τῆς συνόδου Βασιλείας-Φερράρας-Φλωρεντίας-Ρώμης, τά ὁποῖα ἐπίσης χάθηκαν. γ) τό ἔντυπο *Ἡ ἁγία καί οἰκουμενική ἐν Φλωρεντίᾳ γενομένη σύνοδος*, πού θά μᾶς ἀπασχολήσει στήν συνέχεια, ἐκδόθηκε τό 1577 μέ πρῶτο ἀπό τά περιεχόμενά της τό «Πρακτικά τῆς ἁγίας καί οἰκουμενικῆς συνόδου…». Ἔκτοτε τό κείμενο αὐτό θεωροῦνταν ὡς τά *Ἑλληνικά Πρακτικά* (acta graeca) τῆς συγκεκριμένης

---

17 Τό ἴδιο φυσικά ἰσχύει καί γιά τήν λατινική πλευρά. Ὡστόσο κατέγραψε ἀρκετά γι' αὐτές ἡ ἑλληνική πλευρά, τόσο ὁ Συρόπουλος ὅσο καί τά Ἑλληνικά «Πρακτικά». Γιά τό ζήτημα τῶν Πρακτικῶν βλ. ἐπίσης καί τήν ἐνδιαφέρουσα προσέγγιση τοῦ Π. Καλλιγᾶ, Περί τῆς ἐν Φλωρεντίᾳ Συνόδου…, σ. 125-140.

18 Ὁμιλητές ὁρίσθηκαν γιά τήν ἑλληνική πλευρά ὁ Ἐφέσου Μᾶρκος καί ὁ Νικαίας Βησσαρίων, καί γιά τήν λατινική ὁ καρδινάλιος Cesarini, ὁ δομηνικανός Ἰωάννης Torquemada καί ὁ Ρόδου Ἀνδρέας Χρυσοβέργης. Οἱ θέσεις στίς ἐπιτροπές αὐτές παρουσιάσθηκαν ἐπί τῇ βάσει κειμένων, πού εἶχαν ἤδη ἀπό παλιότερα ἑτοιμασθεῖ, -Ὑπομνήματα τά ἀποκαλεῖ ὁ Συρόπουλος, βλ. V. Laurent, Les "Mémoires"…, σ. 264$^{7\text{-}16}$. - οἱ δέ συζητήσεις διεξήχθησαν μέ τήν ἐνεργό συμμετοχή καί παρέμβαση καί τοῦ βυζαντινοῦ αὐτοκράτορα.

Συνόδου. δ) οἱ μελέτες ὡστόσο τοῦ J.Gill ἔδειξαν ὅτι δέν πρόκειται γιά ἑνιαῖο κείμενο, ἀλλά γιά συμπίλημα[19]. Κατόπιν αὐτοῦ, ἡ εὐρωπαϊκή βιβλιογραφία ἀναφέρεται σ' αὐτά ὡς res gestae, acts κ.λπ.. Γιά τήν ἑλληνική ὁρολογία, τό συγκεκριμένο κείμενο, τό ὁποῖο γενικῶς περιέχει τά *πραχθέντα* τῆς Συνόδου, θά μποροῦσε νά ἀποκαλεῖται Ἑλληνικά «Πρακτικά», τουλάχιστον, αὐτή εἶναι ἡ χρήση του στήν παροῦσα μελέτη. ε) Ὡς πλησιέστερο πρός τά ἀπωλεσθέντα ἐπίσημα, κοινά - ἑλληνικά καί λατινικά - πρακτικά θεωρεῖται τό τμῆμα ἐκεῖνο τῶν Ἑλληνικῶν «Πρακτικῶν», πού φαίνεται νά περιέχει τήν καταγραφή ἀπό τούς ὁρισθέντες νοταρίους τῶν -ἐλεγχμένων καί διασταυρομένων-ἐπισήμων συζητήσεων, καί τό ὁποῖο πρός διαχωρισμό του ὁ Gill ἀποκάλεσε *Πρωτόκολλο*.

## Σωζόμενα Κείμενα

Ἔχει ἤδη ἀναφερθεῖ, ὅτι ἡ μαρτυρούμενη ἀπό τά σωζόμενα κείμενα ἐπίσημη καταγραφή τῶν συζητήσεων, μέ τόν τρόπο πού παρουσιάσθηκε προηγουμένως, θεωρεῖται ἀπολεσθεῖσα. Ἄμεσα ἀπό τήν Σύνοδο σώζονται μόνον τό πρωτότυπο Ὅρου της, καθώς καί ἀρκετά ἀντίγραφά του, ἐπίσης καί τά διάφορα σχετικά παπικά δεκρέτα. Τά ἔργα, πού θά παρουσιασθοῦν ἀμέσως παρακάτω, δέν εἶναι μέν ἐπίσημα κείμενα τῆς Συνόδου ὑπό τήν αὐστηρή ἔννοια τοῦ ὅρου, προέρχονται ὅμως ἀπό πρόσωπα μέ ἄμεση ἐμπλοκή σ' αὐτήν καί μάλιστα ἀπό ὑπεύθυνη θέση, ὁπότε καί κερδίζουν αὐτοδίκαια τήν ἐκτίμηση ὡς κείμενα ἰδιαίτερης σπουδαιότητας καί ἀμέσου ἐνδιαφέροντος ὡς πρός τήν Σύνοδο. Πρόκειται γιά α) τά Ἑλληνικά «Πρακτικά», β) τά *Ἀπομνημονεύματα* τοῦ μεγάλου ἐκκλησιάρχη Σίλβεστρου Συρόπουλου, καί γ) τά ὑπό μορφή διαλόγου «ἀπομνημονεύματα» τοῦ ἐπίσης παρόντα στήν Σύνοδο καί μέ ὑπεύθυνη θέση (πρωτονοτάριου καί advocatus consistorialis) σ' αὐτήν, τοῦ Adrea de Santa Crusis . Ἐπειδή γιά τό πρῶτο, τά Ἑλληνικά «Πρακτικά» θά γίνει ἐκτενής λόγος στήν συνέχεια, ἐδῶ θά παρουσιασθοῦν, ἐπιγραμματικά, τά ἄλλα δύο.

## Σίλβεστρου Συρόπουλου, Ἀπομνημονεύματα

Ὁ μέγας ἐκκλησιάρχης, κατόπιν καί δικαιοφύλακας Σίλβεστρος Συρόπουλος[20], ἕνας ἀπό τούς πλησιέστερους ὡς ἐκ τοῦ ἀξιώματός του στόν πατριάρχη

---

19 Βλ. περισσότερα παρακάτω, στό κεφ. *Ἀπό τά Πρακτικά στά «Πρακτικά»*.

20 Ἄρτιο βιογραφικό σχεδίασμα, πού ἑτοίμασε ὁ V. Laurent, περιέχεται στά εἰσαγωγικά κεφάλαια τῆς κριτικῆς ἔκδοσης τοῦ ἔργου τοῦ Συροπούλου, *Les "Memoires" du Grand Ecclésiarque de l' Église de Constantinople Sylvestre Syropoulos sur le concile de Florence (1438-1439)*, Roma 1971, σ. 22-24 [Concilium Florentinum Documenta et Scriptores, Series B], σ. 3-19. Βλ. ἐπίσης τά ἄρθρα τοῦ J. Gill, πού ἀναδημοσίευσε στό: *Personalities of the Council of Florence and other Essays*, Oxford 1964: "The "Acta" and the Memoirs of Syropoulus as History», σ. 144-177, καί: «Syropoulus in Venice», σ. 178-185. Βλ. καί τό ἐνημερωμένο βιβλιογραφικά λῆμμα ἀρ. 27217 στό: Erich Trapp, Hans-Veit Beyer, Sokrates Kaplaneris, Ioannis Leontiadis, *PLP*, tom. 11, Wien 1991.

*Ἡ editio princeps τῶν Ἑλληνικῶν «Πρακτικῶν» (1577) τῆς Συνόδου Φερράρας-Φλωρεντίας*

ἀνθρώπους[21], μετά τήν ἐπιστροφή τῆς ἀποστολῆς[22] στήν Κωνσταντινούπολη κατέγραψε τήν ἐμπειρία του ὡς μέλους της, προσφέροντας ἔτσι μία σπουδαιότατη ἐκ τῶν ἔσω μαρτυρία γιά τήν Φλωρεντινή Σύνοδο[23]. Ὁ ἀκριβής τίτλος τοῦ ἔργου του δέν εἶναι γνωστός, διότι αὐτό δέν σώζεται ὁλόκληρο. Δυστυχῶς, δέν τόν διέσωσε καί ὁποιαδήποτε ἄλλη, σύγχρονη ἤ ἀμέσως κατοπινή ἀναφορά σ' αὐτό. Ὁ V. Laurent ἐξηγεῖ, ὅτι στόν σημερινό τίτλο, Ἀπομνημονεύματα, κατέληξε ἀπό τόν τίτλο πού ἔφεραν τά ἐπιμέρους κεφάλαιά του. Γενικῶς, πρόκειται γιά μία ἐκτενῆ διήγηση ἑνός σχετικά μεγάλου χρονικοῦ διαστήματος, πού ἀναπτύσσεται αὐστηρά χρονολογικά καί ἐπιμερίζεται σέ τρεῖς περιόδους: ἡ πρώτη (κεφ. 1-3), ἄγνωστο ἀπό ποῦ ξεκινάει, περιέχει τίς διεργασίες τῶν παπῶν Μαρτίνου Ε΄ καί μετά Εὐγενίου Δ΄ μέ τούς αὐτοκράτορες Παλαιολόγους Μανουήλ Β΄ καί Ἰωάννη Η΄, σχετικά μέ τό ἐνδεχόμενο σύγκλισης οἰκουμενικῆς συνόδου, πού θά ἐξετάσει τήν ἕνωση τῶν Ἐκκλησιῶν. Ἡ δεύτερη περίοδος (κεφ. 4-10), εἶναι ἀφιερωμένη στήν Σύνοδο, ἀποκλειστικά ἀπό τήν πλευρά τῶν Ἀνατολικῶν. Ἡ τρίτη περίοδος περίοδος περιέχει τήν ἐπιστροφή τῆς συνοδικῆς ἀποστολῆς στήν Κωνσταντινούπολη καί τά παρεπόμενα τῆς Συνόδου κατά τήν πενταετία πού ἀκολούθησε[24].

---

21  Ὁ ἴδιος περιγράφει ὡς ἑξῆς τό ἀξίωμά του: «Ἀλλ' ἐνταῦθα καί περί τῆς ἡμετέρας δηλῶσαι βούλομαι τάξεως. Οἱ πρῶτοι τῆς Μεγάλης Ἐκκλησίας ἄρχοντες οἱ σταυροφόροι, οἱ καί ἐξωκατάκηλοι ὀνομαζόμενοι, εἶχον τάξιν καί ἐν καθέδραις, εἴτε συνοδικαῖς εἴτε κελλικαῖς, καί ἐν στάσεσι καί ἐν συλλόγοις, ἵνα ἀεί πλησίον τοῦ πατριάρχου εὑρίσκωνται· ἦσαν δέ πέντε καί ὁμοταγεῖς τα ττόμενοι ὡς αἱ πέντε αἰσθήσεις τοῦ πατριάρχου· καί ὥσπερ αἱ πέντε αἰσθήσεις οὐ διΐστανται τοῦ ἀνθρώπου, οὕτως οὐδέ οὗτοι οἱ πέντε διΐσταντό ποτε τοῦ πατριάρχου, διό καί πρό τῶν ἀρχιερέων ἐκάθηντο καί προκαθήμενοι τῆς συνόδου ἐπευφημίζοντο, ἐν σωπεδίοις ἴσως καθήμενοι, τῶν ἀρχιερέων μόνον ἐν σκάμνοις θρονοειδέσι καθημένων, μᾶλλον δέ τῶν μητροπολιτῶν.» Καί παρακάτω, γιά τήν τήρηση τοῦ σχετικοῦ συνήθους καί στήν Ἰταλία: «Ἐν οὖν τῇ Φερραρίᾳ συνερχομένων τῶν ἀρχιερέων τε καί ἡμῶν περί τόν πατριάρχην, ἐζητήσαμεν ἵνα τηρηθῇ ἡ τάξις ἡμῶν, καί οὐκ ἐγένετο· ἀνηνέγκαμεν ἐκ δευτέρου τῷ πατριάρχῃ περί τούτου, καί οὐκ ἀπεκρίθη· πολλάκις γάρ εἴπομεν περί τούτου καί οὐδένα λόγον ἔδωκεν ἡμῖν, ἑκουσίως, οἶμαι, ταῦτα ποιῶν καί ἀπομακρύνων ἡμᾶς ἀφ' ἑαυτοῦ...», Ἀπομνημονεύματα, σ. 248[36]-250[10].

22  Τήν ἐπιλογή του γιά νά συμμετάσχῃ στήν συνοδική ἀποστολή περιγράφει ὁ Συρόπουλος ὡς ἑξῆς: «Ἐκ τῶν ἐν τῇ πόλει τοίνυν συναθροισθέντων ἀρχιερέων προσκαλεσάμενος ὁ πατριάρχης ἰδίως τούς κρείτονας πρός τήν σύνοδον ἑτοιμάζεσθαι, ἀπελθεῖν...Ἐκ δέ τῶν ἀρχόντων τῆς Ἐκκλησίας ὁ μέγας σακκελάριος, ὁ μέγας σκευοφύλαξ, ὁ μέγας χαρτοφύλαξ, ὁ μέγας ἐκκλησιάρχης, ὁ καί τῶν παρόντων συγγραφεύς,...», σ. 182[20-22]-184[13-14].

23  Hefele - Leclercq, Histoire des conciles..., τόμ. VII², σ. 958-959: «La troisième sourse principale, pour l' histoire du concile de Florence, est le récit du prêtre grec Sylvestre Syropulus....». J. Gill, The Council of Florence, viii ἑξ.: The main documents for the history, as for the theology, of the Council of Florence are three. They are the *Greek Acts*, the so-called *Latin Acts* and the *Memoirs* written by Silvester Sypopoulus.Τοῦ ἰδίου, Konstanz und Basel-Florenz, σ. 463, *Quellen und Ausgaben*: «Eine der wichtigsten Quellen für die Geschichte des Florentinum..., es sind die Memoiren des Sylvester Syropoulos, ...».

24  Γιά τήν ἀκριβή διάρθρωση τοῦ ἔργου βλ. τόν V. Laurent, *Les "Memoires"* ..., σ. 22-24.

*Ευαγγελία Αμοιρίδου*

Ἡ συγγραφή τοῦ Συρόπουλου, πού μᾶλλον ὁλοκληρώθηκε περί τό 1445[25], δέν φαίνεται νά γνώρισε τήν ἀναμενόμενη διάδοση καί τήν ἀναγνώριση, τόσο στόν ἑλληνόφωνο κόσμο ὅσο καί στήν Εὐρώπη, παρά τό γεγονός ὅτι σχετικά νωρίς ἐκδόθηκε τύποις. Ὁ λόγος μάλιστα γι' αὐτό φαίνεται νά συνδέεται μέ τήν ἴδια τήν ἔκδοση. Συγκεκριμένα, ὁ Laurent, παρακολουθώντας μέ γλαφυρότητα τήν διαδρομή ἑνός χειρογράφου μέ τά Ἀπομνημονεύματα τοῦ Συρόπουλου, ὁδηγεῖται στήν ἀφορμή της: τό χειρόγραφο, στά χέρια τοῦ δασκάλου τῶν ἑλληνικῶν καί βιβλιοθηκάριου Vossius, ἔφθασε κάποια στιγμή ὥς τήν αὐλή τῆς παθιασμένης μέ τίς ἀρχαιότητες βασίλισσας Χριστίνας τῆς Σουηδίας (1626-1689). Μετά τήν ἀναχώρησή του ἀπό ἐκεῖ ὁ Vossius πῆρε μαζί του καί τό χειρόγραφο τοῦ Συρόπουλου. Κάποια στιγμή, κάπου στήν Ὀλλανδία, λαμβάνει γνώση τοῦ χειρογράφου ὁ ἄγγλος αὐλικός καί φιλίστορας Edward Hyde, ὁ ὁποῖος, μέ τήν σειρά του ζήτησε ἀπό τόν Robert Creygthon νά τό ἐκδώσει. Εἶναι ἡ ἐποχή, πού ἡ Ἀγγλία ἔχει μέν ἀπομακρυνθεῖ ἀπό τό Βατικανό, ἀλλά ἡ ἐπιρροή τῆς καθολικῆς βασίλισσας φαίνεται νά παίζει κάποιο ρόλο. Πράγματι, ὁ αὐλικός κήρυκας καί κατόπιν ἀγγλικανός ἐπίσκοπος τοῦ Bath and Wells, μέ τήν ἰδιάζουσα προσωπικότητα, ὅπως περιγράφεται, ἀναλαμβάνει τήν ἔκδοση τοῦ χειρογράφου μέ τά Ἀπομνημονεύματα, στό περιεχόμενο τῶν ὁποίων βρίσκει ἀπρόσμενα ἐπιχειρήματα, προκειμένου νά στραφεῖ ἐναντίον τοῦ Πάπα. Ἔτσι ὁ Creygthon ἐκδίδει τό κείμενο μέ τόν εὑρηματικό καί εὔστοχο τίτλο *Vera historia unionis non verae*[26]. Στόν ἐκτενῆ πρόλογο περιέλαβε ἀρκετά καυστικά σχόλια ἐναντίον τοῦ πάπα, φαίνεται ὅμως ὅτι δέν σεβάστηκε ἀπολύτως τό κείμενο τοῦ Συρόπουλου, τό ὁποῖο σέ ἀρκετά σημεῖα παρέφρασε κατά τό δοκοῦν. Τό ἀποτέλεσμα ἄνοιξε τούς ἀσκούς τοῦ Αἰόλου στό καθολικό ἀναγνωστικό κοινό. Ἡ συνέχεια ἀδικεῖ τό ἔργο τοῦ Συρόπουλου, ἀφοῦ ἡ πρόσβαση σ' αὐτό γινόταν μέσα ἀπό τήν κατά Creygthon «ἀνάγνωσή» του, μέ ἀποτέλεσμα γιά τρεῖς αἰῶνες νά κρίνεται μέ ἄκρως ἐπιθετικό τόνο. Εἶναι ἴσως ἐνδεικτικό, ὅτι δέν τό συμπεριέλα-

---

25  Ὅ.π., σ. 40.

26  *Vera historia unionis non verae inter Graecos et Latinos, sive Concilii Florentini exactissima naratio, graece scripta per Sylvesrtun Sguropulum Magnum Ecclesiarcham atque unum è quinque Crucigeris et intimis Conciliariis Patriarchae Constantinipolitani qui concilio interfuit. Transtulit in sermonem latinum, notasque ad calcem libri adjecit... Sacelannus domesticus seu ordinarius Robertus Creyghton s. Th. doctor et S. Burianae decanus,...,* Hagae-Comitis M.DX.LX. Ὁ Laurent ἀναφέρει ὅτι καί ὁ Jacobus Goar εἶχε ἑτοιμάσει μετάφραση στά λατινικά, προκειμένου νά ἐκδώσει τό ἔργο τοῦ Συρόπουλου. Τό χειρόγραφό του, πού δέν τυπώθηκε ποτέ, βρίσκεται στά χειρόγραφα Par. Gr. 380 καί 317 καί φέρει τόν τίτλο: Synodi Florentinae actorum a Sylvestro Syropoulo Magno Ecclesiarcha et Dycaeophilace grace conscriptorum interpretatio Latina a R. P.F. Jacobo Goar ..., βλ. *Les "Memoires"...*, σ. 56-59. Ἀνασκευή τῆς ἔκδοσης Creyghton ἐξέδωσε ὁ Λέων Ἀλλάτιος, *In Roberti Creytoni Apparatum, Versionem et notas ad historiam Concilii Florentini a Silvestro Syporulo de unione inter Graecos et Latinos Exercitationes,* Romae 1674. Ἄν καί ὁ τόμος φέρει τήν ἔνδειξη Α', δέν ἐκδόθηκε ποτέ δεύτερος, πρβλ. Hugo Laemmer, *De Leonis Allatii Codicibus, qui Romae in Bibliotheca Valliceliana asservatur Schediasma,* Friburgi Briscoviae MDCCCLXIV, ὅπου καί κατάλογος τῶν ἐκδεδομένων ἔργων του, σ. 1-5.

βε στίς ἐκδόσεις τῆς καμία ἀπό τίς σειρές μέ ἔργα βυζαντινῶν συγγραφέων (ἡ παρισινή Corpus Historiae Byzantinae, τῆς Βόννης, ἡ PG). Ἔτσι, δυσπρόσιτο στήν χειρόγραφη μορφή του (18 χειρόγραφα, 9 ἀπό αὐτά στόν χῶρο τῆς Ἀνατολῆς)[27], καί ἀπρόσιτο στήν δυσεύρετη ἔντυπη, τό ἔργο τοῦ Συρόπουλου παρέμενε μία γνωστή ἄγνωστη πηγή γιά τήν Φλωρεντινή Σύνοδο καί ὄχι μόνο. «Κανείς ἄλλος στήν βυζαντινή γραμματειακή ἱστορία δέν ἔτυχε τόσο λίγης προσοχῆς, ἐν συγκρίσει πρός αὐτό πού δικαιοῦται, ὅσο ὁ Σίλβεστρος Συρόπουλος· συνήθως ἀναφέρεται ὡς ἕνα ἁπλό ὄνομα στά ἔργα τῶν εἰδημόνων», σχολιάζει ὁ V. Laurent (1971) στήν Εἰσαγωγή του στήν κριτική ἔκδοση τῶν Ἀπομνημονευμάτων τοῦ μεγάλου ἐκκλησιάρχη καί δικαιοφύλακα Σίλβεστρου Συρόπουλου[28]. Ἡ ἔκδοση αὐτή τόν τοποθετεῖ, ἄν μή τι ἄλλο, στήν θέση πού δικαιοῦται.

Τά Ἀπομνημονεύματα τοῦ Συρόπουλου, ὡς πρός τήν Σύνοδο τῆς Φλωρεντίας, συνιστοῦν τήν καταγραφή καί ἀποτύπωση τοῦ χρονικοῦ τῆς ἑλληνικῆς ἀποστολῆς[29]. Ἡ θέση αὐτή δίνει τήν ἀφετηρία καί τήν ὀπτική τοῦ συγγραφέα, ἑνός συγγραφέα μέ προσωπική ἐμπλοκή ἀπό ὑπεύθυνη θέση στήν ὅλη διαδικασία, χωρίς ὡστόσο αὐτό νά ἀκυρώνει τήν οὐσιαστική ἀξία του. Τό γεγονός, ὅτι ἐκφράζει προσωπικές ἐκτιμήσεις, δέν σημαίνει ὅτι παρεμβαίνει καί ἀλλοιώνει τήν ροή τῶν γεγονότων. Κατά συνέπεια, ἡ ἀξία καί ἡ σημασία τοῦ ἔργου ὡς πηγῆς γιά τήν Σύνοδο εἶναι ἀδιαμφισβήτητη. Ἐξάλλου, ποτέ δέν ἀποκλείστηκε ἀπό αὐτές[30].

---

27  Ὅπως σχολιάζει μέ ἔκπληξη ὁ Laurent, ὅ.π., σ. 80, κανένα ἀπό τά 18 αὐτά χειρόγραφα δέν βρίσκεται ἤ δέν ἄφησε ἴχνος σέ ἰταλική βιβλιοθήκη, ἀναρωτιέται μάλιστα, πῶς γνώριζε τό κείμενο ὁ Ἀλλάτιος, βλ. προηγούμενη ὑποσημείωση. Διαμετρικά ἀντίθετη θέση μέ τόν Laurent διατυπώνει ὁ π. Νικ. Δ. Σαββόπουλος, ὁ ὁποῖος στήν μελέτη του Ἀνατολή καί Δύση στήν τελευταία τους συνάντηση. Ἡ σύγκληση τῆς Συνόδου Φερράρας- Φλωρεντίας, Ἱστορική προσέγγιση, Ἀθήνα 2009, σ. 66, ἀναφέρει «Εἶναι γεγονός ὅτι τό ἔργο τοῦ Σ. Συρόπουλου παρέμεινε ἐπί αἰῶνες καλά ἀσφαλισμένο στίς βιβλιοθῆκες τοῦ Βατικανοῦ καί δέν ὑπῆρχε κατά συνέπεια ἡ εὐχέρεια ἐπισταμένης μελέτης καί ἀναφορᾶς σ' αὐτό», χωρίς ὡστόσο νά τεκμηριώνει τήν θέση του μέ τήν ἀνάλογη ἔρευνα τουλάχιστον στούς καταλόγους. Μέχρι αὐτή ἡ θέση νά ἀποδειχθεῖ, ἰσχύει ἡ παράθεση τῶν μαρτυρούμενων χειρογράφων στίς διάφορες ἑλληνικές καί ἄλλες βιβλιοθῆκες, πού παραθέτει ὁ Laurent στίς σ. 61-79 τῆς κριτικῆς ἔκδοσης τοῦ Συρόπουλου.

28  Ὅ.π., σ. 3.

29  Βλ. ἐνδεικτικά τά ἐκτενῆ ἄρθρα τοῦ J. Décarreaux, «L' arrivée des Grecs en Italie pour le Concile de l' Union de l' Églises d' après les Mémoires de Syropoulos (1438-1439)», «Les Grecs à Ferrare pour le Concile de l' Union de l' Églises d' après les Mémoires de Syropoulos (1438-1439)», «Les Grecs à Florencre pour le Concile de l' Union de l' Églises d' après les Mémoires de Syropoulos (1438-1439)», πού δημοσίευσε ἀρχικά σέ συνέχειες στό περιοδικό Revue des Études Italiennes τῶν ἐτῶν 1961-1967, τά ἴδια συγκεντρωμένα ἀποτελοῦν τόμ τόμο Les Grecs au Concile de l' Union de Ferrare-Florence 1438-1439, Paris 1970 (Publications de la Société des Études Italiennes 6). Βλ. ἐπίσης, τόν D. Geanakoplos, «A reading of the Acta, especially Syropoulos», Christian Unity The Coyncil of Ferrara-Florence 1438/39-1989, (G. Alberigo, ed.), Leuven 1991, σ. 325-351 [Bibliotheca Ephemeridum Theologicarum Lovaniensium XCVII]. Στόν Συρόπουλο βασίζεται καί ἡ μελέτη τοῦ π. Νικ. Σαββόπουλου, Ἀνατολή καί Δύση..., βλ. σ. 18.

30  Βλ. ὑποσημείωση 22.

«Acta Latina»

Ὡς «Acta Latina» εἶναι γνωστό τό ἔργο πού ἔγραψε ὁ Adrea da Santa Croce, ὑπό μορφή διαλόγου μέ τόν Ludovico Pontano. Τό ἔργο αὐτό, μαζί μέ διάφορα ἔγγραφα, ἐξέδωσε γιά πρώτη φορά ὁ Horatius Iustiniani, στήν Ρώμη, τό 1638[31], φέρει δέ τόν τίτλο *Acta sacri oecumenici concilii Florentini*. Ὡστόσο, δέν εἶναι ἕνα ἑνιαῖο κείμενο, τέτοιο πού περιμένει κανείς νά εἶναι τά πρακτικά. Τό περιγράφει ἀκριβέστερα ὁ ψευδότιτλος, πού παραθέτει ὁ ἴδιος ὁ Iustiniani στόν Πρόλογό του: collectio actorum concilii Florentini. Διαιρεῖται σέ τρία μέρη, μέ σημεῖο ἀναφορᾶς τούς Ἕλληνες: α΄ μέρος, Πρίν τήν ἄφιξη τῶν Ἑλλήνων, β΄, Μετά τήν ἄφιξη τῶν Ἑλλήνων, καί γ΄, Μετά τήν ἀναχώρηση τῶν Ἑλλήνων[32]. Στό α΄ καί τό γ΄ μέρη περιέχονται σχεδόν ἀποκλειστικά ἔγγραφα, σχετικά μέ τήν διαδικασία καί τίς διάφορες ἀποφάσεις τῆς Συνόδου. Τό διαλογικό ἔργο τοῦ da Santa Croce καταλαμβάνει τό β΄ μέρος, μέ τόν τίτλο: *Disputationes seu collationes inter Latinos et Graecos in generali concilio Florentino habitae, Et ab Andrea de sancta Cruce patricio Romano et apostolici concistorii advocato conscripta in modum dialogi cum Ludovico Pontano*. Στό τέλος τοῦ σύντομου προλογίσματός του ὁ ἐκδότης ἐξηγεῖ ποιός εἶναι ὁ συνομιλητής τοῦ συγγραφέα καί προβαίνει στήν ἀντιστοίχιση τῶν συνελεύσεων, ὅπως τίς παραθέτει ὁ da Santa Croce πρός αὐτές τῶν Ἑλληνικῶν «Πρακτικῶν»[33].

Τό συγκεκριμένο ἔργο ἐν σχέσει πρός τά ἄλλα δύο, τόν Συρόπουλο δηλαδή καί τά «Πρακτικά», θά μποροῦσε νά εἰπωθεῖ - σχηματικά φυσικά - πώς εἶναι λίγο ἀπό καί τά δύο: ἀπομνημονεύματα καί «Πρακτικά», σέ πιό σύντομη ἐκδοχή. Οἱ ἐπιπλέον μαρτυρίες, πού περιέχονται στά ἄλλα δύο ἔργα, εἶναι πολύ λίγες.

Ἡ ἀξιολόγηση τῶν παραπάνω πηγῶν καί μαρτυριῶν γιά τόν σημερινό χρήστη τους εἶναι μᾶλλον ἁπλή: κατ᾽ ἀρχήν, ὅλες προέρχονται μέν ἀπό αὐτόπτες καί ἐμπλεκομένους στίς ἐργασίες τῆς Συνόδου, ἀλλά σ᾽ αὐτές ἔχει ἀποτυπωθεῖ ἡ διαφορετική ἀφετηρία τοῦ καθενός, χαρακτηρίζονται δέ καί ἀπό τόν διαφορετικό σκοπό τους. Μέ αὐτό κατά νοῦ διαβάζει κανείς αὐτό πού τά

---

31  Περί αὐτοῦ βλ. περισσότερα παρακάτω, στό κεφ. Ἐκδόσεις-Μεταφράσεις. Τό ἔργο τοῦ da Santa Croce γιά τήν σειρά Concilium Florentinum Documenta et Scriptores, (Series B, vol. VI) ἐξέδωσε ὁ G. Hofmman: *Andreas de Sactacroce, advocatus consistorialis, Acta Latina Concilii Florentini*, Romae 1955, τήν ὁποία δέν εἶδα. Τό κείμενο τῶν «Acta latina» τό ἔχω ἀπό τήν α΄ ἔκδοση τοῦ Iustiniani. Οἱ ἐδῶ παραπομπές γίνονται στήν ἐπανέκδοση τοῦ Iustiniani στήν σειρά: Mansi, Sacrorum conciliorum..., vol. 31B. Γιά τά «Acta Latina» ὡς πηγή τῆς Συνόδου βλ. καί: Hefele - Leclercq, Histoire des conciles..., τόμ. VII², σ. 958. J. Gill, *The Council of Florence*, σ. x. τοῦ ἰδίου, Konstanz..., σ. 463.

Ἡ συγκεκριμένη εἶναι ἡ ἔκδοση, γιά τήν ὁποία διαμαρτύρεται ὁ Λέων Ἀλλάτιος, ὅτι βασίστηκε στό ὑλικό πού ὁ ἴδιος μέ ἰδιαίτερο κόπο καί προσπάθεια συγκέντρωνε γιά νά ἐκδόσει, ὥστε νά συμπληρωθεῖ, κατά τό δυνατόν ἡ εἰκόνα γιά τήν Σύνοδο τῆς Φλωρεντίας, μετά καί τήν ἔκδοση τῶν Ἑλληνικῶν «Πρακτικῶν».

32  Mansi, Sacrorum conciliorum..., vol. 31B: ὁ πρόλογος τοῦ Iustiniani στ. 1355-1358., τό κείμενο, στ. 1359-1758.

33  Ὅ.π., στ. 1429-1701, οἱ σημειώσεις στίς στ. 1704-1712.

ἴδια τά κείμενα ἐκφράζουν, χωρίς τίς «ἀναγνώσεις» πού φόρτωσαν οἱ χρήσεις τους στό διάστημα πού διέρρευσε. Ὁ Συρόπουλος, γιά παράδειγμα, δέν ἰσχυρίζεται ὅτι κατέγραψε τά πρακτικά τῆς Συνόδου, ἀλλά ὅ,τι βίωσε ὁ ἴδιος ὡς πατριαρχικός ὀφφικιάλος πρίν καί μετά τήν Σύνοδο καί ὡς μέλος τῆς ἀποστολῆς κατά τήν διάρκεια τῆς Συνόδου· ἔχει πολλές πληροφορίες γιά τά διαδραματισθέντα ἐντός τῆς ἑλληνικῆς ἀντιπροσωπείας, ἀγνοεῖ ὅμως αὐτά πού διαδραματίζονται στήν λατινική· εἶναι παρών στίς ἐπίσημες συνεδριάσεις, ἀλλά δέν συγκεντρώνουν αὐτές τό μέγιστο ἐνδιαφέρον του. Ἀντίστοιχα, ὁ Adrea da Santa Croce δίνει πληροφορίες γιά τήν συνοδική συγκρότηση τῶν λατίνων καί ὑπό μορφή διαλόγου τίς συνεδριάσεις τῆς Συνόδου, τό μεγαλύτερο μέρος τῶν ὁποίων συμφωνεῖ μέ τά Ἑλληνικά «Πρακτικά». Ἔτσι, ὅταν χρειάζεται κάποιος νά πληροφορηθεῖ γιά μία συνέλευση τῆς Συνόδου καί τά ἐπιχειρήματα πού προσκομίσθηκαν, ἔχει τήν ἀναλυτική καταγραφή τους στά Ἑλληνικά «Πρακτικά», μία πιό σύντομη στά «Λατινικά Πρακτικά» καί τήν ἐπιγραμματική καί σέ πολλές περιπτώσεις ἐλλειπτική ἀναφορά τοῦ Συρόπουλου. Τά Ἑλληνικά «Πρακτικά» τέλος, ὡς πρός τίς ἐπίσημες συνεδριάσεις, τό πιό οὐσιαστικό μέρος, ἐπειδή δέν φαίνεται νά δίνουν ἄλλες θέσεις τῆς ἑλληνικῆς ἀποστολῆς ἀπό τίς πάγιες γνωστές της, διεκδικοῦν, παράλληλα μέ τήν δέουσα προσοχή, τήν ἀξιοπιστία τους· γιά τά περιγραφικά τους σημεῖα μποροῦν πολύ εὔκολα νά συγκριθοῦν μέ τόν Συρόπουλο, τοῦ ὁποίου ἡ ἀξιοπιστία δέν τίθεται ἐν ἀμφιβόλῳ.

## Β. Ἱστορία τῆς ἔρευνας

Ἡ ἑλληνόγλωσση βιβλιογραφία περί τήν Σύνοδο τῆς Φερράρας-Φλωρεντίας δέν ἔχει αὐξηθεῖ σημαντικά ἀπό τό 1967, ὅταν τήν κατέγραφε ὁ Βασ. Σταυρίδης γιά τό λῆμμα τῆς ΘΗΕ[34], παρά τό γεγονός ὅτι ὅλες οἱ σχετικές πηγές εἶναι πλέον δημοσιευμένες καί σχεδόν ἐξ ὁλοκλήρου ἑλληνικές[35]. Ἂν καί θά περίμενε κανείς αὐτές νά ἀποτελέσουν τήν βάση γιά τήν ἐνδελεχέστερη μελέτη τῆς Συνόδου καί τῶν σχετικῶν ζητημάτων, ἐπειδή ἡ ὑπογραφή τῆς Ἑνώσης ὑπῆρξε ἕνα τραυματικό γεγονός στήν ἱστορία τῆς ἑλληνικῆς πλευρᾶς, φαίνεται δέ πώς παρέμεινε καί ὡς τραυματικό κατάλοιπο στήν μνήμη της, ἡ εὔκολη πρόσβαση στίς πηγές της δέν αὔξησε τό συγγραφικό ἐνδιαφέρον γιά τήν συγκεκριμένη Σύνοδο.

Βέβαια, καθ' ὅλη τήν διάρκεια τῆς Τουρκοκρατίας τά σχετικά ἔργα πού γράφτηκαν ἦταν ἀνάλογα μέ τό κλῖμα τῆς ἐποχῆς καί τά προβλήματα πού

---

34  Βασ. Σταυρίδης, «Σύνοδος Φερράρας-Φλωρεντίας», ΘΗΕ τόμ. 11, Ἀθῆναι 1967, στ. 1015-1020.

35  Ὁ A. Vogt παρατηροῦσε, στίς ἀρχές τοῦ προηγούμενου αἰώνα, «Nos sources actuelles, en effet, ont presque uniquement pour l' objet l' union grecque. A cela, du reste, rien d' etonnant puisqu' elles nous viennent d' historiens byzantins»,«Concile de Florence», DTC, tom. 6[1], Paris 1915, 24-50, τό σχόλιο στήν στ. 49.

παρουσιάζονταν. Ἔτσι, μία ὁλόκληρη συγγραφική παραγωγή ἀπορρέει ἀπό τήν ἀναγκαιότητα ἀνασκευῆς ἤ καί ἀνατροπῆς ἀντιλήψεων, πού γνωρίζουν εὐρεῖα διάδοση μέσω τῶν βιβλίων πού τυπώνονται καί τῶν μισσιοναρίων, πού τά διαχέουν. Τά ἔργα τῶν πατριαρχῶν Ἱεροσολύμων Νεκταρίου καί Δοσιθέου, τῶν χιωτῶν Κορρέσιου καί Ἀργέντη, Μάξιμου τοῦ Πελοποννησίου καί πόσων ἄλλων ἀκόμα, ἀγωνίζονται νά ἰσοσκελίσουν τήν προπαγανδιστική ὁρμή καί τήν προσηλυτιστική συμπεριφορά τῆς Ἐκκλησίας τῆς Ρώμης στήν πολλαπλᾶ χειμαζόμενη Ἀνατολή. Στό μεγαλύτερο μέρος αὐτῆς τῆς ἐργογραφίας ἡ Σύνοδος τῆς Φλωρεντίας εἶναι παροῦσα ἄμεσα ἤ ἔμμεσα. Στά Πρακτικά τῆς Συνόδου, πού μᾶς ἐνδιαφέρει, ἄν καί αὐτό ἀπαιτεῖ ἰδιαίτερη ἔρευνα, οἱ ἀναφορές δέν φαίνεται νά εἶναι πολλές. Ἡ γενικότερη ἔλλειψη ἐμπιστοσύνης, ἄλλωστε, εὐνόησε τήν ἐσωστρέφεια καί τήν παραμονή τῶν συγγραφέων καί ὄχι μόνο ἐντός τῆς ἀσφάλειας τῶν βεβαιωμένων ἀπό τήν παράδοση.

Ἄν ἡ ἑλληνική ἐργογραφία μετά τήν Σύνοδο τῆς Φλωρεντίας ἀσχολοῦνταν μέ τά θεολογικά ζητήματα, πού προέκυψαν ἀπό καί μετά ἀπ' αὐτήν, ἡ συντριπτική πλειοψηφία τῆς νεώτερης σχετικῆς ἐργογραφίας, μέ νοητή ἀφετηρία τήν Α' Βατικανή Σύνοδο, ἐπικεντρώνεται στόν ἐκ τῶν πρωταγωνιστῶν της μητροπολίτη Ἐφέσου Μάρκο τόν Εὐγενικό[36], τόν μόνο πού ἀρνήθηκε φανερά καί ἐπίμονα νά ὑπογράψει τόν ἑνωτικό Ὅρο, (δεδομένου ὅτι κάποιοι ἀκόμα, π.χ. ὁ μητροπολίτης Σταυροπόλεως, δέν ὑπέγραψαν μᾶλλον λάθρα).

Ἀναφορά στά Πρακτικά τῆς Συνόδου ἐντόπισα μόνο στήν μελέτη τοῦ Παύλου Καλλιγᾶ «Ἡ ἐν Φλωρεντίᾳ Σύνοδος»[37], στήν -κατά τήν γνώμη μου- πληρέστερη ἀπό κάθε ἄποψη προσέγγιση τῆς Συνόδου, τῶν προσώπων καί τῶν σχετικῶν μ' αὐτήν ζητημάτων. Ὁ Καλλιγᾶς, σέ κεφάλαιο μέ τίτλο: «Περί Πρακτικῶν τῆς Συνόδου καί περί τῆς συγγραφῆς τοῦ Συροπούλου», θίγει ὅλα τά σχετιζόμενα μέ αὐτά θέματα πολύ πρίν τά θέσει ἡ πιό σύγχρονη βιβλιογραφία. Γνωρίζει τήν editio princeps τῶν Ἑλληνικῶν «Πρακτικῶν», ἀναφέρει μάλιστα ἀντίτυπό της στήν Ἐθνική Βιβλιοθήκη, παραπέμπει ὅμως στήν ἔκδοσή τους στήν συλλογή Labbaeus - Colleti, μέσω τῆς ὁποίας γνωρίζει καί τίς λατινικές μεταφράσεις τους (Ἀβράμου-Καρυόφυλλου)[38].

---

36 Ἐνδεικτικά: Νικ. Καλογερᾶς, *Μάρκος ὁ Εὐγενικός καί Βησσαρίων ὁ καρδινάλις*, Ἀθῆναι 1893. Ἀδ. Ν. Διαμαντόπουλος, *Μάρκος ὁ Εὐγενικός καί ἡ ἐν Φλωρεντίᾳ σύνοδος*, ἐν Ἀθήναις, 1899. Κυρ. Γ. Μαμώνη, «Μάρκος ὁ Εὐγενικός Βίος καί ἔργον», *Θεολογία* 25 (1954), 377-404, 521-575. Const. N. Tsirpanlis, *Marc Eugenicus and the Council Of Florence A historical Reevaluation of his personality*, Θεσσαλονίκη 1974 [Βυζαντινά Κείμενα καί Μελέται 14], κ.ἄ..

37 Π. Καλλιγᾶ, *Μελέται καί Λόγοι*, Ἐν Ἀθήναις 1882, σ. 3-180. Ἡ συγκεκριμένη μελέτη δέν κατάκτησε στήν βιβλιογραφία τήν θέση πού ἀξίζει. Μετά ἀπό ἕναν καί πλέον αἰῶνα δέν χρειάζεται νά διορθωθεῖ ἤ νά συμπληρωθεῖ.

38 Ἔχουν παρεισφρύσει στήν μελέτη του δύο χρονολογικά ἀβλεπτήματα: τήν πρώτη λατινική μετάφραση , τοῦ 1526, στήν σ. 126 ἀποδίδει σωστά στόν Ἀβράμο, ἐνῶ στήν σ. 129 στόν Καρυόφυλλο, καί στήν σ. 130, ἀναφέρει ἔτος «ἐκλατινισμοῦ ὑπό τοῦ Φωτίου Βενεβολεντίου» τῆς *Ἀπολογίας* τοῦ Ψευδο-Γενναδίου τό 1574, ἐνῶ ἡ ἀφιερωμα-

*Ή editio princeps τῶν Ἑλληνικῶν «Πρακτικῶν» (1577) τῆς Συνόδου Φερράρας-Φλωρεντίας*

Προηγουμένως, τό 1861, τυπώθηκε στό Λονδίνο μεταφρασμένη ἀπό τά ρωσικά στά ἀγλλικά *Ἡ ἱστορία τῆς Συνόδου τῆς Φλωρεντίας*[39], ἡ ὁποία, στό εἰσαγωγικό κεφάλαιο γιά τίς πηγές, ἔχει μία ἀξιοπρόσεκτη σημείωση: κάνοντας λόγο γιά τήν «ἔκδοση Paulinus»[40], τήν ἀποκαλεῖ *ἱστορία τῆς Συνόδου*, καί ἀναφέρει ὡς συγγραφέα της τόν μητροπολίτη Μυτιλήνης Δωρόθεο[41].

Ὁ Κάλλιστος Βλαστός, σέ ἕνα ἀπό τά πιό διαδεδομένα σχετικά ἔργα, τό *Δοκίμιον ἱστορικόν...*, ἀναδημοσιεύει τήν ἀρχή τῶν Ἑλληνικῶν «Πρακτικῶν», μέ τήν περιγραφή τῆς ὑποδοχῆς τῆς ἑλληνικῆς ἀποστολῆς στήν Βενετία, σημειώνοντας χαρακτηριστικά: «Τήν εἰς Βενετίαν εἰσέλευσιν τοῦ Βασιλέως Ἰωάννου τοῦ Παλαιολόγου καί τήν ἀπό τῆς Βενετίας εἰς Φερράραν ἀφηγεῖται Στέφανος ὁ Παυλῖνος· ταύτην δέ παραλαβόντες ἐξ αὐτοῦ κατεχωρίσαμεν ἐνταῦθα ἁπλῆς περιεργείας ἕνεκεν. Ὁ Παυλῖνος οὗτος ἦν ἕλλην τό γένος· ἔγραψε δίτομον ἱστορίαν περί τῆς Φλωρεντινῆς ψευδοσυνόδου ὑπεραμυνόμενος τοῦ δυτικοῦ μᾶλλον πνεύματος.»[42]. Ὡστόσο, παρακάτω (σ. 191-192), ἀναφέρει καί παραθέτει ἀπό τά *πρακτικά τῆς Φλωρεντινῆς συνόδου* (ἔκδοσις Ρώμης ἐν ἔτει 1577, σ. 220), τήν τελευταία «δήλωση» τοῦ Πατριάρχη, γιά νά σχολιάσει τήν αὐθεντικότητά της. Περισσότερο κι ἀπό τό γεγονός, ὅτι χρησιμοποιεῖ ἀπό τό ἴδιο βιβλίο δύο παραθέματα, ἀλλά τά ἀποδίδει δέ δύο διαφορετικά, εἶναι παράξενο τό ὅτι ἡ δίγλωσση ἔκδοση τῶν Ἑλληνικῶν «Πρακτικῶν» θεωρήθηκε -ὄχι μόνον ἀπό τόν Βλαστό- ὡς «ἱστορία τῆς Συνόδου τῆς Φλωρεντίας».

---

τική ἐπιστολή φέρει ἡμερομηνία 1578, ὅπως τό ἔτος ἔκδοσης. Γιά τίς μεταφράσεις καί τίς ἐκδόσεις τῶν «Πρακτικῶν» βλ. στό σχετικό κεφάλαιο τῆς παρούσης.

39 *The History of the Council of Florence*, (transl. by Basil Popoff), London MDCCCLXI, κυρίως σ. 5. Τό ἀντίτυπο, πού ἔχω στήν διάθεσή μου, στήν θέση τοῦ συγγραφέα φέρει γραμμένο χειρόγραφα τό ὄνομα «Ivan Ostroumow». Ὁ L. Petit ἀναφέρει πώς πρόκειται γιά τόν καθηγητή στήν Μόσχα Gorskij, πού ἐξέδωσε τήν συγκεκριμένη ἱστορία τό 1845, στό: P. Graffin- F.Nau, *Documents relatifs au Concile de Florence, I. Question du Purgatoire à Ferrare*, (texts édités et traduit, Mgr L. Petit), Paris 1920, [ PO 15, fasc. I, no 72]. Ἡ συγκεκριμένη *Ἱστορία...*, μεταφρασμένη ἀνώνυμα ἐκ τοῦ ρωσικοῦ στά ἑλληνικά, δημοσιεύτηκε σέ συνέχειες στόν *Εὐαγγελικό Κήρυκα* τῶν ἐτῶν 1860 καί 1861

40 Πρόκειται γιά τήν δίγλωσση (ἑλληνικά καί λατινικά) ἔκδοση τῶν Ἑλληνικῶν «Πρακτικῶν» ἀπό τόν Ματθαῖο Καρυόφυλλο, τό 1628, βλ. περισσότερα στό κεφ. «Ἐκδόσεις-Μεταφράσεις».

41 Περισσότερα γιά τόν συγκεκριμένο μητροπολίτη καί τήν σχέση του μέ τά «Πρακτικά» στό ἐπόμενο κεφάλαιο. Ἡ ἀναφορά ἀποδίδεται στό ἔργο τοῦ Bertram, *Abhandlung von Dorotheos von Mitylena einem ungenanten Geschitschreiber*, Halle 1759, τό ὁποῖο δυστυχῶς δέν κατάφερα νά ἐντοπίσω.

42 Κάλλιστος Βλαστός, *Δοκίμιον ἱστορικόν περί τοῦ σχίσματος τῆς Δυτικῆς Ἐκκλησίας ἀπό τήν Ἀνατολικήν, τῶν πρός ἕνωσιν ἀποπειρῶν ἐπί Μιχαήλ Παλαιολόγου καί Γρηγορίου Ι΄ πάπα Ρώμης, τοῦ βίου τοῦ ἐν ἁγίοις πατρός ἡμῶν Μάρκου ἀρχιεπισκόπου Ἐφέσου τοῦ Εὐγενικοῦ καί τῶν ἐν τῇ ἐν Φλωρεντίᾳ Συνόδῳ γενομένων*, Ἐν Ἀθήναις 1896, τό ἀπόσπασμα ἀπό τά «Πρακτικά» στίς σ. 11126-135. Γιά τόν Παυλῖνο βλ. καί τήν σημ. 29.

Ἀνεξάρτητα, ὡστόσο, ἀπό τίς ἐκτενεῖς ἤ ἐπιγραμματικές, σαφεῖς[43] ἤ συγκεχυμένες ἀναφορές στά Ἑλληνικά «Πρακτικά», ἡ γενική διαπίστωση εἶναι, ὅτι γιά τόν ὀρθόδοξο κόσμο εἶναι σάν νά μήν ὑπῆρξαν καί νά μήν ὑπάρχουν.

Δέν συμβαίνει τό ἴδιο καί μέ τόν ρκαθολικό κόσμο, στόν ὁποῖο ἐπιφυλάχθηκε μία ἀπό τίς πιό εἰρωνικές ἐκπλήξεις: κατ' ἀρχήν, ἡ τόσο καλά ὀργανωμένη παπική γραμματεία δέν φρόντισε τήν διατήρηση τοῦ ἀρχείου της, μέ συνέπεια νά χαθοῦν τά *Πρακτικά*, τά τεκμήρια δηλαδή, τῆς πλέον θριαμβευτικῆς ἴσως Συνόδου τῆς Δυτικῆς Ἐκκλησίας· ἐπιπλέον, κανείς ἀπό τούς χρονικογράφους της δέν κατέγραψε τό ἀξιομνημόνευτο αὐτό γεγονός γιά τήν ἱστορία τῆς Ἐκκλησίας. Ἀπό τήν στιγμή πού αὐτό ἔγινε ἀντιληπτό, διαρκούσης ἀκόμη τῆς συνόδου τοῦ Τριδέντου (1545-1547), ἄρχισε ἡ ἀναζήτηση ὁποιουδήποτε κειμένου, πού θά μποροῦσε νά ἰσοσκελίσει τήν ἀπώλεια. Ἡ Σύνοδος τῆς Φλωρεντίας, ἐκτός ὅλων τῶν ἄλλων, στάθηκε ἡ ἀφορμή νά ἐνδιαφερθεῖ ἡ Δύση γιά δύο καινούργια πεδία: γιά ἔργα τῶν πατέρων τῆς Ἀνατολῆς, πού τά γνώρισε ἀποσπασματικά μέσω τῶν *χρήσεων*, καί γιά τά Πρακτικά τῶν Συνόδων, Οἰκουμενικῶν καί τοπικῶν. Ἡ ἀνακάλυψη τῆς τυπογραφίας, περίπου τήν ἐποχή τῆς Συνόδου, συνέβαλε τά μέγιστα πρός τήν κατεύθυνση αὐτή. Ἔτσι, ἄρχισαν νά συγκεντρώνονται στήν Ρώμη διάφορα σχετικά ἑλληνικά χειρόγραφα, στά ὁποῖα ἡ διάδοση τῆς τυπογραφίας ἔδωσε μία καινούργια ζωή, σέ ἕνα καινούργιο περιβάλλον. Μέσα σ' αὐτήν τήν περιρρέουσα ἀτμόσφαιρα τυπώθηκε, ἀνώνυμα, ἡ *Ἁγία καί οἰκουμενική ἐν Φλωρεντίᾳ γεγομένη σύνοδος* (Ρώμη, 1577), ἡ περιγραφή, ἡ διάδοση καί ἡ ἐπιβίωση τοῦ ὁποίου θά μᾶς ἀπασχολήσει στήν ἐπόμενες σελίδες.

Ὡς πρός τήν Ἱστορία τῆς ἔρευνας γύρω ἀπό τήν ἔκδοση αὐτή, χρειάζεται νά ἀναφερθοῦν καί τά ἀκόλουθα. Μέ τήν εὐκαιρία τῆς ἐπετείου γιά τήν συμπλήρωση πεντακοσίων ἐτῶν ἀπό τήν Σύνοδο (1439-1939), ἀποφασίσθηκε (ἀρχές τοῦ 20οῦ αἰ.) νά ἑτοιμασθεῖ ἕνας πλήρης «φάκελος», στόν ὁποῖο θά περιέχεται κάθε τί σχετικό μέ τήν Σύνοδο, ὥστε νά ἀναπληρωθεῖ στό μέτρο τοῦ ἐφικτοῦ τό κενό ἀπό τήν ἀπώλεια τῶν ἐπίσημων πρακτικῶν καί τήν σιωπή τῶν θύραθεν πηγῶν. Οἱ Louis Petit, (λατῖνος) ἀρχιεπίσκοπος Ἀθηνῶν, καί Georg Hofmann, καθηγητής στό Pontificium Institutum Orientalium Studiorum, ἐγκρατεῖς ἐκκλησιαστικοί ἱστορικοί ἀμφότεροι, εἶχαν τήν φιλοδοξία νά θέσουν στήν διάθεση τῆς ἔρευνας τά σχετικά μέ τήν Σύνοδο ἔγγραφα καί ἔργα, διάσπαρτα σέ ἀρχεῖα καί βιβλιοθῆκες. Ὁ πρῶτος ἀνέλαβε τήν συμπλήρωση τῆς σειρᾶς *Mansi* μέ τά σχετικά κανονικά καί διπλωματικά κείμενα τῆς Συνόδου (τόμοι 31Α καί 31Β), καθώς καί τήν ἔκδοση τῶν σχετικῶν φιλολογικῶν πηγῶν (*Patrologia Orientale*, τόμ. 16 καί 17). Ὁ G. Hofmmann, ἐπικεντρωμένος

---

43 Deno J. Geanakoplos, «The Council of Florence (1438-1439) and the problem of thw Union between the Byzantine and the Latin Churches», *Church History* 24(1955), σ. 324-346. Τό ἴδιο καί στό: *Byzantine East and Latin West: Two Worlds of Christendom in Middle Ages and Renaissance*, Oxford MCMLXVI, σ. 84 -111.

ἀπολύτως στήν ἑνωτική Σύνοδο, σκέφτηκε νά ὁμαδοποιήσει σέ δύο σειρές (series A καί series B) τό σύνολο τῶν πηγῶν, πάσης φύσεως (Documenta), στήν κάθε (σωζόμενη) γλώσσα (Scriptores)[44]. Παράλληλα, ἀναπτύχθηκε μεγάλη σχετική ἀρθρογραφία, κυρίως μέσα ἀπό τίς σελίδες τοῦ περιοδικοῦ Orientalia Christiana Periodica. Τά Ἑλληνικά «Πρακτικά» ἀνέλαβε νά ἐκδόσει ὁ Joseph Gill[45], ὁ ὁποῖος συνέγραψε καί τήν Ἱστορία τῆς Συνόδου τῆς Φλωρεντίας[46]. Ἡ ἐπιμέρους ἀρθρογραφία καί τῶν δύο κάλυψε διάφορες συναφεῖς πτυχές τῆς Συνόδου, πολλές ἀπό τίς ὁποῖες θά παρουσιασθοῦν στίς ἑπόμενες σελίδες. Gill καί Hofmman[47] μέ τήν συγγραφική τους δραστηριότητα στό μεγαλύτερό της μέρος προσανατολισμένη στήν Φλωρεντία, ἀπο-κάλυψαν τήν Σύνοδο σέ πολύ μεγάλο βαθμό καί σίγουρα δικαιοῦνται τόν χαρακτηρισμό «ἱστορικοί τῆς Φλωρεντινῆς Συνόδου». Μέ τίς μελέτες τους ἡ Ρωμαϊκή Ἐκκλησία ἔκλεισε γι' αὐτήν τό σχετικό κεφάλαιο. Οἱ συγκεκριμένοι συγγραφεῖς, κινούμενοι με-

---

44  Ἔτσι, ὀνόμασε τήν σειρά Concilium Florentinum Documenta et Scriptores, ἀνάλογα δέ μέ τό εἶδος τοῦ ἔργου πού ἐπρόκειτο νά ἐκδοθεῖ, αὐτό συμπεριλαμβανόταν στήν σειρά Α ἤ Β. Ὁ ἴδιος ὁ Hofmann ἐπικεντρώθηκε περισσότερο στά ἔγγραφα. Στήν συγκεκριμένη σειρά ἐξέδωσε: I) Epistolae pontificiae ad Concilium Florentinum spectantes, I-III, Romae 1940-1946. II) Acta Camerae Apostolicae et civitatum Venetiarum, Ferrariae, Ianue, de Concilio Florentino, Romae 1950. III) Fragmenta protocolli, diaria private, sermones, Romae 1951. IV) Andreas de Santacroce, advocatus constistorialis, Acta Latina Concilii Florentini, Romae 1955. Ἡ σχετική καί ἐκτενής ἀρθρογραφία του θά ἀναφερθεῖ στά ἀνάλογα σημεῖα.

45  Ὁ J. Gill ἐργάστηκε σύμφωνα μέ τήν τρέχουσα μεθοδολογία κριτικῆς ἔκδοσης κειμένου. Ἡ μελέτη του ἄρχισε μέ τήν συγκέντρωση τῶν μέχρι τότε ἐκδόσεων τοῦ κειμένου, τίς δέ διαπιστώσεις του συνόψισε στό ἄρθρο του, «The Printed Editions of the Practica of the Council of Florence», Miscellanea Guillaume de Jerphanion OCP 13(1947), I, σ. 486-494. Τό ἄρθρο αὐτό χρειάστηκε στήν συνέχεια νά τό διορθώσει ὡς πρός τήν ἀναφορά του στόν ἐκδότη τοῦ ἐντύπου, κατόπιν σχετικοῦ δημοσιεύματος τοῦ V. Laurent. Μέ τήν νέα του μορφή τό συμπεριέλαβε, μαζί μέ ἄλλα ἄρθρα του, στόν τόμο μέ τίτλο Personalities of the Council of Florence and other Essays, Oxford 1964, σ. 125-130, περισσότερες λεπτομέρειες σχετικά, βλ. παρακάτω, στήν παράγραφο Ματθαῖος Δεβαρῆς. Ἀπό τήν συνεχιζόμενη μελέτη του πρός τήν κατεύθυνση τῆς κριτικῆς ἔκδοσης τῶν Ἑλληνικῶν «Πρακτικῶν» προέκυψε τό ἄρθρο «The Sources of the "Acta" of the Council of Florence», OCP 14(1948), σ. 43-79, μέ τό ὁποῖο βάζει πλέον εἰσαγωγικά στά «Πρακτικά», ὡς ὄφειλε. Στό τελικό ἀποτέλεσμα τῆς ἔρευνάς του, στό κείμενο τῶν Ἑλληνικῶν «Πρακτικῶν», ἔδωσε τόν -ἀκριβῆ- τίτλο: Quae suresunt actorum Graecorum Concilii Florentini necnon descriptionis cuiusdam eiusdem ad fidem manuscriptorum edidit additis versione latina, introductione et indicibus, Pars I, Res Ferrariae Gestae, Pars II, Res Florentiae Gestae, Roma 1953 [Concilium Florentinum Documenta et Scriptores, Series B, vol. V, fasc. I-II]. Στήν δεύτερη ἔκδοσή τους σέ ἑνιαῖο πλέον τόμο, τό 1964, πρόσθεσε ὡς παράρτημα καί τό κείμενο τοῦ νέου χειρογράφου πού ἐντοπίσθηκε στήν Μαρκιανή Βιβλιοθήκη, τό ὁποῖο ἀνακοίνωσε ὁ Gill μέ τό ἄρθρο του «A New Manuscript of the Council of Florence», OCP, 30(1964), σ.526-533.

46  J. Gill, The Council of Florence, Cambridge 1959 (= Ἡ Σύνοδος τῆς Φλωρεντίας, Ἀθῆναι 1962, ἔκδοσις καί μετάφρασις γραφείου «Καλοῦ τύπου»).

47  G. Hofmann, «Die Konzilsarbeit in Ferrara 8. Jan. 1438 bis 9. Jan. 1439», OCP 3(1937), 110-140, 403-4455. «Die Konzilsarbeit in Florenz 26. Febr.-26 Febr. 1443», OCP 4(1938), 157-188, 372-422. «Das Konziel von Florenz in Rom», OCP 15(1949), 71-84.

ταξύ τῶν δύο Βατικάνειων Συνόδων, ἴσως δέν ἀπέφυγαν τελείως τήν «στρατευμένη» γραφή, ἀλλά αὐτό δίνει τό στῖγμα στήν ἀνάγνωσή τους, δέν μειώνει τήν ἀξία τοῦ ἔργου τους. Αὐτό ἄλλωστε βρίσκεται πλέον στήν διάθεση καί στήν κρίση τοῦ κάθε ἐνδιαφερόμενου.

Γιά τήν ἱστορία τῆς ἔρευνας γύρω ἀπό τήν editio princeps τῶν Ἑλληνικῶν «Πρακτικῶν» σημαντικό εἶναι καί τό ἔργο τοῦ V. Peri, ὁ ὁποῖος, κατά τήν διάρκεια τῶν ἐρευνῶν στά διάφορα ἀρχεῖα, ἐντόπισε ἔγγραφα διαφωτιστικά γιά τήν πρώτη ἔκδοσή τους, τά ὁποῖα μελέτησε καί ἐξέδωσε[48]. Τέλος, τήν γνώση γύρω ἀπό τήν Φλωρεντινή Σύνοδο καί τά πρακτικά της ἐμπλούτισαν καί οἱ διάφοροι ἐπετειακοί τόμοι[49] καί πρακτικά συνεδρίων[50], μέ θέμα τήν Συγκεκριμένη Σύνοδο.

Ἡ Ρωμαϊκή Ἐκκλησία, τό ἀνέφερα ἤδη, ὁλοκλήρωσε ἀπό μέρους της τήν ἱστορία τῆς Συνόδου τῆς Φλωρεντίας. Ἀπομένει τώρα ὁ κόσμος τῆς Ἀνατολῆς, ἀφοῦ συμφιλιωθεῖ πιά μέ τήν ἰδέα τῆς πράξης, νά πράξει ἀνάλογα.

---

48 V. Peri, *Ricerche sull' editio princeps degli atti greci del Concilio di Firenze*, Città del Vaticano 1975 [Studi e Testi 275].

49 Giuseppe Alberigo (ed.), *Christian Unity The Council of Ferrara-Florence 1438/9-1989*, Leuven 1991 [Bibliotheca Ephemeridum Theologicarum Lovaniensium XCVII].

50 Paolo Viti (ed.), *Firenze e il Concilio del 1439*. Convegno di Studi Firenze, 29 novembre-2 dicembre 1898, Firenze 1994.

*Ἡ editio princeps τῶν Ἑλληνικῶν «Πρακτικῶν» (1577) τῆς Συνόδου Φερράρας-Φλωρεντίας*

Μέρος Α΄

*Η Editio Princeps των Ελληνικών «Πρακτικών».
Περιγραφή*

Ευαγγελία Αμοιρίδου

## Κεφάλαιο 1ο. Ἀπό τά Πρακτικά στά «Πρακτικά»

Ἡ πρώτη γενιά μετά τήν Σύνοδο εἶχε στήν διάθεσή της τήν πιό ἄμεση δυνατή πληροφόρηση γιά τά διαδραματισθέντα γεγονότα: τά αὐθεντικά ἔγγραφα καί αὐτόπτες μάρτυρες. Σ᾽ αὐτό τό περιβάλλον κατέγραψε ὁ μέγας ἐκκλησιάρχης Σίλβεστρος Συρόπουλος τά Ἀπομνημονεύματα, τήν διήγηση γιά τήν Σύνοδο τῆς Φλωρεντίας, μέ τό προνόμιο -γιά ἕναν συγγραφέα- τοῦ αὐτόπτη μάρτυρα, πού, ἐπιπλέον, βρίσκεται κοντά στά ἐπίσημα ἀρχεῖα, ἄν χρειαστεῖ νά ἐπιβεβαιώσει κάτι, ἀλλά καί περιτριγυρισμένος καί ἀπό ἄλλους αὐτόπτες, ἄν χρειαστεῖ νά «ἐνισχύσει» τήν μνήμη του στά σημεῖα πού αὐτή ἄρχισε νά ξεθωριάζει. Ἡ ἑπόμενη γενιά, ἡ πρώτη μετά τήν Ἅλωση, ἀνάμεσα στίς θλιβερές της ἀπώλειες, ἔχασε καί τούς περισσότερους αὐτόπτες μάρτυρες τῆς Συνόδου, ἀλλά καί τά αὐθεντικά ἔγγραφα καί τά κείμενα ἐκεῖνα, πού ἀλληλοσυμπληρώνουν τήν μνήμη καί τήν κάνουν γνώση. Ἔτσι, ὁ ἐνδιαφερόμενος ἐκείνης τῆς γενιᾶς γιά τήν Σύνοδο τῆς Φλωρεντίας εἶχε μέν ὡς κοντινή ἀνάμνηση τό γεγονός, ὄχι ὅμως καί τήν ἄνεση πιά νά τήν προσεγγίσει.

*α) Ἰωάννης Πλουσιαδηνός (1429/30-1500)*

Ὁ Ἰωάννης Πλουσιαδηνός, ὁ ὁποῖος «ἐπί τεσσαράκοντα περίπου ἔτη ἀφῆκε πλείονας ἀφορμάς ὥστε νά μή λησμονηθῇ»[51], γεννήθηκε στήν Κρήτη περί τό 1429/30 καί πέθανε κατά τήν ἅλωση τῆς Μεθώνης, (9 Αὐγούστου 1500), ὡς οὐνίτης ἐπίσκοπός της. Ἀντίπαλος τῆς Φλωρεντινῆς Συνόδου καί τῆς ἕνωσης ἀρχικά, πέρασε στήν πλευρά τῶν ἔνθερμων ὑποστηρικτῶν της. Ἦταν ἕνας ἀπό τούς δώδεκα γνωστούς οὐνίτες ἱερεῖς τοῦ Χάνδακα τῆς ἐποχῆς μετά τήν ἕνωση, ἀναφέρεται δέ ἀπό τό 1462 μεταξύ αὐτῶν πού λάμβαναν ἐπιχορήγηση ἀπό τήν Βενετική Δημοκρατία, ὡς ὑποστήριξη τῆς δεινῆς θέσης στήν ὁποία εἶχαν περι-

---

51  Νικ. Β. Τωμαδάκης, «Μιχαήλ Καλοφερνᾶς Κρής, Μητροφάνης Β΄ καί ἡ πρός τήν ἕνωσιν τῆς Φλωρεντίας ἀντίθεσις τῶν Κρητῶν», *ΕΕΒΣ* 21(1951), σ. 110-144, ἡ συγκεκριμένη παράθεση σ. 136-137. Βλ. ἐπίσης, M. Manoussakas, «Recherches sur la vie de Jean Plousiadenos (Joseph de Methone) (1429?-1500)», *REB* 17(1959), σ. 28-51, ὅπου ὁ σ., χρησιμοποιώντας ὅλες τίς ὑπάρχουσες πληροφορίες, σκιαγραφεῖ τόν ἄνδρα. Τοῦ ἰδίου, «Ἀρχιερεῖς Μεθώνης, Κορώνης καί Μονεμβασίας γύρω στά 1500», *Πελοποννησιακά* 3-4(1958-1959), σ. 95-146. M. Candal, «La "Apologia" del Plusiadeno a favor del Concilio de Florencia», *OCP* 21(1955), σ. 36-57. Βλ. ἐπίσης καί τό βιβλιογραφικά ἐνημερωμένο λῆμμα ἀρ. 23385 τοῦ *PLP*, τόμ. 10, ἀπό τούς Erich Trapp, Hans-Veit Beyer, Sokratis Kaplaneres, Ioannis Leontiadis, Wien 1990 [ Österreichische Akademie der Wissenschaften].

ἔλθει. Ἔλαβε καλή μόρφωση, τέτοια πού γιά κάποιο διάστημα ἕνα ἀπό τά ἔργα του πού κυκλοφοροῦσε ἐπ' ὀνόματι τοῦ Γεννάδιου Σχολάριου, δέν ἀμφισβητήθηκε. Πολυπράγμων, ἀσχολήθηκε ἰδιαίτερα μέ τήν βυζαντινή μουσική[52], μέ τήν ἀντιγραφή χειρογράφων, τήν συγγραφή καί τήν σύνθεση ὕμνων, καί σχεδόν ἀφιέρωσε τήν ζωή του σέ δύο συγγενεῖς καί ἀλληλένδετους στόχους: τήν ὑπεράσπιση τῆς Συνόδου τῆς Φλωρεντίας καί τῆς ἕνωσης τῶν Ἐκκλησιῶν, καί τήν καταπολέμηση τοῦ μητροπολίτη Ἐφέσου Μάρκου τοῦ Εὐγενικοῦ. Ἡ συγγραφή στάθηκε τό κυριότερο ὅπλο του καί γιά τούς δύο σκοπούς του. Ἄν καί ἡ κύρια δραστηριότητά του ἐκδηλώθηκε στήν Κρήτη, εἰκάζεται ὅτι πέρασε γιά λίγο καί ἀπό τήν Κωνσταντινούπολη, πρίν ἀπό τήν Ἅλωση, ἀφοῦ δέν διαφαίνεται κάτι σχετικό στά ἔργα του. Βρέθηκε καί στήν Βενετία, ἄλλοτε ὡς ἐκπρόσωπος τῶν οὐνιτῶν τῆς Κρήτης γιά νά ἐξασφαλίσει τίς χορηγίες του, κι ἄλλοτε γιά ἄγνωστους ἀκόμα λόγους, πάντως περισσότερες ἀπό μία φορές, παρέμεινε δέ ἐκεῖ γιά εὔλογο χρονικό διάστημα. Κατά τήν διάρκεια ἑνός ἀπό αὐτά τά διαστήματα ἀναφέρεται ὡς ἕνας ἀπό τούς μεσολαβητές τῆς Ἄννας Νοταρᾶ πρός τήν Δημοκρατία τῆς Σιένας, ὅταν ἡ τελευταία διαπραγματευόταν τήν ἵδρυση, μέ δικές της δαπάνες, ἀνεξάρτητης ἑλληνικῆς περιοχῆς.

Ἡ δημοσίευση ἀπό τόν Μ. Μανούσακα τῆς «ἐπικύρωσης τῆς ἐκλογῆς τοῦ Ἰωάννη Πλουσιαδηνοῦ σέ ἐπίσκοπο Μεθώνης» (1492) [53], διαγράφει κάθε ἀμφιβολία, ὡς πρός τό ἄν ὁ συγγραφέας *ἐπίσκοπος Μεθώνης Ἰωσήφ Πλουσιαδηνός* ταυτίζεται μέ τόν *ἱερέα Ἰωάννη Πλουσιαδηνό* τῶν διαφόρων ἔργων[54] καί

---

52  Ἡ ἔρευνα γιά τήν συμβολή καί προσφορά τοῦ Πλουσιαδηνοῦ στά μουσικά πράγματα δέν ἔχει ἀκόμα ἀποτυπωθεῖ στό σύνολό της. Συναντᾶ κανείς διάσπαρτα στούς χειρόγραφους κώδικες διάφορα "μαθήματα" τοῦ Πλουσιαδηνοῦ. Ἡ διατριβή τοῦ Κωνστ. Χ. Καραγκούνη, *Ἡ παράδοση καί ἐξήγηση τοῦ μέλους τῶν χερουβικῶν τῆς βυζαντινῆς καί μεταβυζαντινῆς μελοποιΐας*, Ἀθῆναι 2003, [Ἵδρυμα Βυζαντινῆς Μουσικολογίας, Μελέται 7], ἀναφέρει τόν Πλουσιαδηνό ὡς τόν πρῶτο ἀπό τούς μελουργούς τῆς πλούσιας κρητικῆς μουσικῆς ἀναγέννησης, ἀσχολεῖται δέ ἰδιαιτέρως μέ τό διαδεδομένο χερουβικό του στόν δ' ἦχο, καί συνοψίζει, ὅτι «εἶναι πολυγραφότατος συνθέτης καί ποιητής ἔργων, ἀφιερωμένων κυρίως στή Θεοτόκο, παραλλήλως δέ ἕνας ἀπό τούς σπουδαιότερους θεωρητικούς διδασκάλους, καθώς ἐπιβεβαιώνεται ἀπό τόν μεγάλο ἀριθμό μεθόδων καί προπαιδειῶν, τίς ὁποῖες παρέδωσε». σ. 280-282, ἀλλά κ.ἀ. Θά εἶχε ἰδιαίτερο ἐνδιαφέρον ἡ μελέτη τῶν μουσικο-ποιητικῶν ἔργων τοῦ Πλουσιαδηνοῦ, ἀπό τήν ὀπτική τοῦ θεολογικοῦ τους περιεχομένου, ἄν δηλαδή καί πῶς καταγράφεται σ' αὐτά ἡ ὁμολογιακή ἐπιλογή του.

53  Μέ ἡμερομηνία 28 Αὐγούστου 1492 ἡ ἐπιστολή ἀναφέρει: «Exacti jam sunt menses octo ex quo est in hac urbe Venetiarum vir chir Joannes Plusiadino, electus episcopus grecus Mothoni,...», Μ. Μανούσακας, Ἀρχιερεῖς..., σ.136.

54  Βλ. ἐνδεικτικά τόν Λέοντα Ἀλλάτιο, *De Ecclesiae occidentalis atque orientalis perpetua consensione libri tres*, Coloniae 1648 (φωτοστατική ἀνατύπωση μέ Εἰσαγωγή τοῦ Kall. T. Ware, 1970) στ. 932-934. Οἱ ἀναφορές τοῦ Ἀλλατίου στόν «Iosephi quoque Methonensis Episcopi, viri pii, pro Synodo Florentina, industria eninuit», εἶναι πολλές καί διάσπαρτες καί στό συγκεκριμένο ἔργο του, ἰδιαίτερα στό τέλος τοῦ β'- ἀρχές τοῦ γ' βιβλίου. Εἶναι ὡστόσο ἀξιοσημείωτο, ὅτι παρά τό γεγονός ὅτι γνωρίζει καλά τό ἔργο τοῦ Πλουσιαδηνοῦ καί ἔχει ἐντοπίσει τήν μαρτυρία τοῦ ἴδιου τοῦ Πλουσιαδηνοῦ γιά τήν συγγραφή ἔργου σχετικοῦ

ἐγγράφων. Ὅπως προκύπτει ἀπό ἐπιστολή τοῦ Βενετοῦ δόγη πρός τόν δούκα τῆς Κρήτης⁵⁵, ὁ Πλουσιαδηνός μόλις πληροφορήθηκε τήν πολιορκία τῆς Μεθώνης ἀπό τούς Τούρκους (β΄ βενετο-τουρκικός πόλεμος 1499-1501), ἔσπευσε νά ἐπιστρέψει στήν ἐπισκοπική του ἕδρα του, προκειμένου νά συμπαρασταθεῖ τό ποίμνιό του καί νά μοιρασθεῖ τίς τύχες του, ὅπως καί ἔγινε⁵⁶. Κατά τήν διάρκεια τῆς ἅλωσης, πού ἀκολούθησε, βρῆκε τραγικό θάνατο.

Τό συγγραφικό του ἔργο, ἀλλά καί τό ποιητικό, καθορίστηκε καί διαποτίστηκε ἀπό τίς θεολογικές του πεποιθήσεις⁵⁷. Ὁ Ἰωάννης Πλουσιαδηνός, δεκαετής⁵⁸ περίπου ὅταν γινόταν ἡ Σύνοδος, πρόλαβε νά 'δεῖ τά ἐπίσημα Πρακτικά της. Ἐξομολογεῖται μάλιστα πώς ἐνῶ «ὑπῆρχε ἐνάντιος τῇ συνόδῳ καί

---

μέ τήν ἑρμηνεία τῶν πέντε κεφαλαίων, ἀρνεῖται νά τόν δεχθεῖ ὡς τόν πραγματικό συγγραφέα, ἀντί τοῦ φερόμενου Γενναδίου Σχολάριου. Τή ἔντονη μάλιστα διαφωνία του μέ τόν Ματθαῖο Καρυόφυλλο ἐπί τοῦ συγκεκριμένου θέματος ἀναπτύσσει στό ἴδιο ἔργο παρακάτω, στ. 966-979, ἀλλά καί στό «Περί Γεωργίων» ἔργο του.

55 Ἡ ἐπιστολή μέ ἡμερομηνία 1 Ὀκτωβρίου 1504, εἶναι γραμμένη μία τετραετία μετά τόν θάνατο τοῦ Πλουσιαδηνοῦ, ὡστόσο θεωρεῖται ἀκριβής, βλ. Μ. Manoussakas, Recherches .., σ. 49.

56 Ὁ Μ. Μανούσακας συνοψίζει στόν ἐπίλογό του πολύ εὔστοχα τά ἑξῆς: «Jean - Joseph Plousiadénos, lettré intrepide, qui, toute sa vie durant, a lutté pour ses idées, même contre ses propres compatriots, dont il avait la bravoure, mais sans partager leurs convictions repigieuses, ni participer à leurs efforts pour la libération nationale, trouva ainsi une mort de martyr de la Foi, en défendant un petit coin civilizé de la terre grecque contre le plus barbare et le plus cruel de ses ennemies», M. Manoussakas, Recherches .., σ. 51.

57 Ἀπό τήν γραφίδα του προέρχονται τά ἀκόλουθα: Ἰωάννου πρωτοϊερέως τοῦ Πλουσιαδηνοῦ, *Διάλεξις Περί διαφορᾶς τῆς οὔσης μέσον γραικῶν καί λατίνων ἔτι καί περί τῆς ἱερᾶς καί ἁγίας συνόδου τῆς ἐν Φλωρεντίᾳ γενομένης*, PG 159 959-1023 (ἀναδημοσίευση ἀπό τήν ἔκδοση, μαζί μέ τήν λατινική μετάφραση, τοῦ Λέοντα Ἀλλάτιου, *Greciae orthodoxae...*, τόμ. Ι, 583-654). Ἰωσήφ ἐπισκόπου Μεθώνης, *Ἀπολογία εἰς τό γραμμάτιον κύρ Μάρκου τοῦ Εὐγενικοῦ μητροπολίτου Ἐφέσου, ἐν ᾧ ἐκτίθεται τήν ἑαυτοῦ δόξαν, ἤν εἶχε περί τῆς ἐν Φλωρεντίᾳ ἁγίας καί ἱερᾶς συνόδου*, ὅ.π., 1023-1094 (ἀναδημοσίευση ἀπό τήν Συλλογή Πρακτικῶν τοῦ Labbaeus, τόμ. 13, σ. 678ἑξ., μέ λατινική μετάφραση τοῦ Ματθαίου Καρυόφυλλου, βλ. κεφ. ΕΚΔΟΣΕΙΣ ΤΩΝ ΠΡΑΚΤΙΚΩΝ. Ἰωάννου τοῦ Πλουσιαδηνοῦ ἱερέως ποίημα, *Κανών τῆς ὀγδόης συνόδου τῆς ἐν Φλωρεντίᾳ γενομένης*, ὅ.π., 1095-1106. Τό πιό διαδεδομένο, ἀλλά μέ τό ὄνομα τοῦ Γενναδίου Σχολάριου, ἔργο τοῦ Πλουσιαδηνοῦ εἶναι μέ τόν τίτλο: *Ἑρμηνεία Γενναδίου τοῦ Σχολαρίου πατριάρχου Κωνσταντινουπόλεως, Ὑπέρ τῆς ἁγίας καί οἰκουμενικῆς ἐν Φλωρεντίᾳ συνόδου, ὅτι ὀρθῶς ἐγένετο, ὑπεραπολογουμένου τῶν ἐν τῷ ὅρῳ αὐτῆς πέντε κεφαλαίων*, ὅ.π., 1109-1394, τό ὁποῖο συμπεριλήφθηκε στήν editio princeps μαζί μέ τά Ἑλληνικά «Πρακτικά» (1577), μεταφράστηκε στά λατινικά ἀπό τόν Fabio Benevolenti καί ἐκδόθηκε τήν ἑπόμενη χρονιά, ἐνῶ ὁ Καρυόφυλλος τό ἀπέδωσε στήν καθομιλούμενη καί τυπώθηκε τό 1628. ΒΛ. ΠΕΡΙΣΣΟΤΕΡΑ ΣΕΛ Ὁ Cuperus, *Historia Patriarcharum Constantinopolitanorum...*, (1733), *193, ἀντίθετα ἀπό τόν Ἀλλάτιο, (βλ. σημ. 4), βασιζόμενος στήν ἴδια μαρτυρία ὑπέδειξε τό ἔργο τό συγκεκριμένο ἔργο ὡς τοῦ Πλουσιαδηνοῦ. Ὁ Πλουσιαδηνός ἐπιπλέον συνέγραψε: Κανόνα τοῦ ἁγίου Θωμᾶ τοῦ *Ἀγχίνοος* (Ἀκυνάτη), Προσευχή εἰς τό ἅγιον Πνεῦμα, κ.ἄ.. Περισσότερα βλ. Μ. Manoussakas, Recherches ..., σ. 30-32.

58 Ὁ ἴδιος σημειώνει: «ἐν τῷ καιρῷ τῆς συνόδου ἡμεῖς βρέφη ὄντες, καί μήπω δέκα ἔτη ἔχοντες,...», PG 159, 1017D.

ὑβριστής τῶν Λατίνων»⁵⁹, ἡ μελέτη τῶν Πρακτικῶν τόν ὁδήγησε οὐσιαστικά στό ἄλλο στρατόπεδο, ἀφοῦ μέσα ἀπό αὐτά τοῦ ἀποκαλύφθηκε ἡ «ἱερά σύνοδος,... ἥτις ἔσωσε τάς ψυχάς ἡμῶν γενομένη»⁶⁰. Φαίνεται πώς δέν μελέτησε μόνο τά Πρακτικά, ἀλλά καί τά ἀντέγραψε⁶¹. Ἀκόμα καί ἄν δέν ὑπῆρχαν τά σημειώματα στούς κώδικες πού τό ἐπιβεβαιώνουν, οἱ ἀναφορές τοῦ Πλουσιαδηνοῦ στά Πρακτικά καί οἱ παραθέσεις ἀποσπασμάτων ἀπό αὐτά εἶναι τόσες καί τέτοιες, πού δέν θά μποροῦσαν νά γίνουν ἀπό μνήμης. Ὁ Πλουσιαδηνός, θά ἔλεγε κανείς, ταυτίστηκε μέ τά Πρακτικά τῆς Φλωρεντινῆς Συνόδου, τά ὁποῖα διαποτίζουν ὅλο τό ἔργο του. Δεδομένου δέ, ὅτι, ἐκτός ἀπό τήν μουσική, δραστηριοποιήθηκε ἀποκλειστικά στήν μέ κάθε τρόπο ὑπεράσπιση αὐτῆς τῆς Συνόδου καθώς καί στήν πολεμική ἐναντίον τοῦ Μάρκου Εὐγενικοῦ, οὐσιαστικά τά Πρακτικά ὑπῆρξαν ἡ φαρέτρα του. Δέν εἶναι τυχαῖο τό γεγονός, ὅτι ἕνα ἀπό τά ἔργα του, ἡ *Ἑρμηνεία τῶν πέντε κεφαλαίων*⁶², τό ὁποῖο πρωτοκυκλοφόρησε ἐπ' ὀνόματι τοῦ Γεννάδιου Σχολάριου τυπωμένη μαζί μέ τά Ἑλληνικά «Πρακτικά» (1577), χρησιμοποιήθηκε ἀπό τήν ἴδια τήν Ἐκκλησία τῆς Ρώμης ὡς μανιφέστο τόσο γιά τήν ὑπεράσπιση ὅσο καί γιά τήν προβολή της πρός κάθε κατεύθυνση, πρός τούς ὀρθοδόξους - κυρίως τῆς Ρουθηνίας- ἀλλά καί πρός τούς προτεστάντες⁶³.

Μέ τά Πρακτικά στήν διάθεσή του ὁ Πλουσιαδηνός προσέγγιζε μία μόνο πτυχή τοῦ ἀγαπημένου του θέματος, πού ἦταν ἡ Φλωρεντινή Σύνοδος, συγκεκριμένα τίς συνελεύσεις μέ τίς ἐπίσημες ἀγορεύσεις κατά τήν διάρκειά

---

59  Ὅ.π., 1017Α: «Πῶς ταῦτα οὐκ ἐλέγετε πρότερον, ὅτε καί ὑμεῖς οὐ μόνον ἐναντίοι τῇ συνόδῳ, ἀλλά καί ὑβρισταί τῶν Λατίνων, ὑπήρχετε, ὡς καί ἐσύ (δηλ. ὁ Πλουσιαδηνός) εἰς τό τοῦ πατριάρχου κουκούλιον ἀναιδῶς ἐξύβρισας;», καί παρακάτω ἡ ἀπάντηση: «Οὕτως ἔχει, ὡς λέγεις, ὅτι οὐκ ἐλέγομεν ταῦτα πρότερον, καί ὅτι ὑβρισταί τῶν Λατίνων ἦμεν, καί ἔτι ἐγώ εἴπερ τις ἄλλος. Ὁ δέ λόγος, ὅτι οὐκ ἐγινώσκομεν· νήπια γάρ ἦμεν. Ὅθεν ἀγνώστως ἐγώ καί τόν θειότατον ἐξύβρισα πατριάρχης, ἀλλ' ἔλαβον παρ' ἐκείνου συγχώρησιν».

60  Ὅ.π., 1020ΑΒ: «Ὅθεν τῇ ἱερᾷ πραγματείᾳ, δηλονότι τῶν Πρακτικῶν τῆς Συνόδου ἐπιμελῶς ἐντρυφήσαντες, καί ἄλλους τῶν διδασκάλων μετιόντες τά αὐτά συμμαρτυροῦντας αὐτῇ, τῇ ἀληθείᾳ ὑπεχωρήσαμεν... Διό καί ἡμεῖς, τῆς ἀληθείας διά τῆς ἱερᾶς συνόδου δειχθείσης, εὐλαβῶς ἐλάβομεν αὐτήν, καί ὑπεδεξόμεθα, καί λέγομεν νῦν, ἅπερ πρότερον οὐκ ᾔδειμεν οὐδέ ἔγνωμεν, καί κηρύττομεν οὐκ ἄλλα, ἤ ὅσα παρά τῆς ἱερᾶς συνόδου ἐμάθομεν,...».

61  Ἀπό τά σωζόμενα χειρόγραφα, πού περιέχουν τά Ἑλληνικά «Πρακτικά» ἕνα εἶναι «Ἰωάννου Πλουσιαδηνοῦ ἱερέως ἄρχοντος τῶν ἐκκλησιῶν καί κτῆμα καί πόνος». Συγκεκριμένα τά Conventi soppressi 3, γραμμένο μεταξύ τῶν ἐτῶν 1461-1470, σύμφωνα μέ τόν J. Gill, Que supersunt..., σ. i καί xiii.

62  Βλ. ὑποσ. 4.

63  «... Quoniam huic obijcere, ut aliis quibusdam non potuissent eum esse Latinorum asseclam, et in illorum gratiam scribere, cum esset Constantinopolitanus patriarcha, et ab iis electus...», σημειώνεται χαρακτηριστικά στόν Πρόλογο τῆς ἔκδοσης τῆς λατινικῆς μεταφράσής του, (χωρίς σελιδαρίθμηση, στήν 8ᵗʰ σελίδα), Benevolenti, Gennadii Scholarii Defensio...

τους. Μπορεῖ νά ὑποτεθεῖ, ὅτι ὡς «συλλέκτης» ὁ,τιδήποτε σχετικοῦ μέ τήν Σύνοδο, ἀναζήτησε ἤ βρῆκε τήν διήγηση ἑνός αὐτόπτη μάρτυρα-μέλους της, γεμάτη πληροφορίες γιά τήν καθημερινότητα τῆς Συνόδου, τό ἀνεπίσημο δηλαδή τμῆμα της. Μέ τήν δεδομένη ἐπιθυμία του νά προωθήσει τήν Σύνοδο καί μέ τήν γνώση, πού ἀποκόμισε γι' αὐτήν ἀπό τά Πρακτικά της, δέν θά δυσκολεύτηκε νά συνδυάσει τά δύο αὐτά κείμενα σέ ἕνα καινούργιο, τρίτο κείμενο. Ὁ τίτλος πού φέρει τό κείμενο αὐτό εἶναι *Πρακτικά τῆς ἁγίας καί οἰκουμενικῆς ἐν Φλωρεντίᾳ γενομένης συνόδου*. Μέ τήν ἐπίγνωση τοῦ καλοῦ ἀντιγραφέα ὁ Πλουσιαδηνός δέν παρέλειψε νά σημειώσει τό χειρόγραφό του, πού τελειώνει ἡ παράθεση ἀπό τήν μία πηγή του καί ἀπό ποῦ ἀρχίζει ἡ ἄλλη, δίνοντας συνάμα ὀντότητα στό καινούργιο ἔργο, στό ὁποῖο συνυπάρχουν, διακριτά, τρία διαφορετικά συστατικά: α) μία ἀναλυτική διήγηση, πού περιγράφει τά *πραχθέντα* στίς ἀνεπίσημες πτυχές τῆς Συνόδου ἀπό τήν ἄφιξη τῆς ἑλληνικῆς ἀποστολῆς στήν Βενετία μέχρι τήν ἄφιξη στήν Φλωρεντία. Αὐτή εἶναι γραμμένη σέ α΄ πρόσωπο (ἑνικό καί πληθυντικό), περιγράφει ἀναλυτικά τήν εἴσοδο τῆς ἑλληνικῆς ἀντιπροσωπείας στήν Βενετία, τήν πόλη, τίς τελετές κ.πλ., καί δίνει ἐπιγραμματικά τίς ἐπίσημες ἀγορεύσεις τῶν συνελεύσεων στήν Φερράρα. Τήν διήγηση αὐτή, λόγῳ τοῦ ὕφους καί τοῦ περιεχομένου της καί πρός διάκρισή της ἀπό τά ὑπόλοιπα μέρη τῶν Ἑλληνικῶν «Πρακτικῶν», *Περιγραφή* (descriptio), β) μία verbatim, ἀπρόσωπη καί σέ ἐπίσημο ὕφος καταγραφή τῶν ἐπισήμων τοποθετήσεων ἀπό τήν κάθε πλευρά, ἡ ὁποία ἀρχίζει ἀπό τό σημεῖο πού φέρει τόν τίτλο «Τά Πρακτικά τῆς ἁγίας καί οἰκουμενικῆς ὀγδόης Συνόδου τῆς ἐν Φλωρεντίᾳ γενομένης»[64]. Αὐτή, ἐπίσης λόγῳ τοῦ ὕφους καί τοῦ περιεχομένου της, θεωρεῖται ὅτι, ἄν δέν εἶναι ἀπό τά αὐθεντικά Πρακτικά, εἶναι στήν πλησιέστερη δυνατή πρός αὐτά μορφή. Τό τμῆμα αὐτό ὁ Gill τό ἀποκαλεῖ *Πρωτόκολλο*, καί γ) διάφορα ἐπίσημα, αὐθεντικά ἔγγραφα, ὅπως εἶναι ὁ Ὅρος τῆς Συνόδου μέ τίς ὑπογραφές, τό παπικό δεκρέτο τῆς ἔναρξης, ἡ *προτροπή* τοῦ Πατριάρχη Ἰωσήφ κ.ἄ..

Αὐτό τό καινούργιο κείμενο, ἡ σύνθεση πλέον τοῦ Ἰωάννη Πλουσιαδηνοῦ, εἶναι τά γνωστά ὡς Ἑλληνικά «Πρακτικά» τῆς Συνόδου τῆς Φλωρεντίας. Ἡ καινούργια αὐτή μορφή δέν εἶναι δυνατόν νά διαπιστωθεῖ κατά πόσο ἀκριβῶς ἐπικάλυψε τά ἐπίσημα Πρακτικά τῆς Συνόδου. Συνεπῶς εἶναι προϊόν ἐπεξεργασίας, καί αὐτό δηλώνουν τά εἰσαγωγικά («Πρακτικά), ἀφοῦ ὁπωσδήποτε δέν εἶναι ὅπως ἀκριβῶς τά ἔφερε ἐπιστρέφοντας μαζί της ἡ ἀντιπροσωπεία ἤ τά εἶχε στήν διάθεσή του ὁ Συρόπουλος. Ἐπειδή, ὡστόσο, δέν βρέθηκε κανένα ἴχνος καί ἀπό τά λατινικά ἀντίγραφα τῶν Πρακτικῶν, ἡ σύν-θεση αὐτή τοῦ ἀντιγραφέα Πλουσιαδηνοῦ θεωρεῖται τό πλησιέστερο κείμενο πρός τά ἐπίσημα Πρακτικά τῆς Συνόδου, ἐξ οὗ καί ὁ χαρακτηρισμός «Ἑλληνικά «Πρακτικά»» τῆς Συνόδου τῆς Φλωρεντίας.

---

64  Gill, Quae supersunt..., σ. 49.

*β) Ἡ ταυτότητα τῆς Περιγραφῆς. Ὁ δημιουργός της.*

Τά ἐπίσημα ἔγγραφα, δηλαδή τά Πρακτικά (οἱ καταγραφές τῶν νοταρίων ἤ Πρωτόκολλο), ὁ Ὅρος κ.λπ., στά ὁποῖα συχνά ἀναφέρεται ὁ Συρόπουλος[65], μπορεῖ νά θεωρηθεῖ μέ ἀσφάλεια ὅτι ὑπῆρχαν προσβάσιμα τουλάχιστον μέχρι τήν Ἅλωση. Τό εὔλογο ἐρώτημα πού ἀνακύπτει στήν συνέχεια σχετίζεται μέ τήν ταυτότητα, τό περιεχόμενο καί τόν δημιουργό τοῦ *ἄλλου βιβλίου*, ὁπωσδήποτε μή ἐπίσημου, περί τοῦ ὁποίου ὁ Πλουσιαδηνός σημειώνει τά χαρακτηριστικά στό περιθώριο τοῦ αὐτόγραφου κώδικα: «Ἀπ' ἄλλου βιβλίου. ταῦτα εὕρομεν ἐξ ἄλλου βιβλίου πλήν ἀληθοῦς ἀντιβολαίου καί τεθείκαμεν ἐνταῦθα»[66].

Τήν ἄγνωστη μέχρι σήμερα πλήρη ταυτότητα τοῦ *ἀληθοῦς ἀντιβολαίου* θά τήν ἀποκαλύψει ἡ ἀνακάλυψη κάποιου χειρογράφου, πού νά τό περιέχει, ἤ κάποιο ἄλλο σχετικό στοιχεῖο. Μέχρι τότε, θά προσεγγίζεται μόνο μέσα ἀπό τήν ὁριοθέτησή του, ὅπως τό παραδίδει ὁ Πλουσιαδηνός στό χειρόγραφό του μέ τά χαρακτηριστικά «ἀρχή» ἤ «τέλος τοῦ ἄλλου βιβλίου». Μέ τήν ὁριοθέτηση αὐτή διαχωρίζεται ἀπό τό *Πρωτόκολλο* καί παρέχεται ἡ δυνατότητα νά σκιαγραφηθεῖ τό περιεχόμενο ἤ ἕνα μέρος τῆς ἀποκαλούμενης πλέον *Περιγραφῆς*[67].

*Περιεχόμενο*

Ἡ *Περιγραφή*, τό κείμενο πού προτάσσεται τῶν ἐπισήμων συνομιλιῶν, εἶναι μία λεπτομερής καί ἐνθουσιώδης ἀποτύπωση τῆς *ἐπίσημης εἰσελεύσεως* τῆς ἀποστολῆς τῶν Ἀνατολικῶν στήν Βενετία, πού συνεχίζεται μέ τήν περιγραφή τῆς πόλης καί τῶν τελετῶν. Εἶναι γραμμένα ἀπό κάποιον, πού προφανῶς βρίσκεται ἐκεῖ γιά πρώτη φορά, ἄν κρίνει κανείς τόν πηγαῖο θαυμασμό πού διατρέχει ὅλη τήν σχετική διήγηση, καί τήν διάθεση νά ἐπιλεγοῦν τά σπουδαιότερα, προκειμένου νά ἀποτυπωθοῦν. Ἡ διήγηση συνεχίζεται μέ τά *πραχθέντα* τῆς ἀποστολῆς μέχρι τήν ἄφιξή της στήν Φερράρα πάνω στό ἴδιο μοτίβο:

---

65 «Ἐλαλήθησαν οὖν καί ἐν ταύτῃ καί ἐν ἄλλαις ἑπτά ταῖς γενομέναις συνελεύσεσιν ἐν Φλωρεντίᾳ ὅσα περιέχουσι τά ὑπομνήματα, ἅ ἐγράφοντο ἐκεῖσε κατά μέρος παρά τῶν ἀποταχθέντων γραφέων, καί εἴ τις ζητοίη μαθεῖν, εὑρήσει αὐτά ἐκεῖσε.», Laurent, Les "Mémoires"..., σ. 394 κ. ἀ..

66 Gill, Quae supersunt..., σ. 345, σχόλιο στόν στ. 28. Βλ. τίς ἀνάλογες ἀναφορές στίς σ. 346, στούς στίχους 2,7,15, σ. 351, στόν στίχο 1 καί σ. 387, στόν στίχο 22: Ἐνταῦθα τελειῶμεν τό πρῶτον ἀντιβολαῖον, ὅλον τό βιβλίον. ἀπό τοῦ ἄλλου ἀντιβολαίου καί ταῦτα εὕρομεν. Σύμφωνα μέ τόν Gill, στό ἴδιο σ. Ι, πρόκειται γιά τόν κώδικα Gr. Conventi soppressi 3, ὁ ὁποῖος στό φ. 308ʳ φέρει τήν σημείωση *Ἰωάννου Πλουσιαδηνοῦ ἱερέως ἄρχοντος τῶν ἐκκλησιῶν καί κτῆμα καί πόνος,*

67 Ἡ αἰσθητή διαφορά στό ὕφος μεταξύ *Πρωτοκόλλου* καί *Περιγραφῆς* ἴσως δέν διέλαθε τῆς προσοχῆς τοῦ ἑλληνομαθοῦς ἐκδότη τῶν «Πρακτικῶν» Viviani, ὁ ὁποῖος, ἀπευθυνόμενος στόν ὑπεύθυνο καρδινάλιο Sirleto κάνει τόν διαχωρισμό "πρό τῆς συνόδου" καί "συνεδριάσεις": «Ἅπαντα μέν τά πρό τῆς ἁγίας καί οἰκουμενικῆς συνόδου, θειότατε καρδηνάλης, ὡς οἷόν τε μάλιστ' ἀπηκριβωμένα ἤδη τοῖς χλακοτύποις ἐδώκαμεν, τάς δέ συνελεύσεις νῦν ἐπιχειρήσαντες, τό τοῦ αἰδεσιμωτάτου Σφορτίου πρωτότυπον πάνυ ἀναγκαῖον ἡμῖν εἶναι νομίζομεν.», βλ. περισσότερα στό ἐπόμενο κεφάλαιο.ὅπως θά φανεῖ ἀναλυτικά στό ἐπόμενο κεφάλαιο.

σύντομη ἀναφορά τῶν γεγονότων καί περιλήψεις τῶν εἰσηγήσεων ἤ ὁμιλιῶν. Στά σημεῖα, ὅπου ὑπάρχει ἐπίσημη συνεδρίαση, διακόπτεται ἡ περιγραφή γιά νά μεταβεῖ στόν «ἐπίσημο» τύπο τῆς Συνόδου, καί νά καταχωρίσει, ἐφόσον ὑπάρχει, κάποιο ἐπίσημο κείμενο πού διαβάστηκε κατά τήν διάρκειά της. Γιά τήν περίοδο τῆς Φλωρεντίας τό *ἀντιβολαῖον* ἀλλάζει τύπο, σάν ὁ συγγραφέας της νά γίνεται πιό πολυάσχολος καί νά μήν τοῦ περισσεύει τόσος χρόνος. Ἡ διήγηση γίνεται πλέον καθαρά ἡμερολογιακοῦ τύπου: ἀναφέρεται ἡ ἡμέρα τῆς ἑβδομάδας, ἴσως καί τοῦ μήνα[68], μέ ἔμφαση στόν ἑορταστικό κύκλο. Ἡ ἀλλαγή αὐτή δέν φαίνεται νά ὑποδηλώνει καί ἄλλον συγγραφέα. Ἀπό τήν σύγκριση τῶν ἐσωτερικῶν ἐκφραστικῶν στοιχείων τῶν διηγήσεων τῆς Φερράρας καί τῆς Φλωρεντίας, ὁ Gill ἐκτιμᾶ πώς πρόκειται γιά τό ἴδιο χέρι[69].

*Συγγραφέας*

Ὁ ἄγνωστος συγγραφέας τῆς *Περιγραφῆς* (Desciptio) - ὅπως ἀναφέρεται πλέον στήν σύγχρονη βιβλιογραφία- ἀφήνει ἴχνη κάποιων στοιχείων ἀπό τήν ταυτότητά του: κατ' ἀρχήν, δέν εἶναι ἕνας ἀπό τούς ἐπίσημους γραμματεῖς τῆς Συνόδου, πού ἀποτύπωναν -ὅπως ἐπιβάλλεται- ἀπρόσωπα ὅ,τι ἄκουγαν. Εἶναι κάποιος ἀρχιερέας, πού ἀλλάζει τήν διήγηση σέ α' πληθυντικό πρόσωπο, ὅταν πρόκειται νά ἀναφέρει κάποια δραστηριότητα, στήν ὁποία συμμετεῖχε καί ὁ ἴδιος[70]. Συνάμα αὐτό σημαίνει, ὅτι ἦταν παρών, καί καθ' ὅλη τήν διάρκεια τῆς Συνόδου, ἄν κριθεῖ ἀπό τίς ἀντίστοιχες ἀναφορές του. Ἐπίσης, ἦταν ἕνας ἀπό τούς «δεύτερους» σημαντικούς, ἄν πρῶτοι θεωρηθοῦν οἱ Ἐφέσου Μάρκος, Νικαίας Βησσαρίων καί Κιέβου Ἰσίδωρος. Ὁρίστηκε, π.χ., μαζί μέ τούς δύο τελευταίους ἀπό αὐτούς στήν ἐπιτροπή ἐκείνη, ἡ ὁποία συναντοῦσε τόν πάπα, προκειμένου νά ὁριστικοποιηθοῦν τά τῆς ἕνωσης[71].

Ὡς πρός τό ποιός ἀπό ὅλους εἶναι ὁ συγγραφέας, τά στοιχεῖα πού ὑπάρχουν δέν εἶναι τέτοια, πού νά ἐπιτρέπουν μέ ἀσφάλεια τήν ὑπόδειξή του. Πρῶτος ὁ Ἀλλάτιος ἔκρινε πώς εἶναι ὁ ἐκ τῶν σταυροφόρων Θεόδωρος Ξανθόπουλος[72].

---

68  Ἐνδεικτικό ἀπόσπασμα ἀπό αὐτόν τόν τύπο τῆς διήγησης: «Τῆς παρασκευῆς τοίνυν ἐλθούσης ἐστείλαμεν τόν τόμον τῷ μακαριωτάτῳ πατρί, καί τῶν καρδιναλίων συναχθέντων ἀνεγνώσθη καί ἤρεσε. καί ἐτάχθη ἵνα τῷ σαββάτῳ τῷ πρωΐ ἐκλεγῶσιν ἀφ' ἑκατέρων τῶν μερῶν ἀνά δέκα... τοῦ σαββάτου ἤδη διαγενομένου ἀπῆλθον οἱ ἐκλεγέντες...», ὅ.π., σ. 439[6-13].

69  Ὅ.π., σ. LX.

70  Ἐνδεικτικό παράδειγμα: «Ἐρωτώμενοι οὖν οἱ ἀρχιερεῖς τάς γνώμας αὐτῶν, ἵνα μή προσεπιτείνω τόν λόγον, οἱ μέν ἔλεγον καθαρῶς τήν γνώμην αὐτῶν, οἱ δέ ἔλεγον ἄλλως πως. ἀλλ' ὅμως ὡμονοήσαμεν ἀρχιερεῖς δέκα τόν ἀριθμόν.», ὅ.π., σ. 436[3-7].

71  Ὅ.π., βλ. τήν διήγηση, σ. 440[10] - 444[2].

72  Leonis Alatii, *In Roberti Creyghtoni... Exercitationes,...*, ὁ ὁποῖος ἐκτιμᾶ ὅτι ὁ σ. πρέπει νά εἶναι ἕνας ἀπό τούς *σταυροφόρους*, ἀλλά δέν μπορεῖ νά εἶναι ὁ πρωτέκδικος Γεώργιος ὁ Καππάδοξ, ὁ ὁποῖος πέθανε ἐκεῖ, οὔτε ὁ χαρτοφύλακας Μιχαήλ Βαλσαμών, διότι διέκειτο ἐναντίον τῆς ἕνωσης, οὔτε φυσικά ὁ ἕτερος τῶν σταυροφόρων,

Ὁ H. Vast θεωρεῖ πώς εἶναι ὁ Βησσαρίων[73]. Σύμφωνα μέ τόν Gill, οἱ: Bertahnm (1759), σύμφωνα μέ τόν συγγραφέα τῆς ἀνώνυμης «Ἱστορίας τῆς Συνόδου τῆς Φλωρεντίας» (1845)[74], Frommann (1872), , ἀλλά καί ὁ ἴδιος ὁ Gill[75] ὑποδεικνύουν τόν μητροπολίτη Μιτυλήνης Δωρόθεο[76]. Ὁ τελευταῖος μάλιστα, παρουσιάζει ὄχι μόνο τά ὑπέρ τοῦ Δωροθέου ὡς συγγραφέα, ἀλλά καί τά ἐρωτήματα πού προκύπτουν καί μένουν ἀναπάντητα.. Ἐκτιμᾶ τέλος, ἀλλά ὄχι μέ ἀπόλυτη βεβαιότητα[77], ὅτι ὄντως ὁ Δωρόθεος εἶναι ὁ συγγραφέας τῆς «Περιγραφῆς», τοῦ ἄλλου βιβλίου, τοῦ *ἀντιβολαίου*, τό ὁποῖο ὁ Πλουσιαδηνός συν-έθεσε μαζί μέ τό «Πρωτόκολλο» τῶν Πρακτικῶν στό ἔργο του, τό ὁποῖο τιτλοφόρησε «Ἁγία καί οἰκουμενική ἐν Φλωρεντίᾳ Σύνοδος», μέ τήν μορφή πού τυπώθηκε στήν editio princeps.

---

ὁ μ. ἐκκλησιάρχης Σίβεστρος Συρόπουλος. Ἀπομένουν, ὁ μ. σακκελάριος Μανουήλ Χρυσοκούκκης καί ὁ Ξανθόπουλος, στόν ὁποῖον, τελικά, καταλήγει, σ. 72-74.

Ὁ μέγας σκευοφύλαξ, διάκονος Θεόδωρος Ξανθόπουλος ὁ Σιδεροφάς, δέν εἶναι γνωστός ἀπό ἄλλες ἀναφορές, πλήν τῆς Συνόδου τῆς Φλωρεντίας, τόν Ὅρο τῆς ὁποίας ὑπογράφει : «Ὁ μέγας σκευοφύλαξ διάκονος Θεόδωρος ὁ Ξανθόπουλος ὑπέγραψα», Que supersunt..., σ. 466[33-34], ἀλλά καί σ. 36. Βλ. σχετικά καί λῆμμα ἀρ. 20817, στόν τόμ. 8 τοῦ *PLP*, Wien 1986 (Erich Trapp, Hans- Veit Beyer, Ewald Kislinger, Ioannis Leontiadis).

73  H. Vast, *Le Cardinal Bessarion*, Paris 1878, σ. 63-79 (ἡ πληροφορία ἀπό τόν Gill, ὅ.π., σ. LXIV). Γιά τόν Βησσαρίωνα, τήν σπουδαία, συνάμα δέ καί τραγική αὐτή προσωπικότητα, ἔχουν γραφεῖ πάρα πολλά, χωρίς ἀκόμα νά ἔχουν ἐξαντληθεῖ ὅλες οἱ σχετικές μέ τόν ἴδιο καί τό ἔργο του παράμετροι. Ἕνα κατατοπιστικό βιογραφικό σχεδίασμα, συνοδευμένο ἀπό πληρέστατη βιβλιογραφία βλ. στό λῆμμα ἀρ. 2707 τοῦ *PLP*, τόμ. 2 (Erich Trapp, Rainer Walter, Hans -Veit Beyer, Katja Sturm-Schnabl) Wien 1977.

74  Basil Poppof (transl.), *The History of the Concil of Florence*, London 1861, στήν σ. 6 ἡ ἀναφορά του στό ἔργο τοῦ Bertram, *Abhandlung vom Dorotheo von Mitylena, einem ungenanten Geschichtschreiber*, Halle 1759.

75  Πρβλ. LXIV-LXIX. Ὁ Gill κατέγραψε τίς παρατηρήσεις του γιά τό κείμενο τῶν «Πρακτικῶν» καί τίς πηγές του στό ἄρθρο του «The Sourses of the "Acta" of the Council of Florence», *OCP* 14(1948), σ. 43-79, βλ. καί τήν περίληψή του μέ τόν ἴδιο τίτλο στό *Personalities of the Council of Florence and other Essays*, Oxford 1964, σ. 131-143.

76  Ὁ μητροπολίτης Μιτυλήνης Δωρόθεος εἶναι σχεδόν ἄγνωστος, ἄν καί κατά τήν διάρκεια τῆς Συνόδου τῆς Φλωρεντίας ἀναφέρεται -συγκριτικά- ἀρκετές φορές, μάλιστα καί ὡς ὁμιλητής. Πλήν τῆς σχετικῆς μονογραφίας τοῦ Berthram, (βλ. ὑποσ. 23), γνωστῆς μόνο ἀπό παραπομπές σέ σημειώσεις, ἀπό τά ἐλάχιστα πού ἔχουν γραφεῖ, τά πιό σημαντικά εἶναι τοῦ V. Laurent, «A propos de Dorothée, métropolite de Mitylène (+ 1444)», *REB* 9(1951), 163-169. βλ. καί τό λῆμμα ἀρ. 5929 τοῦ *PLP*, τόμος 32 (Erich Trapp, Rainer Walter, Hans -Veit Beyer, Katja Sturm-Schnabl) Wien 1978. Φαίνεται πώς ἀπό ἀνθενωτικός στήν ἀρχή, κατέληξε ὑποστηρικτής τῆς Ἑνώσης. Ὁ Laurent ἀναφέρει, ὅτι ὁ Loparev δημοσίευσε «Δωροθέου μητροπολίτου Μιτυλήνης Διδασκαλία λεχθεῖσα ὅτε ἡ ἔφοδος ἐγένετο τῶν ἀθέων Ἀγαρηνῶν κατά ταύτης τῆς βασιλίδος τῶν πόλεων κατά μῆναν (sic ed.) ἰούνιον, ἰνδικτιῶνος ιε'». Ἀκόμη ὅτι οἱ ἀναφορές (ἀπό τά «Πρακτικά» καί τόν Συρόπουλο) στό πρόσωπό του γίνονται ὡς νά πρόκειται γιά εἰδήμονα ἐπί τοῦ κανονικοῦ δικαίου.

77  Gill, Quae supersunt..., «Videtur ergo dicendus cum aliqua probabilitate Dorotheus Descriptionem concilii conscripsisse, non omni tamen dubio secluso», σ. LXVIII-LXIX,

*Η editio princeps τῶν Ἑλληνικῶν «Πρακτικῶν» (1577) τῆς Συνόδου Φερράρας-Φλωρεντίας*

Σχετικά μέ τό πότε γράφτηκε ἡ Περιγραφή, φαίνεται πώς τό μέν ἐκτενές της τμῆμα ὁλοκληρώθηκε πρίν τήν ἄφιξη στήν Φλωρεντία, θά συνέχισε δέ μέ τό «ἡμερολογιακό» της μέχρι τό τέλος τῆς Συνόδου[78].

---

78 Ὅ.π., σ. LXX-LXXVI.

*Ευαγγελία Αμοιρίδου*

## Κεφάλαιο 2ο

*Η Editio Princeps των Ελληνικών «Πρακτικών»*
*Περιγραφή. Συντελεστές της Έκδοσης*

### Α. Τὸ Ἔντυπο

Ἄν καί πολλά ἔχουν γραφτεῖ, στήν διεθνῆ κυρίως βιβλιογραφία, ἐξ ἀφορμῆς τῆς editio princeps τῶν Ἑλληνικῶν «Πρακτικῶν» ἤ γι' αὐτήν, τό ἔντυπο καθαυτό ἐξακολουθεῖ νά παραμένει οὐσιαστικά ἄγνωστο, ἐφόσον μέχρι στιγμῆς δέν ἔχει παρουσιασθεῖ συνολικά καί δέν ἔχει περιγραφεῖ λεπτομερῶς. Ἔτσι, ἐκτός ἀπό τήν εὔλογη σπουδαιότητά του τόσο λόγῳ παλαιότητας ὅσο καί λόγῳ περιεχομένου, ἔχει νά παρουσιάσει καί μία ἐξαιρετικά ἐνδιαφέρουσα ἱστορία ὡς πρός τίς συνθῆκες, κάτω ἀπό τίς ὁποῖες προέκυψε, ἀλλά καί ὡς πρός τήν πορεία πού τοῦ ἐπιφυλάχθηκε. Οἱ ἔρευνες στίς διάφορες βιβλιοθῆκες καί στά ἀρχεῖα, προκειμένου νά προετοιμασθεῖ μέ μεγαλύτερη πληρότητα καί ἀρτιότητα ἡ ἔκδοση τοῦ ἐπετειακοῦ «φακέλου» τῆς Συνόδου τῆς Φλωρεντίας, ἀνέδειξαν καί μία σειρά κειμένων καί ἀναφορῶν σχετικῶν καί μέ τήν editio princeps, πού ἀποζημίωσαν εὐχάριστα τούς ἐρευνητές μέ τίς ἀπρόσμενες λεπτομέρειες πού ἀποκάλυπταν. Ἔτσι, χάρη σ' αὐτές γνωρίζουμε πλέον ἀκόμα καί τό ὄνομα τοῦ ἐργάτη στό τυπογραφεῖο πού τυπωνόταν τά «Πρακτικά», τόν ἀνταγωνισμό γιά τήν ἐξασφάλιση τοῦ καλύτερου *πρωτοτύπου*, τόν ἐκφρασμένο μέ στίχους ἐνθουσιασμό γιά τήν ὁλοκλήρωση τοῦ πρώτου τετραδίου, τίς λογοκριτικές «ἐνστάσεις» μετά τήν κυκλοφορία τῶν «Πρακτικῶν», καθώς καί πολλές ἀκόμη μικρές, πλήν ἐνδιαφέρουσες λεπτομέρειες. Τώρα πιά, ἐκεῖνο πού λείπει ἀπό τόν τομέα τόν σχετικό μέ τό ἴδιο τό ἔντυπο καί τήν ἱστορία του, γιά νά θεωρηθεῖ ὅτι ὁ κύκλος του ἔκλεισε ὁλοκληρωμένος, εἶναι ὁ ἐντοπισμός τοῦ χειρογράφου, πού χρησιμοποιήθηκε ὡς βάση γιά τήν ἔκδοση τοῦ 1577.

### α) Περιγραφή

Ἡ περιγραφή τῆς editio princeps τῶν Ἑλληνικῶν «Πρακτικῶν» ἀπό τόν É. Legrand ἦταν μέχρι τώρα ἡ μόνη, κι αὐτή στοιχειώδης, «εἰκόνα» ἀπό τό συγκεκριμένο ἔντυπο. Ὁ Legrand, μεταξύ τῶν ἐλάχιστων πού ἀναφέρει, δέν παρέλειψε, κατά τήν συνήθη πρακτική του, νά ὑπογραμμίσει τήν σπανιότητα τοῦ ἐντύπου, καθώς καί τά γνωστά σ' αὐτόν ἀντίτυπα[79].

Τό ὑπό μελέτη ἔντυπο φέρει τόν τίτλο: *Η ΑΓΙΑ / ΚΑΙ ΟΙΚΟΥΜΕΝΙΚΗ / ΕΝ ΦΛΩΡΕΝΤΙΑ (sic) / ΓΕΝΟΜΕΝΗ / ΣΥΝΟΔΟΣ*.

Τό πρῶτο καί τό τελευταῖο φύλλα του εἶναι χωρίς ἀρίθμηση. Αὐτή ἀρχίζει ἀπό τό δεύτερο φύλλο, μαζί μέ τό κείμενο, καί σταματάει στό προτελευταῖο, ἀριθμώντας συνολικά 406 σελίδες[80], μεγέθους folio. Οἱ σελίδες 182 καί 183 ὑπάρχουν δύο φορές, χωρίς νά ἐπηρεάζεται ἡ ὑπόλοιπη ἀρίθμηση.

Στήν σελίδα τίτλου δέν ἀναγράφεται κανένα ἄλλο ἀπό τά συνήθη στοιχεῖα ταυτότητας ἑνός ἐντύπου. Ὑπάρχουν μόνο δύο διακοσμητικά στοιχεῖα, μία λιτή γκραβούρα πάνω ἀπό τόν τίτλο, καί ἕνα ἐπίσης ἁπλό διακοσμητικό μοτίβο, κάτω ἀπό αὐτόν. Στό verso τοῦ πρώτου φύλλου ἔχουν τυπωθεῖ τά γενικά περιεχόμενα :

*ΤΑΔ' ΕΝΕΣΤΙ ΕΝ ΤΗΔΕ ΤΗ ΒΙΒΛΩ (sic)*

*Πρακτικά τῆς ἁγίας καί οἰκουμενικῆς συνόδου, τῆς ἐν Φλωρεντίᾳ γενομένης, ἐπί Εὐγενίου τετάρτου τοῦ ἄκρου ἀρχιερέως.*

*Γεωργίου σχολαρίου, πρός τούς ἐν τῇ εἰρημένῃ συνόδῳ γραικούς, περί εἰρήνης καί τῆς πρός τούς λατίνους ὁμονοίας, λόγοι τρεῖς.*

*Γενναδίου τοῦ σχολαρίου πατριάρχου κωνσταντινουπόλεως συντάγματα πέντε, ἐν οἷς τῶν ἐν τῷ ὅρῳ τῆς αὐτῆς συνόδου περιεχομένων κεφαλαίων πέντε, εὐσεβῶς ἅμα καί σοφῶς ὑπεραπολογεῖται.*

*Ἅ δή πάντα εἰς τήν τῆς εὐσεβείας προκοπήν καί τῆς ἀληθείας ἐπίγνωσιν συντελοῦντα, καί παμπληθεῖς ὡς πλείστων τῆς τε ἀνατολικῆς καί τῆς δυτικῆς ἐκκλησίας ἁγίων πατέρων καί ἐπιφανεστάτων διδασκάλων ἐννοίας καί γνώμας περιέχοντα, κατανοήσας ὁ μακαριώτατος ἡμῶν δεσπότης πάπας Γρηγόριος τρισκαιδέκατος, ἄτε σπουδαίως ἀεί τῇ κοινῇ ὠφελείᾳ καί σωτηρίᾳ ἐπιγρηγορῶν, τυπωθῆναι καί ἐκδοθῆναι προσέταξεν.*

---

79  "Édition fort bien impriméé et devenue d' une extreme rareté", *Bibliographie Hellenique ou Description raisonnée des ouvrages publiés par les Grecs aux XVe et XVIe siécles*, tom. II, Paris 1885, σ. 24-25, ἀρ. 156. Ὁ ἴδιος ἀναφέρει δύο γνωστά σ' αὐτόν ἀντίτυπα. Ἀρκετά χρόνια ἀργότερα, τό 1955, ὁ V. Laurent, στο σημαντικό σχετικά μέ τήν πρώτη ἔκδοση τοῦ ἐντύπου ἄρθρο του, μαζί μέ τό σχόλιο ὅτι "est toujous d' une grand rareté", ἀναφέρει ὅτι ὁ L. Petit μετέφερε στην Ρώμη ἀρκετά ἀντίτυπα, χωρίς καμία πληροφορία ὡς πρός τήν προέλευσή τους, στο: " L' edition princeps ..., σ. 166 ὑποσ. 1. Τόν τίτλο, μαζί μέ τό «Τάδ᾽ ἔνεστι...» παραθέτει καί ὁ Ἀνδ. Παπαδόπουλος Βρετός, Νεοελληνική Φιλολογία..., Μέρος Α᾽, σ. 8 ἀρ. 17. Ὁ Καλλιγᾶς (1882) ἀναφέρει ἀντίτυπο στήν Ἐθνική Βιβλιοθήκη, «ὑπό τόν ἀριθμόν 416», Περί τῆς ἐν Φλωρεντίᾳ..., σ. 126. Πρβλ. καί: Θ. Παπαδόπουλος, Ἑλληνική Βιβλιογραφία...,τόμος Α᾽, σ. 193 ἀρ. 2573. Ἀντίτυπο, καί μάλιστα σέ πολύ καλή κατάσταση, κατέχει καί ἡ Κεντρική Βιβλιοθήκη τοῦ Ἀριστοτελείου Πανεπιστημίου Θεσσαλονίκης.

80  Λάθος στήν ἀρίθμηση ἔχει στήν διπλή ἀναφορά τῶν σ. 182 καί 183.

Ἡ editio princeps τῶν Ἑλληνικῶν «Πρακτικῶν» (1577) τῆς Συνόδου Φερράρας-Φλωρεντίας

Στό ἀντίτυπο, πού εἶχα τήν εὐκαιρία νά ψηλαφήσω, πάνω ἀπό τά περιεχόμενα ὑπάρχει ἡ ὑπογραφή τοῦ πρώτου κτήτορά του: πρώην ἀρχιεπίσκοπος Λευκάδος καί Ἁγίας Μαύρας Ναθαναήλ[81].

Στό τελευταῖο φύλλο τοῦ ἐντύπου ἀναφέρονται τά συνολικά δυάδια[82], καθώς καί ἡ ταυτότητα τοῦ ἐκδότη μέ τό ἔτος ἔκδοσης: Ἐτυπώθη ἐν Ῥώμῃ, διά Φραγκίσκου Ζανέτου. Ἔτει τῆς θεογονίας α φ ο ζ΄.

Πρόκειται γιά ἕνα αὐστηρό, λιτό, πυκνογραμμένο καί μᾶλλον ὀγκῶδες ὡς πρός τήν ἐμφάνισή του ἔντυπο. Τά διακοσμητικά στοιχεῖα του εἶναι ἐλάχιστα καί πολύ λιτά ὡς πρός τήν σύνθεσή τους: μία, ἡ ἴδια παντοῦ, ἐπισελίδια διακοσμητική ταινία· δύο τύποι διακοσμητικῶν ἀρχικῶν γραμμάτων, δύο μεγεθῶν, γιά τήν ἀρχή τῶν κεφαλαίων· γιά τά ὑποκεφάλαια χρησιμοποιεῖται

---

81 Στήν Νομική Συναγωγή τοῦ Δοσιθέου, στό φ. 309r, περιέχεται τό παρακάτω τριπρόσωπο ἐκλογῆς γιά τήν συγκεκριμένη Ἀρχιεπισκοπή, στό ὁποῖο συμπεριλαμβάνεται καί ἱερομόναχος καί πνευματικός Ναθαναήλ, πρωτοσύγκελλος:

[Κύριλλος, ἐλέῳ Θεοῦ ἀρχιεπίσκοπος Κωνσταντινουπόλεως Νέας Ῥώμης καί οἰκουμενικός πατριάρχης]

*Ἐπειδή τῆς ἀρχιεπισκοπῆς Λευκάδος, ἄνευ ποιμένος μεινάσης, ἅτε τοῦ ἐν αὐτῇ ἀρχιερατεύοντος πρό ὀλίγου τελευτήσαντος, συνήχθημεν ἡμεῖς οἱ παρευρεθέντες ἀρχιερεῖς ἐν τῷ πατριαρχείῳ, ἐν τῇ ἐκκλησίᾳ τῇ εἰς ὄνομα τιμωμένῃ τοῦ μεγαλομάρτυρος γεωργίου, προστάξει τοῦ παναγιωτάτου, καί σοφωτάτου, ἡμῶν αὐθέντου καί δεσπότου τοῦ οἰκουμενικοῦ πατριάρχου, καί ψήφους κανονικάς ποιήσαντες, πρῶτον μέν ἐθέμεθα τόν ὁσιώτατον ἐν ἱερομονάχοις καί πνευματικοῖς κῦρ Ναθαναήλ πρωτοσύγγελλον (sic), ἔπειτα τόν ὁσιώτατον ἐν ἱερομονάχοις καί πνευματικοῖς κῦρ Ἄνθιμον ἀρχιμανδρίτην, καί τρίτον τόν ὁσιώτατον ἐν ἱερομονάχοις καί πνευματικοῖς κῦρ Νεκτάριον πρωτοσύγγελλον (sic). ὅθεν καί εἰς δήλωσιν καί ἀσφάλειαν, ἐγκεχάρακται καί ἐν τῷ παρόντι κώδικι τῆς τοῦ Χριστοῦ μεγάλης Ἐκκλησίας ἐν ἔτει ͵ζρλβ΄ῳ (1624) μηνί ἰουλίῳ, ἰνδικτιῶνος ζης.*

Ἀρκετά φύλλα πιό μπροστά, στό φ. 193ᵛ, παρατίθεται ἡ ἑξῆς ὁμολογία πίστεως τοῦ Ναθαναήλ, ὑποψηφίου τῆς Ἁγιωτάτης ἀρχιεπισκοπῆς Λευκάδος, (χ.χ., ἀλλά Ἰούλιος 1624, ὅπως τό προηγούμενο):

*Ναθαναήλ ἐλέῳ Θεοῦ ὑποψήφιος τῆς ἁγιωτάτης ἀρχιεπισκοπῆς Λευκάδος οἰκείᾳ χειρί προέταξα.*

*Πιστεύω εἰς ἕνα Θεόν καί τά ἑξῆς. Πρός τούτοις στέργω καί ἀποδέχομαι τάς ἁγίας ἑπτά συνόδους, αἵτινες ἐπί φυλακῇ τῶν ὀρθῶν δογμάτων συνηθροίσθησαν, καθομολογῶν τούς ὑπ' αὐτῶν διορισμένους στέργειν καί φυλάττειν κανόνας, καί τάς ἁγίας διατάξεις ὅσας τοῖς ἱεροῖς ἡμῶν πατράσι κατά διαφόρους καιρούς καί χρόνους διετυπώθησαν. πάντας οὕς ἀποδέχονται συναποδεχόμενος, καί οὕς ἀποστρέφονται συναποστρεφόμενος. προσέτι καί τήν ἐκκλησιαστικήν εἰρήνην ὁμολογῶ διαφυλάττειν, καί κατ' οὐδένα τρόπον ἐνάντια φρονεῖν αὐτῇ διά βίου παντός, κατά πάντα ἑπόμενος καί ὑποτασσόμενος τῷ παναγιωτάτῳ μοι αὐθέντῃ καί δεσπότῃ τῷ οἰκουμενικῷ πατριάρχῃ, προσεπαγγειλάμενός τε ἐν φόβῳ Θεοῦ καί θεοφιλῇ γνώμῃ τήν ἐγχειρισθεῖσάν μοι ποίμνην ἰθύνειν κανονικῶς, πάσης ὑπολήψεως πονηρᾶς καθαρόν ἐμαυτόν συντηρῶν, ὁπόση μοι περίεστι δύναμις, πρός τούτοις ὁμολογῶ καί ἅ κέκτηται προνόμια ὁ πατριαρχικός (sic), φυλάττειν αὐτά ἀπαρεγχείρητα ἐν πάσῃ τῇ ἐνορίᾳ μου.* Πρβλ. καί: Δ. Γ. Ἀποστολόπουλος - Π. Δ. Μιχαηλάρης, Ἡ Νομική Συναγωγή τοῦ Δοσιθέου Μία πηγή καί ἕνα τεκμήριο, Α΄, Ἀθήνα 1987, σ. 250 ἀρ. 457 καί σ. 397ἀρ. 928 [ΕΙΕ, Κέντρο Νεοελληνικῶν Ἐρευνῶν 35, Θεσμοί καί ἰδεολογία στή Νεοελληνική κοινωνία].

82 *Ἅπαντά εἰσι δυάδια.* ΑΒΓΔΕΖΗΘΙΚΛΜΝΞΟΠΡΣΤΥΦΧΨΩ, Αα Ββ Γγ Δδ Εε Ζζ Ηη Θθ Ιι ΚκΛλΜμΝν ΞξΟοΠπ ΡρΣσΤτΥυΦφΧχΨψΩω, ΑΑα ΒΒβ ΓΓγ.

άπλό κεφαλαΐο γράμμα· τέλος, δύο - τρεΐς τύποι άπλών διακοσμητικών στοιχείων, πού τοποθετούνται μεταξύ τίτλου καί κειμένου, άλλά καί στό τέλος κεφαλαίου συνιστούν τήν διακοσμητική έναλλαγή στό κείμενο. Τό μόνο, λίγο πιό σύνθετο, διακοσμητικό μοτίβο είναι μία μικρού μεγέθους (0,11Χ 0,2) γκραβούρα, μία σύνθεση μέ κεντρικό θέμα ένα παρόχθιο σύνολο κτισμάτων, μέ βουνά πίσω άπό τά κτίσματα καί σέ παράλληλη πρός τήν όχθη διάταξη. Τό μοτίβο αύτό πλαισιώνεται άπό δύο άγγελόμορφες φτερωτές προτομές, σχεδόν πανομοιότυπες, πλήν τής έκφρασης τού προσώπου τους: ή δεξιά ώς πρός τόν θεατή προτομή έχει μάλλον χαρούμενη έκφραση, ένώ ή άλλη μάλλον συνοφρυωμένη. Ή συγκεκριμένη γκραβούρα έμφανίζεται σέ τρία σημεία τού έντύπου: στήν σελίδα τίτλου, στήν σ. 92, (άρχή τής σύντομης άναφοράς στήν Συνέλευση ιγ΄) καί στήν σ. 291, (άρχή τής παράθεσης τής «έρμηνείας» Γενναδίου). Τό άλλο λιτό διακοσμητικό μοτίβο τής σελίδας τίτλου, όπου ύπάρχει συνήθως τό έμβλημα τού τυπογράφου, έπαναλαμβάνεται καί στίς σελίδες 232 (*Τέλος τής άγίας καί οίκουμενικής συνόδου*), στόν κολοφώνα (σ. 406) καί στήν έπόμενη -χωρίς άρίθμηση -σελίδα τέλους, όπου άναφέρονται τά δυάδια τού έντύπου καί ή έκδοτική του ταυτότητα.

Τό τυπωμένο κείμενο (0,12Χ0,21 άπό τό 0,20Χ0,30 τής σελίδας) άναπτύσσεται σέ 44 σειρές άνά σελίδα (σ' αύτές δέν συμπεριλαμβάνονται ό τίτλος τής σελίδας καί ή λέξη άλλαγής σελίδας). Στίς σελίδες μέ τούς διαλόγους τών δημοσίων συνελεύσεων τά όνόματα τών όμιλητών παρατίθενται έκτός κειμένου, στό περιθώριο, όπως έπίσης καί τά είσαγωγικά, τά ένδεικτικά τών παραθεμάτων.

Τέλος, ή γραμματοσειρά, κομψή καί μέ άρκετές λιγατούρες, τείνει πρός τήν γραφή τών χειρογράφων. Γιά άρκετά γράμματα ύπάρχουν δύο τύποι τυπογραφικών στοιχείων. Ή χρήση τών κεφαλαίων γραμμάτων, πού παρουσιάζουν μεγαλύτερη ποικιλία σχεδίων καί μεγεθών -γιά τήν χρήση τους ώς άρχικών-είναι πολύ περιορισμένη.

*β) Περιεχόμενα*

Τό κυρίως περιεχόμενο τού έντύπου άρχίζει άμέσως μετά τήν σελίδα τίτλου, κυριολεκτικά άπό τήν πρώτη σελίδα. Άκόμη καί γιά τήν δική του έποχή αύτό δέν ήταν καί τόσο συνηθισμένο. Τό έντυπό μας όμως παρουσιάζει άρκετά άσυνήθιστα γιά τά δεδομένα τής έποχής του: δέν έχει πρόλογο, ούτε άφιερωματική έπιστολή, δέν άναφέρεται πουθενά ό χορηγός ή αύτός πού άνέλαβε τά έξοδα τής έκδοσης καί γιά ποιόν σκοπό· δέν έχει ούτε τά συνήθως άναλυτικά περιεχόμενα καί δέν συνδυάζεται μέ τήν άπαραίτητη γιά τό εύρωπαϊκό άναγνωστικό κοινό λατινική μετάφραση. Όμως, όπως θά φανεΐ στήν συνέχεια, όλες αύτές τίς "άπουσίες" καλύπτουν μία έντονη "παρουσία", καί έπιβλήθηκαν άπό τόν ίδιο τόν σκοπό τής έκδοσης. Συγκεκριμένα, ἡ ἔκδοση αὐτή ἑτοιμάστηκε μέ πρόθεση νά χρησιμοποιηθεῖ γιά τούς Ἕλληνες κυρίως, προκειμένου νά τούς ἀποδείξει ἀφενός μέν, ὅτι εἶναι ἑνωμένοι μέ τήν Ἐκκλησία τῆς Ρώμης καί ἀφ' ἑτέρου, ὅτι ἡ ἕνωση τῶν Ἐκκλησιῶν ἀποφασίσθηκε ἀπό τήν οἰκουμενική Σύνοδο πού ἔγινε στήν Φλωρεντία. Ἄν περιεῖχε ἀφιερωματική ἐπιστολή, αὐτή θά ἀπευθυνόταν πρός τόν ἐμπευστή αὐτοῦ τοῦ ἐγχειρήματος, κι αὐτός δέν ἦταν ἄλλος ἀπό τόν πάπα Γρηγόριο ΙΓ'· ἄν ἀναφερόταν ὁ χορηγός τῆς ἔκδοσης, θά ἔπρεπε πάλι νά ἀναφερθεῖ ὁ Πάπας. Ὅμως ἡ ἀναφορά καί μόνο τοῦ ὀνόματος τοῦ Πάπα σίγουρα θά λειτουργοῦσε ἀνασταλτικά στόν ἤδη περιχαρακωμένο κόσμο τῆς Ἀνατολῆς. Συνεπῶς, παραλείφθηκαν διότι ἡ ἀναφορά τους ἦταν ἀσύμφορη. Ἐπίσης, τό ἑλληνικό ἀναγνωστικό κοινό, ὁ κύριος στρατηγικός ἀποδέκτης τῆς ἔκδοσης, δέν χρειαζόταν τήν λατινική μετάφραση, ἡ παρουσία τῆς ὁποίας στό ἔντυπο θά γεννοῦσε καχυποψία, ἀλλά καί θά διπλασίαζε τόν ὄγκο του, καθιστώντας το συνάμα λιγότερο εὔχρηστο.

Ἔχει ἤδη ἀναφερθεῖ, ὅτι τό ἔντυπό μας ἐπανεκδόθηκε σέ κριτική ἔκδοση, στήν σειρά Consilium Florentinum Docomenta et Scriptores. Μία ἀπό τίς γενικές ἀρχές τῶν ὑπευθύνων τῆς σειρᾶς ἦταν νά ἐπανεκδοθοῦν ὅλα τά σχετικά κείμενα, τό καθένα μόνο του, καί ὄχι ὅπως ἦταν στήν πρώτη τους ἔκδοση. Ἡ ἀρχή αὐτή εἶχε ἀφετηρία της προφανῶς τό γεγονός, ὅτι οἱ παλιότερες ἐκδόσεις «συστέγαζαν» πολλά καί συχνά διαφορετικά κείμενα, κάποια ἀπό τά ὁποῖα ἦταν ἀδύνατο νά ἀνιχνευθοῦν ἀπό τόν κεντρικό τίτλο τοῦ βιβλίου, πού τά συμπεριλάμβανε. Μέ τό σκεπτικό λοιπόν αὐτό, οἱ ὑπεύθυνοι τῆς σειρᾶς διαχώρισαν "κατά συγγραφέα" τά περιεχόμενα τῆς editio princeps. Ἔτσι, στήν κριτική ἐπανέκδοση περιέχονται μόνο τά «Πρακτικά», μέ τό κριτικό ὑπόμνημα καί τήν Εἰσαγωγή πού τά συνοδεύει, ἐνῶ τά ὑπόλοιπα περιεχόμενα τῆς editio princeps ἐκδόθηκαν μεμονωμένα. Εἶναι λοιπόν εὐκαιρία, ἐδῶ, καί γιά τήν ἱστορία τοῦ πράγματος νά ἀναφερθεῖ ὁλοκληρωμένη ἡ διάταξη τοῦ περιεχομένου τῆς πρώτης ἔκδοσης τῶν «Πρακτικῶν» τῆς Φλωρεντινῆς Συνόδου, ἡ ὁποία ἔχει ὡς ἑξῆς:

*Τά πρό τῆς ἁγίας καί οἰκουμενικῆς ἐν Φλωρεντίᾳ γενομένης συνόδου. Περί τῆς εἰσελεύσεως τοῦ Βασιλέως εἰς Βενετίαν (σ.1). Περίοδος ἀπό βενετίας εἰς φερραρίαν (σ.3). Περί τῆς εἰσελεύσεως τοῦ πατριάρχου εἰς φερραρίαν (σ.4). Ἡ προτροπή τοῦ πατριάρχου (σ.7). Τό δεκρέτον τοῦ Πάπα (σ. 8). Ζήτημα περί τοῦ καθαρτηρίου πυρός (σ. 9). Τῶν ἐν τῇ Φερραρίᾳ συνελθόντων πατέρων συνέλευσις α' (σ. 13). Ὀκτωβρίου μηνός ἑκδεκάτῃ τῷ σαββάτῳ ἐγένετο συνέλευσις β' (σ. 18). Ὀκτωβρίου τετάρτη καί δεκάτη, ἡμέρα τρίτη ἐγένετο συνέλευσις γ' (σ. 19). Ὀκτωβρίου πέμπτη καί δεκάτη ἡμέρα τετάρτη ἐγένετο συνέλευσις δ' (σ. 24). Ὀκτωβρίου ἕκτη καί δεκάτη ἡμέρα πέμπτη ἐγένετο συνέλευσις ε' (σ.27). Ἔκθεσις πίστεως τῶν ἐν νικαίᾳ συνελθόντων τριακοσίων ὀκτωκαίδεκα θεοφόρων πατέρων (σ.28). Ὅρος τῆς ἁγίας καί οἰκουμενικῆς ἐν χαλκηδόνι τετάρτης συνό-*

*Ευαγγελία Αμοιρίδου*

δου (σ. 31). Προσφώνησις ιωάννου πατριάρχου κωνσταντινουπόλεως (σ. 31). Έκ των ὅρων τῆς ἁγίας καί οἰκουμενικῆς τετάρτης συνόδου (σ. 34). Ἐκ τῶν ἐφεξῆς πρακτικῶν τῆς ἁγίας καί οἰκουμενικῆς πέμπτης συνόδου. Ἐκ τῆς ἐπιστολῆς τοῦ ἁγιωτάτου Βιγιλίου πάπα ῥώμης πρός Εὐτύχιον τόν ἁγιώτατον πατριάρχην κωνσταντινουπόλεως (σ. 32). Ἐκ τῆς ἐπιστολῆς τοῦ ἁγιωτάτου ἀγάθωνος πάπα ῥώμης πρός τούς βασιλέας ῥωμαίων (σ. 34) Ὅρος τῆς Ἁγία καί οἰκουμενικῆς ἑβδόμης συνόδου, τῆς ἐν νικαίᾳ συνελθούσης τό δεύτερον (σ. 34). Ὀκτωβρίου μηνός εἰκοστή ἡμέρα δευτέρα ἐγένετο συνέλευσις ἕκτη (σ. 37). Ὀκτωβρίου πέμπτη καί εἰκοστή τῷ σαββάτῳ ἐγένετο συνέλευσις ζ´ (σ. 43). Τοῦ ἁγίου Κυρίλλου ἐκ τῆς ἐπιστολῆς πρός ἰωάννην ἀντιοχείας (σ. 45). Μηνί νοεμβρίῳ πρώτῃ τῷ σαββάτῳ ἐγένετο συνέλευσις η´ (σ. 57). Νοεμβρίου μηνός τετάρτη ἡμέρα τρίτη ἐγένετο συνέλευσις θ´ (σ. 65). Νοεμβρίου μηνός ὀγδόη τῷ σαββάτῳ ἐγένετο συνέλευσις ι´ (σ. 68). Νοεμβρίου μηνός ἑνδεκάτη ἡμέρα τρίτη ἐγένετο συνέλευσις ια´ (σ. 75). Νοεμβρίου πέμπτη καί δεκάτη τῷ σαββάτῳ ἐγένετο συνέλευσις ιβ´ (σ. 80). Νοεμβρίου ἑβδόμη καί εἰκοστή ἡμέρα πέμπτη ἐγένετο συνέλευσις ιγ´ (σ. 92). Δεκεμβρίου μηνός τετάρτη ἡμέρα πέμπτη ἐγένετο συνέλευσις ιδ´(σ. 93). Δεκεμβρίου μηνός ὀγδόη ἡμέρα δευτέρα ἐγένετο συνέλευσις ιε´ (σ.93). Συνέλευσις ἑκκαιδεκάτη τελευταία τῶν ἐν Φερράρίᾳ (σ.98). Φεβρουαρίου εἰκοστή ἡμέρα πέμπτη ἐγένετο συνέλευσις ἑπτακαιδεκάτη πρώτη τῶν ἐν Φλωρεντίᾳ (σ.100). Μαρτίου μηνός δευτέρα ἡμέρα δευτέρα ἐγένετο συνέλευσις ιη´ (σ.106). Μαρτίου μηνός πέμπτη ἡμέρα πέμπτη ἐγένετο συνέλευσις ιθ´ (σ.116). Μαρτίου μηνός ἑβδόμη τῷ σαββάτῳ ἐγένετο συνέλευσις κ´ (σ. 126). Μαρτίου μηνός δεκάτη ἡμέρα τρίτη ἐγένετο συνέλευσις κα´ (σ. 137). Μαρτίου τετάρτη καί δεκάτη τῷ σαββάτῳ ἐγένετο συνέλευσις κβ´ (σ. 146). Μαρτίου ἑβδόμη καί δεκάτη ἡμέρα τρίτη ἐγένετο συνέλευσις κγ´ (σ. 158). Ἐπιστολή τοῦ ἁγίου Μαξίμου (σ. 170). Μαρτίου πρώτη καί εἰκοστή ἐγένετο συνέλευσις κδ´ (σ. 171). Μαρτίου τετάρτη καί εἰκοστή ἡμέρα τρίτη ἐγένετο συνέλευσις κε´. τελευταία τῶν ἐν Φλωρεντίᾳ (σ. 173). Τοῦ σοφωτάτου Νικαίας πρός τήν ἀνατολικήν σύνοδον δογματικός, καί περί ἑνώσεως λόγος. Κεφάλαιον πρῶτον (σ.178). Κεφάλαιον δεύτερον (σ.182). Κεφάλαιον τρίτον (σ. 182sic). Κεφάλαιον τέταρτον (σ. 183). Κεφάλαιον πέμπτον (σ. 184). Κεφάλαιον ἕκτον (σ. 186). Κεφάλαιον ἕβδομον (σ. 196). Κεφάλαιον ὄγδοον (σ.198). Κεφάλαιον ἔνατον (σ. 199). Κεφάλαιον δέκατον (σ. 200). (Χωρίς τίτλο κεφαλαίου, ἡ συνάντηση στόν οἶκο τοῦ ἀσθενοῦντος πατριάρχη, τήν Κυριακή τοῦ Θωμᾶ καί ἡ συζήτηση, πού διεξήχθη ἐκεῖ, σ. 203-214). Γνώμη τοῦ πατριάρχου (σ. 214). Γνώμη τοῦ βασιλέως (σ. 214). Ὅρος τῆς ἁγίας καί οἰκουμενικῆς συνόδου τῆς ἐν Φλωρεντίᾳ γενομένης (σ. 217). Αἱ ὑπογραφαί τοῦ τε γαληνοτάτου βασιλέως καί τῶν ἀνατολικῶν πατέρων (σ. 330). Περί τῶν Ἀρμενίων (σ. 232). (Στήν ἴδια σελίδα: Τῷ θεῷ δόξα. Τέλος τῆς ἁγίας καί οἰκουμενικῆς ἐν Φλωρεντίᾳ γενομένης συνόδου). Τοῦ σοφωτάτου Γεωργίου τοῦ Σχολαρίου ὑπέρ εἰρήνης καί βοηθείας τῇ πατρίδι, παράκλησις πρός τήν ἀνατολικήν σύνοδον ἐν Φλωρεντίᾳ (σ. 233).

*Η editio princeps τῶν Ἑλληνικῶν «Πρακτικῶν» (1577) τῆς Συνόδου Φερράρας-Φλωρεντίας*

*Τοῦ αὐτοῦ Πρός τήν ἐν Φλωρεντίᾳ οἰκουμενικήν σύνοδον, ὑπέρ εἰρήνης· ὅτι δογματικήν ἕνωσιν δεῖ ποιεῖν, οὐκ εἰρήνην οἰκονομικήν ὥς τινες βούλονται· καί τίς ἐστιν αὔτη (σ. 241). Τοῦ αὐτοῦ λόγος δεύτερος, ἐν ᾧ ἀναιρεῖται τά κωλύματα τῆς τοιαύτης εἰρήνης (σ. 255). Τοῦ αὐτοῦ λόγος τρίτος, ἐν ᾧ τίθεται τά ποιήσοντα τήν τοιαύτην εἰρήνην (σ.270). (σ. 289, Τέλος τῶν τοῦ σχολαρίου λόγων, σ. 290 κενή). Ἑρμηνεία Γενναδίου τοῦ Σχολαρίου πατριάρχου Κωνσταντινουπόλεως ὑπέρ τῆς ἁγίας καί οἰκουμενικῆς ἐν Φωρεντίᾳ συνόδου, ὅτι ὀρθῶς ἐγένετο· ὑπεραπολογουμένου τῶν ἐν τῷ ὅρῳ αὐτῆς πέντε κεφαλαίων (σ.291). Κεφάλαιον πρῶτον Ὅτι τό Πνεῦμα τό ἅγιον ἐκπορεύεται καί ἐκ τοῦ υἱοῦ, καί οὐκ ἐκ μόνου τοῦ πατρός. ὡς οἱ μή τήν σύνοδον στέργοντες λέγουσιν (σ.294). Ἐπίλογος τοῦ πρώτου κεφαλαίου (σ. 322). Ἀπόδειξις τοῦ δευτέρου κεφαλαίου τῶν ἐν τῷ ὅρῳ τῆς συνόδου Περί τῆς μυστικῆς δηλονότι καί ἱερᾶς τελετῆς, ὅπως δι᾽ ἀζύμου τό καί ἐνζύμου ὀρθοδόξως καί ἀληθῶς τό τοῦ χριστοῦ καί θεοῦ σῶμα ἱερουργεῖται (σ.325). Ἀπόδειξις τοῦ τρίτου κεφαλαίου τῶν ἐν τῷ ὅρῳ τῆς συνόδου Ὅτι αἱ ψυχαί τῶν ἐν μετανοίᾳ τελευτησάντων, καθαίρονται μετά θάνατον (σ.339). Ἀπόδειξις τοῦ τετάρτου κεφαλαίου τῶν ἐν τῷ ὅρῳ τῆς συνόδου Περί τῆς ἀπολαύσεως τῶν ἁγίων (σ. 357). Ἀπολογία περί τοῦ πέμπτου κεφαλαίου τῶν ἐν τῷ ὅρῳ τῆς συνόδου Ὅτι δικαίως ἐρρέθη καί ἀληθῶς, ὡς ὁ Πάπας ἐστί ἡ κεφαλή πάσης τῆς τοῦ χριστοῦ Ἐκκλησίας (σ.373). Ἐπίλογος (σ. 405). Τέλος τοῦ πέμπτου κεφαλαίου καί τῆς ὅλης πραγματείας (σ.406).*

## Β. Συντελεστες Της Εκδοσης

### α) Τυπογράφος. Φραγκίσκος Ζανέτης

*Ἐτυπώθη ἐν Ῥώμῃ, διά Φραγκίσκου Ζανέτου, ἔτει τῆς θεογονίας ͵αφοζ´.*

Ὁ Franciscus Zannetti ἤ Zanetti[83] δραστηριοποιήθηκε ἀρκετά στήν ἔκδοση ἑλληνικῶν βιβλίων πρῶτα στήν Βενετία (1563), μετά καί κυρίως στήν Ρώμη[84] κατά τό β´ μισό τοῦ 16ου ἕως τίς ἀρχές τοῦ 17ου αἰώνα, τήν ἐποχή δηλαδή τῶν «ἰταλῶν» ἐκδοτῶν τοῦ ἑλληνικοῦ βιβλίου, πρωτοῦ ἀκόμα ἐμπλακοῦν ἐνεργά οἱ ἕλληνες στήν ἐκδοτική διαδικασία.

Ἀπό τά μέχρι τώρα διαθέσιμα στοιχεῖα δέν προκύπτει τό πῶς ἐπιλέχθηκε ἤ τό πῶς ἐνεπλάκη ὁ συγκεκριμένος τυπογράφος στήν συγκεκριμένη ἔκδοση. Δυστυχῶς, στήν παπική βούλλα, μέ τήν ὁποία δηλώνεται ἡ ἔκδοση τῆς Συνό-

---

83  Ἡ οἰκογένεια τῶν Zan(n)etti διαδραμάτισε, γιά τρεῖς γενιές, σημαντικό ρόλο στήν ἔκδοση ἑλληνικῶν τίτλων. Ἐκτός ἀπό τόν Φραγκίσκο, τοῦ ὁποίου ὁ βαθμός συγγένειας μέ τούς ὑπολοίπους δέν εἶναι ἐξακριβωμένος, εἶναι γνωστοί οἱ: Βαρθολομαῖος (πατέρας), Χριστόφορος (γιός) καί Πέτρος (ἐγγονός). Στίς ἀρχές τοῦ 17ου αἰ. σέ κάποιους τίτλους ἐμφανίζονται ὡς ἐκδότες καί οἱ «διάδοχοι Πέτρου Ζανέτου». Σύμφωνα μέ τήν Evro Layton ὁ Φραγκίσκος Ζανέτος δραστηριοποιεῖται στα χρόνια τοῦ Χριστοφόρου (σ. 522).

84  "... in Rom (he) had a long and distinguished career.", σ. 526.

δου μέ δαπάνη τοῦ ἴδιου τοῦ πάπα Γρηγορίου ΙΓ', δέν ἀναφέρονται οὔτε ἐκδότης οὔτε τυπογράφος, ἁπλῶς «προσπερνιῶνται» μέ ἕνα ἀόριστο "per N.N."[85]. Ἐνδέχεται νά εἶναι ἐντελῶς τυχαῖο, ἀλλά ἡ ἀναφορά τοῦ τυπογράφου στό ἔντυπό μας δηλώνεται διά (=per) Φραγκίσκου Ζανέτου, καί ὄχι μέ τό σύνηθες παρά τῷ (=apud). Θά μποροῦσε φυσικά νά θεωρηθεῖ τυπογραφική πρωτοτυπία, ἄν δέν ἐπαναλαμβανόταν ἀκόμα μία φορά, καί μάλιστα σέ ἀνάλογο ἔντυπο. Συγκεκριμένα, τό 1583, ἐπίσης στήν Ρώμη καί *προστάξει πάλι τοῦ πάπα Γρηγορίου ΙΓ' τυπώνεται διά Φραγκίσκου τοῦ Ζανέτου τό βιβλίο Κανόνες καί δόγματα ... τῆς συνόδου Τριδέντου»*. Σημειωτέον, ὅτι μεταξύ τῶν δύο ἐκδόσεων, πού ἀπέχουν χρονικά μεταξύ τους μία πενταετία, μεσολάβησαν κι ἄλλες ἐκδόσεις παρά τῷ Φραγκίσκῳ Ζανέτῳ.

Τό ὄνομα τοῦ τυπογράφου στό ἔντυπό μας ἐμφανίζεται μόλις στήν τελευταία σελίδα του καί χωρίς, κατά τά κρατοῦντα, κάποιο ἔμβλημά του. Ἡ πρακτική αὐτή δέν ἦταν ἄγνωστη στήν ἀρχή τῆς ἐκδοτικῆς δραστριότητας, ἀργότερα ὅμως ἐγκαταλείφθηκε τελείως. Ἡ ὅλη αὐστηρότητα, πού ἀποπνέει ἡ ἐμφάνιση τοῦ ἐντύπου, τοῦ προσδίδει ἕναν τόνο ἐπισημότητας. Ἐνδεχομένως νά ἐπρόκειτο γιά συγκεκριμένη, ἐπίσημη παραγγελία -ἀνάθεση, μέ συγκεκριμένες «προδιαγραφές», τέτοιες πού ἀναιροῦν τό προσωπικό, σύνηθες χαρακτηριστικό στύλ τοῦ κάθε ἐκδότη. Ὑπό τήν ἔννοια αὐτή εἶναι πιό κατανοητό τό διά τοῦ τυπογράφου, σάν ὁ τυπογράφος νά δάνεισε, ἁπλῶς, τά τυπογραφικά του στοιχεῖα, διευκολύνοντας τήν ἔκδοση.

---

85 Ὁ Peri, Ricerche..., (ἀρ. XXIX, σ. 174-175), τήν δημοσιεύει ἀπό τόν κώδ. Vallicell. K. 17, f. 124ᵛ:

*Gregorius Episcopus servus servorum Dei ad perpetuum rei memoriam.*

*Dum cunctis per orbem fidelibus quonam pacto prodesse possimus animo volvimus, sicut Apostolici muneris ratio nobis divinitus credita postulat, Orientalis Ecclesiae statum conditionemque saepe respicimus, ac dolemus ipsam adeo saeva Infidelium servitute vexatam cernentes, ut non modo sacris aedibus verum publicis quoque litterarum gymnasiis, quibus olim floruit, nunc prorsus destituta maneat. Ideoque viris tum doctrina tum sanctitate claris, quibus semper excelluit, nunc omnibus fere careat; namque Graecorum filli, quamvis ingenii praestantia a natura editi eoque egeant mecaniceque sibi victum quaerere cogantur, complures ne prima quidem litterarum elementa attingere queunt.*

*Quamobrem nos eorum huiusmodi inopiae quoquomodo pie providere volentes, operae praetium existimavimus Collegium in hac alma Urbe Nostra errigere (sic), ubi dictorum pauperes Graecorum filii posthac recipe et ali atque in disciplinis omnibus diligenter erudiri debeant, sperantes ita fieri posse, ut extincta propemodum Orientalium lumina in Dei Ecclesia aliquando refulgeant. Eodem quoque animi amore curavimus, ut conspicua Graecorum Patrum doctrina omnibus perpetuo attestata eluceat, qui quidem, nec labori parcentes nec maris pericula formidantes, in Italiam navigarunt Florentinaeque synodo interfuerunt ac una cum Latinis Patribus pie eruditeque sacram ambarum Ecclesiarum unionem sanxerunt, proinde <synodi> eiusdem disputationes ac gesta omnia ex manuscriptis Graecis codicibus fideliter in Vaticana Bibliotheca Nostra hactenus servatis, per N.N., Nostra tamen impensa, imprimi fecimus, probe scientes lectionem hanc omnibus orthodoxae quoque pietatis studiosis perutilem fore.* Βλ. καί τήν μετάφραση στά ἑλληνικά, μᾶλλον ἀπό τόν Viviani, παρακάτω, στήν παράγραφο *Χορηγός τῆς ἔκδοσης*.

## β. Ὁ χαλκογράφος Berto

Στό φ. 431ʳ τοῦ Vatic. gr. 1902, μεταξύ τῶν σημαντικῶν σχετικῶν μέ τήν editio princeps, περιέχεται καί τό ἀκόλουθο χαρακτηριστικό σημείωμα, πού ἀπευθύνεται πρός τόν ὑπεύθυνο τῆς ἔκδοσης καρδινάλιο Guglielmo Sirleto[86]:

*Τῷ αἰδεσιμωτάτῳ καρδηνάλει Γουλιέλμῳ Σιρλέτῳ περί Βέρτου χαλκογράφου εἰς φυλακήν βεβλημένου.*

*Χαλκογράφον Βέρτον τόν πάντων ἔξοχον ἄλλων*
*ὀρφναίῃ φυλακῇ, Σιρλέτε, νῦν κρατέει.*
*Τοὔνεκα σ' εὐνοϊκοί μεγάλως λιπαροῦσιν ἑταῖροι*
*ὅν ταχέως Βέρτον φίλτατον ἐξελέειν.*
*Καί γάρ τήν σύνοδόν ποτε οὐχ οἷοί τε τυπῶσαι,*
*οὐ μή ῥυσθέντος Βέρτου ἐκεῖθεν ὅλως.*
*Σεπτεμβρίου μηνός ὀγδόῃ φθίνοντος*
*Τῆς αἰδεσιμότητός σου ὁ ἐλάχιστος δοῦλος Νικόλεως ὁ Σταυροφόρος.*

Ἡ συνάφεια, πού κάνει σαφές καί κατανοητό τό σημείωμα αὐτό, εἶναι ἡ διαδικασία ἐκτύπωσης τῆς συνόδου, δηλαδή, τῆς editio princeps τῶν «Πρακτικῶν» τῆς Φλωρεντίας. Ὁ Berto, ἄγνωστος ἀπό ἀλλοῦ, μᾶλλον ἐργαζόταν ὡς χαλκογράφος στόν ἐκδοτικό οἶκο τοῦ Φραγκίσκου Ζανέτ(τ)η καί μᾶλλον γνώριζε ἤ ἦταν πολύ ἐξοικειωμένος μέ τά ἑλληνικά τυπογραφικά στοιχεῖα. Γι' αὐτό, ὅταν βρέθηκε γιά κάποιο λόγο στήν φυλακή, οἱ ἐκδότες τῶν «Πρακτικῶν» θορυβήθηκαν τόσο, ὥστε φοβήθηκαν πώς ἡ ἔκδοσή τους δέν θά ὁλοκληρωθεῖ. Ὁ Nicolò Srtidoni, γιά τόν ὁποῖο θά γίνει λόγος στήν συνέχεια, ἀπευθύνθηκε ὅλος ἀγωνία, αὐτός ἐκ μέρους τῶν ἐκδοτῶν, στόν ἰσχυρό καρδινάλιο Sirleto, τόν ὑπεύθυνο ἄλλωστε τοῦ ὅλου ἐγχειρήματος, προκειμένου αὐτός νά χρησιμοποιήσει τήν ἐξουσία του, ὥστε νά ἀποφυλακισθεῖ, ὅσο γίνεται συντομότερα, ὁ τόσο ἀπαραίτητος γιά τήν ἔκδοση χαλκογράφος Berto.

Τό αἴτημα προφανῶς ἱκανοποιήθηκε καί ἡ ἐκτύπωση συνεχίστηκε. Καί μόλις ἑτοιμάστηκε τό πρῶτο τετράδιο τῆς *Συνόδου*, ὁ Νικόλαος Srtidoni ἀπευθύνθηκε, ὅλος χαρά αὐτήν τήν φορά, στόν καρδινάλιο μέ τό ἀκόλουθο σημείωμα:

---

86 Τά σημειώματα ἐκδίδει ὁ Laurent, L' édition princeps..., σ. 185-186. Βλ. καί σ. 172. Ὁ καρδινάλιος Γουλιέλμος Sirleto ὑπῆρξε ἀπό τίς περιφανέστερες προσωπικότητες τῆς ἐποχῆς του. Γεννήθηκε στήν Guardavalle τῆς Καλαβρίας τό 1514, καί πέθανε στήν Ρώμη τό 1585. Σπούδασε στήν Νάπολη καί εἶχε γνώση τῶν ἑλληνικῶν ὑψηλοῦ ἐπιπέδου. Εἶναι αὐτός, πού ὡς ἐπικεφαλῆς τῆς Βατικανῆς Βιβλιοθήκης φρόντισε τήν καταλογογράφηση τῶν ἑλληνικῶν χειρογράφων της. Καρδινάλιος ἀπό τό 1565 (τῆς γενέτειράς του, Squillace, ἀπό τό 1568) ἐξακολουθοῦσε νά παραμένει στήν Ρώμη, ὅπου διαδραμάτισε κεντρικό ρόλο στήν ἔκδοση τῶν ἀποφάσεων τῆς Συνόδου τοῦ Τριδέντου, στήν ἀναθεώρηση λειτουργικῶν βιλίων, τοῦ ἐπίσημου κειμένου τῆς λατινικῆς Vulgata καί τῆς ἑλληνικῆς Septuaginta. Βλ. πρόχειρα, L. F. Hartman, "Guiglielme Sirleto", *New Catholic Encyclopedia*, tom. 13, σ. 167 [²2002], καθώς καί τόν G. Taccone, *Monografia del cardinale Silrleto nel secolo 16.*, Roma 1909.

*Ευαγγελία Αμοιρίδου*

Τῷ αὐτῷ
Εἰ πάντες χαίρουσιν τόσον νῦν μοῦνον ἰδόντες
τετράδιον γλυπτοῖς, Σιρλέτε, χαλκοτύποις,
ἐν συνόδοιο τέλει τίς τούτων χάρματα πάντως
ἠέ διηγεῖσθαι ἠέ δύναιτο γράφειν;
Νικόλεως ὁ Σταυροφόρος εἰς τό πρῶτον τετράδιον τυπωθέν τῆς ἁγίας καί οἰκουμενικῆς ἐν Φλωρεντίᾳ γενομένης συνόδου.

### γ) Χορηγός τῆς ἔκδοσης

Ὁ χορηγός αὐτῆς τῆς μνημειακῆς ἔκδοσης δέν κατονομάζεται οὔτε ὑποδηλώνεται σέ κάποιο σημεῖο τοῦ ἐντύπου μας. Δέν εἶναι ὅμως καί ἀφανής. Πρόκειται γιά τόν πάπα Γρηγόριο ΙΓ'[87], ὁ ὁποῖος ,ὅπως ἀποτυπώνεται στά περιεχόμενα, σπουδαίως ἀεί τῇ κοινῇ ὠφελείᾳ καί σωτηρίᾳ ἐπιγρηγορῶν, τυπωθῆναι καί ἐκδοθῆναι προσέταξεν[88]. Αὐτό τό ἀόριστο, ὡς ἀναφορά τοῦ χορηγοῦ, προσέταξεν, προσδιορίζεται ἀκριβέστερα στήν σχετική βούλλα: ἀναλώματι τῷ ἡμετέρῳ προσετάξαμεν. Ἡ συγκεκριμένη βούλλα, μέ τό ἰδιαίτερο ἐνδιαφέρον, ἔχει ὡς ἑξῆς[89].

«Γρηγόριος δοῦλος τῶν δούλων τοῦ θεοῦ, εἰς διηνεκῆ μνήμην.

Τό βέλτιστον ἐνθυμούμενοι ὅπως ἄν πᾶσι τοῖς ἀπανταχοῦ πιστοῖς οἰκονομήσωμεν, καθώς ἡ ἀποστολική φροντίς, ἥν τῇ οὐρανόθεν κλήσῃ ἐλάβομεν, ἀπαιτεῖ, διηνεχῶς τόν τῆς ἀνατολικῆς ἐκκλησίας περισκοποῦμεν βίον, καί λυπούμεθα οὕτω αὐτήν ὑπό τῆς δεινῆς τε, καί χαλεπῆς τῶν ἀπίστων δουλίας τεθλιμμένην ὁρῶντες, ὥστε θεσπεσίων τε ναῶν, καί πάσης ἐπιστήμης Γυμνα-

---

87  Ant. Pagi, *Breviarium historico-chronologico-criticum illustiora Pontificum Romanorum gesta conciliorum genaralium acta*, Antverpiae, M DCC LIII, σ.718-863, τό παράθεμα ἀπό τήν σ. 862. Βλ. ἀκόμη: Ant. Sardini, *Vitae Pontificum Romanorum ex antiquis monumentis descriptae*, Ferrariae MDCCXLVIII, σ. 544-547. D. R. Campbell, «Gregorius XIII», New Catholic Encyclopedia, tom. 6, [²2002], σ. 501-503. Γιά τίς ἑλληνικοῦ ἐνδιαφέροντος πρωτοβουλίες τοῦ συγκεκριμένου Πάπα βλ. τόν Ζαχ. Τσιρπανλῆ, *Τό Ἑλληνικό Κολλέγιο Ρώμης καί οἱ μαθητές του (1576-1700) Συμβολή στή μελέτη τῆς μορφωτικῆς πολιτικῆς τοῦ Βατικανοῦ*, Θεσσαλονίκη 1980 [Ἀνάλεκτα Βλατάδων 35], κυρίως σ. 13--42.

88  Βλ. τά περιεχόμενα α' ἐκδοσης

89  Ὁ V. Peri τήν δημοσιεύει ἀπό τόν κώδικα Vallicell. Κ. 17: τό λατινικό κείμενο, φ. 124ᵛ, (βλ. ὑποσ. 9), στό. φ. 131ʳ ἡ παραπάνω ἑλληνική μετάφρασή του -ἴσως τοῦ Viviani, εἰκάζει-, ἐνῶ στό ἑπόμενο φύλλο, 132ʳ, πρόχειρο ἀντίγραφο τοῦ ἐγγράφου, βλ. στό: *Ricerche...*, σ. 174 -176, ἀρ. XXX. Ἡ εἰκόνα ἀρ. 4, πού περιλαμβάνεται στό βιβλίο, εἶναι τοῦ φύλλου μέ τήν ἑλληνική μετάφραση τῆς βούλλας, ἀπό τήν ὁποία ἀντιγράφω τό κείμενο πού παραθέτω. Σ' αὐτό πού δημοσιεύει ὁ V. Peri, ὅ.π., σ. 175 -176, παρεισέφρυσαν ἀβλεπτήματα στίξης, παραλήψεις λέξεων καί παραναγνώσεις. Ἡ στίξη ἐδῶ παρατίθεται σύμφωνα μέ τήν φωτογραφία τοῦ κειμένου. Οἱ παραλήψεις λέξεων δηλώνονται μέ ὀξεία ἀγκύλη ◇, ἐνῶ οἱ παραναγνώσεις ἐντός παρενθέσεως (), δίπλα ἀπό τήν σωστή λέξη. (Ἡ ἐμπειρία τῆς φίλης συναδέλφου Ἄννας Κόλτσιου μοῦ ἔδωσε πρακτική -γιά μένα- διέξοδο γιά τήν παρουσίαση τῆς ἀνάγνωσης τοῦ κειμένου. Τήν εὐχαριστῶ θερμά).

σίων, ὧν πάλαι εὐπορεῖτο, νῦν πάμπαν ἐστερημένην εἶναι. διό καί ἀνδρῶν τῇ τε σοφίᾳ, καί τῇ ἁγιωσύνῃ πανευφήμων, οἷς πάντοτε ὑπερέβαλε, νῦν ὅλως ὠ ἐρήμη τυγχάνει. καί γάρ οἱ τῶν Γραικῶν παῖδες, κἄν φύσει πρός παίδευσιν <ἐπιτήδειοι>, ὅμως (ὠμῶς) δέ τοῦ βίου δεόμενοι, βαναυσουργίαις τά ἑαυτοῖς ἀναγκαῖα κτᾶσθαι (κλᾶσθαι) ἀναγκάζονται, καί οὕτως οἱ πλεῖστοι οὐδέ τῆς σπουδῆς ἄρξασθαι δύνανται (δύνονται). τούτων <τοίνην> (πλείους) τῇ ἀσθενείᾳ (ἀληθείᾳ) ἡμεῖς ὁπωστιοῦν βοηθεῖν ποθοῦντες, συμφέρον ᾠήθημεν ξυναγωγήν ἐν τῇ θεοφιλεῖ πόλει ἡμῶν ἐγείρειν, ἵν' οἱ πένητες τῶν Γραικῶν παῖδες ἐνταῦθα ἀπό τοῦ νῦν ἐκδεχθέντες ἀνατραφθῶσι, ἅμα δέ καί διδαχήν πᾶσαν σπουδαίως διδαχθῶσι. ταύτῃ τοι ἐλπίζοντες τά τῆς ἀνατολῆς φῶτα ὡς δῆθεν ἀπεσβηκότα, πάλιν ποτέ ἐν τῇ τοῦ θεοῦ ἐκκλησίᾳ ἐκλάμψειν. Ἔτι δέ τῷ αὐτῷ ἐσπουδάσαμεν πόθῳ, ὅπως ἡ ἀξία τῶν Γραικῶν πατέρων σοφία πᾶσι ἀεί μαρτυρουμένη φαίνοιτο, οἵτινες οὔτε πόνου φείσαντες, οὔτε τούς τοῦ πελάγου κινδύνους δειλιάσαντες, εἰς Ἰταλίαν ἔπλεον (ἐπέπλεον), καί τῇ οἰκουμενικῇ ἐν Φλωρεντίᾳ Γενομένῃ συνόδῳ παρίεσαν (παρῆσαν), σύν δέ καί τοῖς Λατίνοις πατρᾶσι εὐσεβῶς τε, καί σοφῶς τήν (τόν) τῶν ἀμφοτέρων ἐκκλησιῶν ἱεράν συνετέθησαν ἕνωσιν. τούτου δέ χάριν τῆς αὐτῆς συνόδου τάς τε διαλέξεις καί τάς πράξεις πάσας ἐξ ἑλληνικῶς (ἑλληνικῶν) χειροπονηθέντων κωδίκων, ἐν τῇ τοῦ Βατικάνου Βιβλιοθήκῃ ἡμῶν πιστῶς τετηρημένων, ἐντυπωθῆναι ......[90] ἀναλώματι τῷ ἡμετέρῳ, προσετάξαμεν, εὖ εἰδότες ὅτι ταύτης ἡ ἀνάγνωσις ἔτιγε τοῖς ὀρθοδοξίας σπουδαίοις λίαν μέλλει συνοίσειν:--.

Ὁ πάπας Γρηγόριος ΙΓ΄ (14. Μαΐου 1572 -10 Ἀπριλίου 1585), κατά κόσμον Ugo Buoncompagni, ἐλέχθηκε στήν κορυφή τῆς Ἐκκλησίας τῆς Ρώμης σέ μία ἰδιαίτερα κρίσιμη, ἀπό πολλές ἀπόψεις ἐποχή. Μέ νομικές σπουδές καί ἀκαδημαϊκή καριέρα, ἔγινε κληρικός στήν ἡλικία 40 ἐτῶν. Στήν α' περίοδο τῆς συνόδου τοῦ Τριδέντου (1545-1547) βρέθηκε σ' αὐτήν ὡς ἀπεσταλμένος παπικός ταχυγράφος, ἐνῶ στήν β' (1561-1563), ἐπίσης παπικός ἀπεσταλμένος, ὡς εἰδήμων νομικός. Ἡ ἀρχιερατεία του, πού ἄρχισε μέ τήν τραγωδία τῆς Νύχτας τοῦ ἁγίου Βαρθολομαίου, σφραγίζεται κυρίως ἀπό τόν ἀριθμό καί τό εἶδος τῶν μεταρρυθμίσεων, πού ἐφάρμοσε στό σχετικά μικρό διάστημα ὡς ποντίφηκας. Μέ τήν νομική του ἐμπειρία προώθησε πιό συστηματικά καί ἀποτελεσματικά τήν ἐπιτροπή, τήν ἐπιφορτισμένη μέ τήν προετοιμασία τοῦ *Corpus Juris Canonici*. Στήν δική του πρωτοβουλία ὀφείλεται ἡ διόρθωση τοῦ ἡμερολογίου (1582), τό ὁποῖο ἄλλωστε φέρει τό ὄνομά του, καθώς καί αὐτή τῆς ἱδρυσης κολλεγίων, ἀπό τό γνωστό Gregorianum (1572) ὥς τό Κολλέγιο τοῦ Ἁγίου Ἀθανασίου, τῶν Γραικῶν. Παρά τήν προχωρημένη ἡλικία του ἦταν τόσο ἐθισμένος στήν μελέτη, ὥστε στίς βιογραφίες του σημειώνεται: «Erat Gregorius

---

[90] Τό λατινικό πρωτότυπο, στό συγκεκριμένο σημεῖο ἔχει «, per N.N.,». Ἀλλά καί ἡ *brutta copia* του, πού ἀκολουθεῖ (φ. 132ʳ) ἀντιγραμμένη ἀπό τό χέρι τοῦ ἐκ τῶν ἐκδοτῶν G. Viviani, δέν ἀναφέρει κανένα ὄνομα, βλ. τήν σχετική σημείωση στόν Peri, Ricerche..., σ. 174 ὑποσ. 104.

in audiendis negotiis patiens, in transigendis solers, eloquio gravis, responsis opportunus, natura beniguus et misericors, victu ac pottu temperatissimus, in pauperes vero et doctos beneficus, et mirum in modum liberalis.. Nullum magis decere plura scrire, quam Pontificem Romanum"»[91].

Φυσικά, ή συμμετοχή τοῦ πάπα Γρηγορίου ΙΓ' δέν περιορίζεται μόνο στήν χορηγία τῆς συγκεκριμένης ἔκδοσης, ἀλλά, ὅπως θά φανεῖ ἀπό τήν συνέχεια, ὑπῆρξε ὁ ἐμπνευστής της.

### δ) Ἐκδότες. Gasparo Viviani - Nicolò Stridoni

Ὁ Gasparo Viviani[92] γεννήθηκε στό Urbino τό 1525. Ἐκεῖ, μεταξύ τῶν ἄλλων ἔμαθε ἑλληνικά. Γραμματέας τοῦ λατίνου ἀρχιεπισκόπου Κρήτης Πέτρου Λάνδου γιά ἀρκετά χρόνια, ὅσο αὐτός διαβίωνε στήν Βενετία[93], ἔγινε κληρικός τό 1550. Ἀπό τότε καί γιά περισσότερο ἀπό εἰκοσιπέντε χρόνια κινοῦνταν κυρίως στήν Ἀνατολή, συνοδός, στήν ἀρχή, τοῦ βενετοῦ ἀρχιεπισκόπου στά ταξείδια του, καί ἀπό τό 1553 στήν Κρήτη, ὡς ἐνοριακός ἱερέας πρῶτα καί στήν συνέχεια ἐπίσκοπος Σητείας (1556) καί Ἱεράπετρας (1571)[94]. Κατά τήν διάρκεια τῆς διαμονῆς του στήν Κρήτη καί λόγῳ τῆς γνώσης τῆς γλώσσας, εἶχε τήν εὐκαιρία νά γνωρίσει καλά καί τήν θρησκευτική συμπεριφορά τῶν ὀρθοδόξων ἑλλήνων. Ἡ ἐμπειρία του αὐτή ἀναγνωρίστηκε μέ τόν πλέον ἄμεσο τρόπο, ἀφοῦ τοῦ ζητήθηκε ἀπό τόν ἴδιο τόν πάπα νά παραμείνει στήν Ρώμη, ὡς ἐπίσημος συνεργάτης γιά τά σχετικά μέ τήν Ἀνατολή προγράμματά του[95].

---

91   Ant. Pagi, *Breviarium...*, ὅπου ἐκτενέστατη ἀναφορά στόν ἐν λόγῳ Πάπα, τό δέ παράθεμα στήν σ. 862.

92   Ὁ Laurent, L' édition princeps..., σ. 167ἑξ., τόν ἀναφέρει ὡς Viviano. Ὁ Ζαχ. Τσιρπανλῆς, *Τό κληροδότημα τοῦ καρδιναλίου Βησσαρίωνος γιά τούς φιλενωτικούς τῆς βενετοκρατούμενης Κρήτης (1439-17ος αἰ.)*, Θεσσαλονίκη 1967 [Ἀριστοτέλειο Πανεπιστήμιο Θεσσαλονίκης, "ἐπιστημονική Ἐπετηρίδα Φιλοσοφικῆς Σχολῆς, Παράρτημα ἀρ. 12], ὅπου ἐκθέτει ἕνα μέρος τῆς ἔναντι τῶν οὐνιτῶν τῆς Κρήτης δραστηριότητάς του ὡς ἐπισκόπου Σητείας, ἀναφέρει καί τούς δύο τύπους γραφῆς, σ' αὐτό τό ἔργο του χρησιμοποιεῖ τήν γραφή Viviano (σ. 14, 16 κ.ἀ.), ἐνῶ στό Ἑλληνικό Κολλέγιο..., τήν γραφή Viviani (σ. 29 κ.ἀ.). Ἕνα ἐπαρκές βιογραφικό σχεδίασμα ἀρκετή βιβλιογραφία περιέλαβε ὁ V.Peri, Ricerche..., σ. 58-67. Βλ. ἐπίσης στό Παράρτημα ἐγγράφων,τά ὑπ' ἀριθμόν ΙΙΙ, XVIII, καί XXXI ἴδιος.

93   Ἡ μακρόχρονη ἀπουσία τῶν λατίνων κληρικῶν ἀπό τό ποίμνιο τους, ἤδη ἀπό τίς ἀρχές τοῦ 15ου αἰ., θεωρήθηκε ὡς ἡ βασικότερη αἰτία ὄχι μόνο γιά τήν μή διάδοση καί ἰσχυροποίηση τοῦ λατινικοῦ δόγματος καί ἀργότερα τῆς Ἕνωσης, ἀλλά, ἀντίθετα, γιά τήν ἰσχυροποίηση τοῦ Ἀνατολικοῦ δόγματος. Ἡ κατάσταση τόσο ἐξελισσόταν ἀρνητικά γιά τήν Ἐκκλησία τῆς Ρώμης, πού ἀποφάσισε τήν κατάργηση τῶν εἰσοδημάτων καί τῶν θέσεων τῶν ἀπόντων ἀπό τίς ἕδρες τους ἐπισκόπων. Βλ. πρόχειρα στόν Ζαχ. Τσιρπανλῆ, Τό κληροδότημα..., σ. 29-30 κ. ἀ.

94   Creta sacra.... Peri, ἐπισκοπή Ἱεράπετρας ἱδρύθηκε τό 1557 σ. 59.

95   Σύμφωνα μέ τόν Τσιρπανλῆ, «ὡς πρός τά ἑλληνικά θέματα, ὁ ποντίφηκας αὐτός περιβαλλόταν ἀπό ἐπιφανεῖς καί δραστήριους ἱεράρχες, ὅπως οἱ καρδινάλιοι Giacomo Savelli, Giulio Antonio Santoro, Antonio Carafa, γνωστός ἑλληνιστής, Giug-

*Η editio princeps τῶν Ἑλληνικῶν «Πρακτικῶν» (1577) τῆς Συνόδου Φερράρας-Φλωρεντίας

Παράλληλα, τό 1579 μεταφέρθηκε ἡ ἐπισκοπική του ἕδρα στό Anagni, ὅπου καί παρέμεινε μέχρι τόν θάνατό του (1605).

Ὁ βενετός Nicolò Stridoni[96], μοναχός τοῦ τάγματος τῶν Σταυροφόρων, σπούδασε στήν Πάντοβα, ὅπου εἶχε συμφοιτητή τόν Μάξιμο Μαργούνιο[97]. Δάσκαλος τῆς ἑλληνικῆς γλώσσας, ὑπῆρξε ὁ πρῶτος διευθυντής (1577) τοῦ Ἑλληνικοῦ Κολλεγίου τοῦ Ἁγίου Ἀθανασίου στήν Ρώμη. Δέν πρέπει ὅμως νά ἔμεινε καιρό στήν θέση αὐτή, ἀφοῦ τό δύο χρόνια ἀργότερα, τό 1579, βρίσκεται στήν Κρήτη[98]. Τό 1582 ἐκλέχθηκε ἐπίσκοπος Μυλοποτάμου, ὅπου καί πέθανε. Ἡ συμμετοχή του στήν ἔκδοση τῆς editio princeps μαρτυρεῖται ἀσφαλῶς, ὄχι ὅμως καί ὁ λόγος, ἄν ὑπάρχει κάποιος ἄλλος ἐκτός ἀπό τήν γνώση του τῆς ἑλληνικῆς γλώσσας.

Φαίνεται πώς δέν ζητήθηκε τυχαῖα ἡ συμμετοχή τοῦ Viviani στά προγράμματα γιά τήν Ἀνατολή. Ἀπό τό κείμενο, πού δημοσιεύει ὁ Reri, διαφαίνεται μέ κάθε δυνατή σαφήνεια, ὅτι ὁ Viviani, καλός γνώστης τῶν θεμάτων τῆς Ἀνατολῆς, ἀνῆκε σ' αὐτούς πού πίστευαν ὅτι ἡ ἴδρυση, κοντά στά τόσα ἄλλα, καί ἑνός Κολλεγίου γιά τούς Ἕλληνες, μόνο θετικά ἀποτελέσματα θά μποροῦσε νά ἔχει γιά τά συμφέροντα τῆς Ρωμαϊκῆς Ἐκκλησίας. Προχωρᾶ δέ περισσότερο: ἐπικαλούμενος τήν 23ετή διαμονή του κοντά στούς ἕλληνες, ἐξο-

---

lielmo Sirleto, ἀπό τήν Καλαβρία, «λίαν τά ἑλληνικά πεπαιδευμένος» καί «λίαν φιλέλλην», Filippo Buoncompagni, ἀνεψιός τοῦ Γρηγορίου ΙΓ΄, ἤ ὅπως ὁ λατίνος ἀρχιεπίσκοπος Κερκύρας Antonio Cauco (Cocco) καί ὁ λατίνος ἐπίσκοπος Σητείας-Ἱεράπετρας Gaspare Viviani.». Ὅλοι αὐτοί, ἐκτός τόν τελευταῖο, ἀποτέλεσαν τήν Congregazione dei Graeci, πού ἵδρυσε ὁ Πάπας τό 1573, ὅ.π., σ. 29 καί ὑποσ. 3.

96  Δέν εἶναι γνωστά πολλά γιά τήν ζωή καί τήν δραστηριότητά του γενικότερα. Βλ. ὅσα ἀναφέρει ὁ Laurent, L' edition princeps..., σ. 170 ἑξ., ἐν σχέσει μέ τήν συμμετοχή του στήν ἔκδοση τῶν Ἑλληνικῶν «Πρακτικῶν»· βλ. ἐπίσης τό σύντομο βιογραφικό σχεδίασμα τοῦ Peri, Ricerche..., σ. 68-70, ὅπου καί βιβλιογραφία, καί στό Παράρτημα. ἀρ. XXVI ἡ Ὁμολογία πίστεώς του,καθώς καί δύο ἐπιστολές του (ἀρ. XXVII, XXVIII)· γιά τήν σχέση τοῦ Stridoni μέ τό Ἑλληνικό Κολλέγιο Ρώμης βλ. τόν Ζαχ. Τσιρπανλῆ, Τό Ἑλληνικό Κολλέγιο..., κυρίως σ. 46, 254-255. Τήν σχετική ἀναφορά τοῦ Flaminius Cornelius, ἀπό τά Supplementa, ad Ecclesiam Milopotamensem, *Creta Sacra sive de episcopis utriusque ritus, graeci et latini, in insula Cretae*, Venetiis 1755, I-II, σ. 456, παραθέτει ὁλόκληρη ὁ Peri, ὅ.π..

97  Γιά τήν ἀλληλογραφία του μέ τόν Μαργούνιο βλ. στόν Peri, Ricerche..., σ.69 καί ὑποσ. 4. Ὁ Legrand, BH XV<sup>e</sup>-XVI<sup>e</sup> s., τόμ. II, σ. xlviii-liv, δημοσιεύει τήν ἀπολογία πού ἀπευθύνει ὁ Μαργούνιος *Τῇ κατά Κωνσταντινούπολιν ἐν Χριστῷ συναθροισθείσῃ ἱερᾷ συνόδῳ*, τήν ὁποία ὁ ἐκδότης κρίνει ὡς οὐσιαστική γιά τήν βιογραφία τοῦ Μαργούνιου, πρός τήν κατεύθυνση τῆς ἀνάδειξης τῆς προσωπικότητάς του. Μεταξύ τῶν ἄλλων, ὁ ταπεινός ἐπίσκοπος Κυθήρων ἐπικαλεῖται ὑπέρ τῶν φρονημάτων ὡς συμμαρτυρία «τά περί ταύτης μοι τῆς ὑποθέσεως ἐπί προσβεβαιώσει τοῦ καθ' ἡμᾶς δόγματος πονηθέντα συγγράμματα, ὁ πρός πολλούς καί κατά στόμα καί διά γραμμάτων ἀγών καί σκοπόν ἔχων πάντοτε τήν ἀλήθειαν, ἧς οὐδέν τοῖς γε κατά Χριστόν βιοῦσι γένοιτ' ἄν προτιμότερον· ἡ πρός τόν Νικόλαον, τόν τῆς τάξεως τῶν Σταυροφόρων, μετά ταῦτα δέ Μυλοποτάμου ἐπίσκοπον, ἐπιστολή.» (τό παράθεμα στήν σ. xlviii).

98  *Di Candia il primo di novembre del '79*, σύμφωνα μέ τήν ἀλληλογραφία του, πού δημοσιεύει ὁ Peri, ὅ.π., σ. 170-174.

μολογεῖται τήν διαπίστωσή του, μετατρέποντάς την στήν συνέχεια σέ πολύ ἐνδιαφέρουσα πρόταση. Συγκεκριμένα, ἔχει διαπιστώσει ὅτι ἡ «παρουσία» τοῦ Marco Epheso, ὅπως γράφει χαρακτηριστικά, ἐξακολουθεῖ νά εἶναι ἰσχυρή. Ἔχει διαπιστώσει ἐπίσης, ὅτι στό ἔργο του, στήν Κρήτη, -τό προσηλυτιστικό, προφανῶς-, δέν τόν βοήθησαν οὔτε τά δεκρέτα οὔτε οἱ κατηχήσεις, ἀλλά κατ' ἐξοχήν ἡ Sinodo Fiorentina, ὁ μόνος οὐσιαστικός ἀντίλογος στόν λόγο τοῦ detto Epheso. Γι' αὐτό, εἶναι τῆς γνώμης ὅτι ἡ ἔκδοση τῆς Συνόδου στά ἑλληνικά θά ἦταν σημαντικά ὠφέλιμη, ἀφοῦ θά τήν κάνει νά φθάσει στά χέρια ὅλων, μιᾶς καί χειρόγραφη εἶναι δέν εὔκολο οὔτε νά τήν ἀντιγράψουν οἱ φτωχοί Ἕλληνες, ἀφοῦ δέν ἔχουν τά μέσα. Παράλληλα, προτείνει καί ἄλλα ἔργα, πού θά μποροῦσαν νά εἶναι πρός αὐτήν τήν κατεύθυνση χρήσιμα, ὅπως τοῦ Βησσαρίωνα, τοῦ Γενναδίου Σχολαρίου (ἐνν. τόν Ψευδο-Γεννάδιο, τήν πραγματεία Ὑπεράσπισις τῶν πέντε κεφαλαίων τοῦ Πλουσιαδηνοῦ), τοῦ Βέκκου, τοῦ Τραπεζούντιου, «γιά τήν διάδοση τῆς ἀλήθειας τῆς καθολικῆς Ἐκκλησίας καί τήν ἀνασκευή τοῦ Μάρκου Ἐφέσου...»[99].

Ὅπως σημειώνει ὁ Peri, ὁ Viviani, μαζί μέ τόν Giovanni Domenico Traiani, χρονολογικά εἶναι οἱ πρῶτοι, πού παρουσίασαν στόν πάπα Γρηγόριο ΙΓ' τέτοιου εἴδους προτάσεις. Πράγματι, ἀπό τό σχετικό ἀπόσπασμα τοῦ ὑπομνήματος τοῦ Traiani, πού παραθέτει ὁ Ζαχ. Τσιρπανλῆς[100], φαίνεται ἡ πιό θεωρητική προσέγγισή του στό σχετικό ζήτημα: ἡ ἵδρυση Κολλεγίου γιά Ἕλληνες στήν Ρώμη, θά ἀποφέρει τήν συντήρηση τῆς γνώσης τῆς ἀρχαίας ἑλληνικῆς γλώσσας, ἀπαραίτητης γιά τήν κατανόηση κλασικῶν καί πατερικῶν ἔργων, ἀπό τά ὁποῖα εἶναι γεμάτες οἱ βιβλιοθῆκες τῆς Ρώμης, καθώς καί μορφωμένους δασκάλους, ἱερεῖς, ἐξομολογητές, οἱ ὁποῖοι θά ἔβγαιναν ἀπό τό ἵδρυμα ὥς ἀπό ἄλλο Δούρειο Ἵππο, γιά νά φθάσουν σέ ὅλα τά μέρη τῆς Ἀνατολῆς[101].

---

99 Τό κείμενο, αὐτόγραφο τοῦ Viviani καί μέ χαρακτηρισμό *Discorso mio sopra l' importanza et utile che si spera dalla stampa del Concilio Fiorentino et d' altri scritti graeci, et dall' eretione del Collegio Greco in Roma*, δημοσιεύει ὁ Peri, *Ricerche...*, σ. 159-161. Γιά τήν σπουδαιότητα τῆς Φλωρεντινῆς Συνόδου στήν προετοιμασία τῶν μαθητῶν τοῦ Κολλεγίου στήν ἀντιρρητική ἐπιχειρηματολογία ἔναντι τῶν ὀρθοδόξων βλ. πρόχειρα τόν Ζαχ. Τσιρπανλῆ, ὅ.π., σ. 47-48.

100 Ὁ Rodotà, *Dell' origine...*, τόμ.ΙΙΙ, σ. 151, γράφει σχετικά μέ τίς πρωτοβουλίες του: «... ed altri zelanti personaggi, comme ci fa palese il Padre Trojano della Compagnia di Gesù, Penitenziere di lingua greca nella Basilica Vaticana allor vivente, nel trattato scritto a penna *Sopra l' ajuto spirituale, e riduzione della Grecia*. Espone in esso i motive, che concepiva, che fossero per sortire da un tal collegio col' correre degli anni, maestri di spirito e di scienze; de' quail alcuni vestito l' abito regolare, potessero ridurre alla santità de' dogmi e de' costume, i monaci involti negli errori. Altri professando vita ecclesiastica, s' applicassero alla cura pastorale; ed alti rimanendo nella vita laicale, governassero le proprie famiglie nella pieta Cristiana, e le rendessero ubbidienti alla S. Sede». Ἀναφέρει ἐπίσης ὅτι τό συγκεκριμένο ἔργο του βρισκόταν στήν Βατικανή βιβλιοθήκη, κώδ. 6198, σ. 71.

101 Ζαχ. Τσιρπανλῆς, *Τό Ἑλληνικό Κολλέγιο...*, σ. 30-31.

*Ἡ editio princeps τῶν Ἑλληνικῶν «Πρακτικῶν» (1577) τῆς Συνόδου Φερράρας-Φλωρεντίας*

Ἀπό τά κείμενα καί τά ἔγγραφα, πού ἔχουν μέχρι τώρα μελετηθεῖ, δέν ἐντοπίστηκε ὁ ἀκριβής λόγος, πού ὁ Viviani βρέθηκε νά ἔχει ἀναλάβει αὐτός τήν ἔκδοση τῶν Ἑλληνικῶν «Πρακτικῶν». Φυσικά, χωρίς τίς ἀπαραίτητες ἀποδείξεις, δέν εἶναι δυνατόν νά ἀποφανθεῖ κανείς μέ βεβαιότητα. Ὡστόσο, ἀπό τά λίγα ἔγγραφα, ἐπίσημα καί ἰδιωτικά, πού ἔτυχε νά περιδιαβῶ κατά τήν διάρκεια τῆς παρούσας ἔρευνας καί μέ κάθε ἐπιφύλαξη, θά τολμοῦσα νά εἰκάσω τά ἑξῆς: πρῶτος καί πιό προφανής λόγος εἶναι ὁπωσδήποτε ἡ γλωσσομάθειά του· δέν θά μποροῦσε νά διεκπεραιώσει ἕνα τέτοιο ἔργο, χωρίς νά γνωρίζει τήν ἑλληνική γλῶσσα, καί μάλιστα σέ ὑψηλό ἐπίπεδο. Νομίζω ὅμως πῶς πιό καθοριστικός λόγος στάθηκε τό γεγονός, ὅτι ἦταν ἐπίσκοπος σέ μία περιοχή ὅπου τά συγκεκριμένα «Πρακτικά» ἦταν διαρκῶς παρόντα στήν καθημερινότητα, ὅπως καί ὅσο πουθενά ἀλλοῦ: στήν Κρήτη, ἡ ὁμολογία ἐκφραζόταν καί μέ τό ἄν κάποιος εἶναι πιστός ἤ ὄχι στίς ἀποφάσεις τῆς Φλωρεντινῆς Συνόδου, ἐκεῖ ἄλλωστε ὑπῆρχε εἰδικός δάσκαλος πού πληρωνόταν γιά νά διδάσκει τόν Ὅρο τῆς Φλωρεντίας, ὅπως διαπιστώνεται ἀπό τά ἔγγραφα πού δημοσιεύει ὁ Ζαχ. Τσιρπανλῆς[102]. Ὅλα αὐτά ὑποδηλώνουν, ἔμμεσα ἀλλά μέ ἀσφάλεια, τήν ὕπαρξη καί διάδοση τῶν ἀνάλογων χειρογράφων. Ἔτσι, ἐνῶ ὁπουδήποτε ἀλλοῦ τά «Πρακτικά» τῆς Φλωρεντίας σπάνιζαν, στό περιβάλλον τοῦ Viviani συνέβαινε τό ἀντίθετο. Συνεπῶς, πρέπει νά διέθετε καί γνώση καί ἐμπειρία τέτοια, πού νά τόν ἔκαναν ἀπαραίτητο γιά ὅ,τι σχετικό μέ τά Ἑλληνικά «Πρακτικά».

Ἀπό τήν στιγμή ὅμως πού ἐνεπλάκη, τόσο αὐτός ὅσο καί ὁ στενός συνεργάτης στήν ἔκδοση, ὁ Stridoni, φαίνεται πώς ἐπιδόθηκαν μέ ἰδιαίτερο ζῆλο καί μεταχειρίσθηκαν κάθε μέσο, προκειμένου νά ἐξασφαλίσουν τό καλύτερο δυνατό ἀποτέλεσμα. Στήν ἐπιστολή, γιά παράδειγμα, πού ἀπευθύνουν στόν καρδινάλιο Sirleto, ἀποτυπώνεται χαρακτηριστικά ἡ ἀγωνία τους γιά τό ἀποτέλεσμα. Στήν ἐπιστολή μάλιστα αὐτή φαίνεται ἐπιπλέον καί ὁ τρόπος, μέ τόν ὁποῖον ἐργάζονταν: δέν ἐξέδιδαν, ἁπλῶς, ἕνα χειρόγραφο πού περιεῖχε τά «Πρακτικά», ἀλλά ἐργάσθηκαν κατά κάποιο τρόπο κριτικά, ἀφοῦ εἶχαν -καί ἐπιζητοῦσαν νά ἔχουν- περισσότερα τοῦ ἑνός χειρόγραφα στήν διάθεσή τους. Ἡ ἐπιστολή εἶναι ἀποκαλυπτική:

*Τῷ μεγαλοπρεπεστάτῳ καί αἰδεσιμοτάτῳ καρδηνάλει Γουλιέλμῳ Σιρλέτῳ κυρίῳ ἡμετέρῳ εὖ πράττειν.*

*Ἅπαντα μέν τά πρό τῆς ἁγίας καί οἰκουμενικῆς συνόδου, θειότατε καρδηνάλης, ὡς οἷόν τε μάλιστ' ἀπηκριβωμένα ἤδη τοῖς χαλκοτύποις ἐδώκαμεν, τάς δέ συνελεύσεις νῦν ἐπιχειρήσαντες, τό τοῦ αἰδεσιμωτάτου Σφορτίου πρωτότυπον πάνυ ἀναγκαῖον ἡμῖν εἶναι νομίζομεν.*

*Καί γάρ τά παρ' ἡμῖν ἀντίγραφα, εἰ καί πολλάκις πρός ἄλληλα δοκεῖ διεστῶτα τυγχάνειν, ἀλλ' ὅμως ἐν τῷ Βησσαρίωνος λόγῳ τῷ τῆς συνόδου καί τῶν ἐν αὐτῇ συνελθόντων ἐγκωμιαστικῷ, μάλιστ' ἔστιν ὅτε εὑρήκαμεν διαφέρειν.*

---

102 Βλ. κυρίως τά ἔγγραφα, πού δημοσιεύει ὁ Ζαχ. Τσιρπανλῆς, Τό κληροδότημα…, ἰδιαίτερα: ΙΖ', σ. 267[12,38,42]· ΙΗ', σ. 272[38]· Κ', σ. 279[74] κ.ἀ..

*Διό λιπαροῦμέν σε, ἵνα τό βιβλίον ἐκεῖνο κομισάμενος τάχιστα πρός ἡμᾶς πέμπειν αὐτό σπουδάσῃς· ἄνευ γάρ τούτου δυοῖν θάτερον ἡμῖν ἄν συμβήσεσθαι φοβούμεθα, ἤ τούς χαλκογράφους σχολήν ἄγειν μέλλοντας διά τό ἐπιδιωρθωμένα παρ' ἡμῶν τετράδια μή ἔχειν ἤ τῆς ἰδίας τοῦ Νικαίας γνώμης βραδέως ἡμᾶς καί μεγίστῳ πόνῳ μόγις ἐφίξεσθαι τῷ διάφορον τήν λέξεων τινων ἀνάγνωσιν ἐνίοτε καί διημαρτημένην εὑρίσκειν.*

*Ἔρρωσο καί εὐτύχει.*

*Ἐκ τοῦ ἡμετέρου οἰκήματος, σεπτεμβρίου μηνός δευτέρᾳ ἱσταμένου.*

*Τῆς αἰδεσιμότητός σου δοῦλοι*

*Ὁ Σιτίας καί Ἱεραπέτρας ἐπίσκοπος καί Νικόλεως ὁ ἐκ τῆς ἑταιρείας τῶν Σταυροφόρων*[103].

Τό ἴδιο διάστημα ἐμπλέκεται μέ τήν ἔκδοση ἔργων ἑλλήνων συγγραφέων καί ὁ σιεννέζος Fabio Benevoglienti, ἔργο τοῦ ὁποίου εἶναι ἡ μετάφραση στά λατινικά τῆς Ψευδο-Γενναδείας πραγματείας, ἡ ὁποία τυπώθηκε στήν Ρώμη τό 1579[104]. Ἀπευθύνεται καί αὐτός στόν καρδινάλιο Sirleto, ζητώντας του *un sommario del Concilio Florentino greco*[105]. Ἐπρόκειτο νά μεταφράσει στά λατινικά τά «Πρακτικά», καί ἡ μετάφραση τοῦ Βαρθολομαίου Ἀβράμου[106], πού ἔχει στήν διάθεσή του, ἦταν ἐλλιπής καί σέ σημεῖα δυσνόητη. Ἀναζήτησε, γιά βοηθηθεῖ, καί λατινικά πρακτικά στίς πόλεις ὅπου ἔγινε ἡ Σύνοδος (Φερράρα, Φλωρεντία). Μέ τήν σκέψη ὅτι τό ἑλληνικό κείμενο θά τόν βοηθήσει, διατυπώνει τό αἴτημά του στόν Sirleto. Ἀπό ἕνα τετράστιχο τοῦ Stridoni, φαίνεται πώς προσέβλεπε στόν περίφημο κώδικα ἀπό τήν βιβλιοθήκη τοῦ καρδιναλίου Sforza, πού ἐκεῖνο τό διάστημα ἐπείγονταν νά ἔχουν στά χέρια τους οἱ ἐκδότες τῶν Ἑλληνικῶν «Πρακτικῶν», ὅπως φάνηκε ἀπό τό παραπάνω σημείωμα. Ἄν κρίνουμε δέ ἀπό τίς σημειώσεις στόν σχετικό κατάλογο, φαίνεται πώς, τελικά, καί οἱ δύο χρησιμοποίησαν τό τοῦ αἰδεσιμωτάτου Σφορτίου πρωτότυπον[107].

---

103 Ἀπό τόν Vatic. gr. 1902, φ. 432ʳ τό δημοσιεύει ὁ V. Laurent, L' edition princeps..., σ. 185.

104 Βλ. περισσότερα παρακάτω, στό κεφ. Ἐκδόσεις-Μεταφράσεις.

105 Ἀπό τόν Vatic. lat. 2023, φ. 36ʳ τό δημοσιεύει ὁ V. Laurent, ὅ.π., σ. 187: «Sᵐᵒ Dⁿᵒ Nᵒ, Mandai a la Signoria Vostra in villa un sommario del Concilio Florentino greco. Dico g r e c o perchè la tradution vecchia è in molti luonghi imperfetta e defettiva, e la suplicai che mi facesse gratia d' una opera greca del Trapezuntio *De primate Petri* et una epistola del cardinale Bessarione ai Greci del medesimo tenore et che se metesse a la stampa il Gennadio tradoto da me sopra la medesima material et si facesse diligenza de cercare il concilio florentino latino in Firenze e in Ferrara. Le ricordo ancora, se le pare, di fare scrivere a Venetia se per sorte fusse nella biblioteca di Bessarione il decreto di Gratiano greco, citato più volte da Gennadio, supplicondoLa che si degni dichiarar la volontà sua. ...

106 Βλ. παρακάτω τήν σχετική παράγραφο.

107 Σύμφωνα μέ τόν Laurent, ὅ.π., σ. 175 ὑποσ.1, στόν ἕναν ἀπό τούς τρεῖς καταλόγους χειρογράφων στήν κατοχή τοῦ καρδιναλίου Sforza, πού συνέταξαν οἱ Torres, Possevinus καί ὁ Ἀλλάτιος, σ' αὐτόν τοῦ Torres, στό φ. 103ʳ, (κώδ. Vatic. lat. 3958), ὑπάρχει ἡ ἔνδειξη δανεισμοῦ στόν Fabio Benvoglienti, στήν ἴδια δέ σελίδα καί αὐτή τοῦ δανεισμοῦ στόν ἐπίσκοπο Σητείας.

Ποιός, ὡστόσο, τό χρησιμοποίησε πρῶτος, συμπεραίνεται ἀπό τόν μᾶλλον θριαμβευτικό τόνο τοῦ τετράστιχου τοῦ Stridoni, *Εἰς τόν αἰδεσιμώτατον καρδηνάλιν Γουλίελμον Σιρλέτον περί Φαβίου,*

Τίπτε μάτην Φάβιος τήν Σφορτίου ηὔχετο βίβλον
βελτίστην ἄλλων ἔμμεναι ἀντιγράφων;
Ἦ ῥά γε πουλυμαθῆ τόν Σιρλέτον ᾤετο λήσειν
ἐν πάσῃ σοφίῃ αἶνον ἔχοντα μέγαν;[108]

ε) *Διορθωτής. Ματθαῖος Δεβαρῆς*

"... Florentinum Concilium, tum primum graecae editum, emendavit", γράφει μεταξύ τῶν ἄλλων, ἀναφερόμενος στό συνολικό ἔργο τοῦ πρόσφατα ἀποθανόντος θείου του Ματθαίου Δεβαρῆ ὁ ἀνεψιός του Πέτρος στήν ἀφιερωτήρια ἐπιστολή του, πού τήν ἀπευθύνει στόν περίφημο καρδινάλιο Farnese, προστάτη τοῦ θείου του[109]. Περιέργως ὁ Legrand, ὁ ὁποῖος δημοσιεύει ὁλόκληρη τήν ἐπιστολή, δέν ἐκλαμβάνει τήν πληροφορία κατά κυριολεξία, μέ συνέπεια νά παρουσιάζει τόν Δεβαρῆ ὡς ἐκδότη τῆς editio princeps τῶν Ἑλληνικῶν «Πρακτικῶν». Ἔκτοτε, ὅσοι ἔγραψαν γιά τήν σχετική ἔκδοση, ἐπαναλαμβάνουν τό λάθος τοῦ Legrand, τοῦ ἐκδότη τῆς κριτικῆς ἐκδόσεως τῶν «Πρακτικῶν» J. Gill μή ἐξαιρουμένου, ὄχι ὅμως καί Κ. Σάθας[110]. Μερικές δεκαετίες ἀργότερα, σύμφωνα μέ τόν Peri[111], ὁ C. Korolewskij, (1929) ἀναζητώντας ὑλικό γιά τό ἄρθρο του σχετικά μέ τά πρῶτα χρόνια λειτουργίας τοῦ Ἑλληνικοῦ Κολλεγίου Ρώμης, στό φ. 432 τοῦ κώδικα Vatic. gr. 1902 ἐντόπισε μία ἐπιστολή, πού ἀπευθύνουν οἱ ἐκδότες τῶν Πρακτικῶν Viviani καί Stridonio πρός τόν ὑπεύθυνο τῆς ἔκδοσης καρδινάλιο, ἀνάμεσα στούς ὁποίους δέν περιλαμβάνεται ὁ Δεβαρῆς. Ἡ δημοσίευση αὐτή πέρασε ἀπαρατήρητη. Εἴκοσι περίπου χρόνια ἀργότερα ὁ Gill (1947) δημοσίευε τό σχετικό μέ τίς ἔντυπες ἐκδόσεις τῶν Πρακτικῶν ἄρθρο του, στό ὁποῖο, μέ βάση τόν Legrand παρουσίαζε ὡς ἐκδότη τόν Δεβαρῆ[112]. Λίγα χρόνια

---

108 V. Laurent, L' edition princeps..., σ. 186.

109 Ἡ ἐπιστολή προτάσσεται τοῦ ἔργου τοῦ Ματθαίου Δεβαρῆ, *Liber de graecae linguae particulis*, τό ὁποῖο τυπώθηκε μετά τόν θάνατό του, μέ τήν φροντίδα τοῦ ἀνεψιοῦ του, βλ. σχετικά Legrand, BH, 15ε-16ε II, ἀρ. 179, σ. 52-60, τό συγκεκριμένο ἀπόσπασμα στήν σ. 57.

110 «... καί ἐπεμελήθη τήν ἐν Ρώμῃ πρώτην ἔκδοσιν τοῦ ἑλληνικοῦ κειμένου τῶν Πρακτικῶν τῆς ἐν Φλωρεντίᾳ συνόδου», Κ. Σάθας, *Νεοελληνική Φιλολογία*, σ. 158-160, ὅπου ἀναφορά καί στήν ὑπόλοιπη ἐργογραφία τοῦ Δεβαρῆ. Τήν περιορισμένη νεώτερη ἑλληνική βιβλιογραφία στό ἀντίστοιχο λῆμμα τοῦ Β. Σφυρόερα, ΘΗΕ, τόμ 4, Ἀθῆναι 1964, στ. 989. Βλ.περισσότερα στόν Peri, Ricerche..., σ. 50-57.

111 Peri, Ricerche..., σ. 40 ὑποσημ. 11.

112 Ἴσως μέ κάποια ἀρχική ἐπιφύλαξη: «The editor appears to have been Matthew Devaris,...». Στίς ἑπόμενες ἀναφορές εἶναι καταφατικός: «That Devaris was the editor... is attestet by his nephew Peter Devaris..» κ.ἄ., J. Gill, «The Printed Editions of the Practica of the Council of Florence», *Miscellanea Guillaume de Jerphanion* OCP 13(1947), I, σ. 486-494, κυρίως 488-489. Βλ. καί Hefele - Leclercque, ὅπου ἡ ἴδια ἀναφορά. Εἶναι χαρακτηριστι-

μετά, ὁ V. Laurent (1955)[113], σέ ἄρθρο του σχετικό μέ τήν πρώτη ἔντυπη ἔκδοση τῶν Πρακτικῶν ἐμφανίζει τήν ἴδια ἐπιστολή ἀπό τόν Vatic. gr. 1902 καί τήν ἴδια μέ τόν Korolewskij διαπίστωση. Κατόπιν αὐτοῦ τοῦ δημοσιεύματος, θεωρεῖται ὅτι ὁ Laurent[114] διόρθωσε ὁριστικά τό λάθος τοῦ Legrand καί ἀνέδειξε διεξοδικά τήν συμβολή τοῦ καθενός ἀπό τούς συντελεστές τῆς ἔκδοσης.

Ὁ Laurent λοιπόν ἐκτιμᾶ πώς ὁ Ματθαῖος Δεβαρῆς, ὡς ἕλληνας καί ἐπαγγελματίας διορθωτής καί παρά τό γεγονός ὅτι οἱ δύο βασικοί ὑπεύθυνοι τῆς ἔκδοσης ἦσαν ἐγκρατεῖς ἑλληνομαθεῖς, προφανῶς θά εἶχε τήν εὐθύνη τῆς διόρθωσης τῶν δοκιμίων καί τῆς τελικῆς μορφῆς τοῦ κειμένου, ὅπως ἄλλωστε σωστά ἀναφέρει ὁ ἀνεψιός του. Ἄλλωστε, συνεχίζει ὁ Laurent, δέν θά τολμοῦσε ὁ ἀνεψιός του Δεβαρῆ, ἀπευθυνόμενος στόν γνώστη τῆς ὅλης ἐκδοτικῆς προσπάθειας καί προστάτη τοῦ θείου του καρδινάλιο Farnese νά μήν εἶναι ἐξαιρετικά ἀκριβής σχετικά.

Ὁ Ματθαῖος Δεβαρῆς[115] γεννήθηκε στήν Κέρκυρα,...onesta Devariorum familia, ex iis latinum ritum in Christiana religione sectatur[116], τέλη τῆς δεύτερης δεκαετίας τοῦ 16[ου] αἰώνα[117]. Στήν ἡλικία τῶν ὀκτώ ἐτῶν βρισκόταν στήν Ρώμη, κοντά στόν Ἰανό Λάσκαρη, ὁ ὁποῖος τοῦ δίδαξε ἑλληνικά καί λατινικά. Ἦταν τότε, πού ὁ ἀνθρωπιστής καί φιλέλληνας πάπας Λέων Ι' ἵδρυσε γιά πρώτη φορά ἑλληνικό κολλέγιο στήν Ρώμη, στό ὁποῖο φοίτησε στήν συνέχεια καί ὁ Δεβαρῆς[118]. Πέραν τῶν σπουδῶν του, ἀσχολήθηκε κυρίως μέ τήν διόρθωση

---

κό, ὅτι καί τό ἀντίτυπο τῆς Κεντρικῆς Βιβλιοθήκης τοῦ Ἀριστοτελείου Πανεπιστημίου Θεσσαλονίκης εἶναι καταλογογραφημένο ἐπ' ὀνόματι τοῦ Ματθαίου Δεβαρῆ.

113 V. Laurent, «L' édition princeps des Actes du Concile de Florence (1577) Auteurs et circomstances», *Miscellanea Georg Hofmann S.J.*, OCP 21(1955), σ. 165-189.

114 Βλ. τήν σχετική ἀναφορά τοῦ J. Gill, «The 'editio princeps' of the Greek Acts of the Council of Florence», OCP 22(1956), 223-225 καθώς καί τήν διορθωμένη ἐκδοχή τοῦ «The Printed Editions of the Practica...», στόν τόμο τοῦ ἴδιου *Personalities of the Council of Florence and other Essays*, Oxford 1964, σ.

115 Τό ἐπώνυμο Δεβαρῆς, πού χρησιμοποιεῖ ὁ ἴδιος ὁ Ματθαῖος, ἀπαντᾶται καί "ἐκλατινισμένο" ὡς De Vari, Peri, Ricerche..., σ.149, καί "ἐξελληνισμένο": Ματθίας ὁ Ἄβαρις, βλ. τίς ἐπιστολές τῶν Ἑρμοδώρου Λήσταρχου καί Νικολάου Σοφιανοῦ, Legrand, ὅ.π., τόμ. ΙΙ, σ. 351 καί τόμ. Ι σ. 247 ἀντιστοίχως. Σέ κάποια ἔγγραφα ἀποκαλεῖται ἁπλῶς *Messer Matheo greco*, Peri, σ. 151.

116 Legrand, ὅ.π., σ. 54. Ἐπειδή τά βιογραφικά στοιχεῖα, πού περιέχει αὐτή ἡ ἐπιστολή, εἶναι γραμμένα ἀπό τόν ἀνεψιό τοῦ Ματθαίου Δεβαρῆ, ἡ δέ ἐπιστολή ἀπευθύνεται πρός τόν ἐπί χρόνια προστάτη του περίφημο καρδινάλιο Farnese, ὁ ὁποῖος σίγουρα τόν γνώριζε πολύ καλά, ὅλα τά ἀναφερόμενα στήν ἐπιστολή στοιχεῖα θεωροῦνται ἀκριβή.

117 Ὅταν ὁ Πέτρος Δεβαρῆς ἐκδίδει τό βιβλίο τοῦ θείου του (1588), πού ἔχει ἤδη πεθάνει, ἀναφέρει ὅτι πέθανε 70ετής.

118 Γιά τό βραχύβιο ἑλληνικό κολλέγιο, πού ἵδρυσε ὁ πάπας Λέων Ι', τό ὁποῖο προηγεῖται μισό αἰώνα περίπου τοῦ Κολλεγίου τοῦ Ἁγίου Ἀθανασίου, «δέν ἀπέβλεπε καθόλου στή διάδοση τῶν λατινικῶν δογμάτων· γι' αὐτό καί δέν ἀποτελεῖ οὔτε συνέχεια τῶν προγενεστέρων ἐπιδιώξεων ἤ καταστάσεων προσηλυτιστικοῦ χαρακτή-

ἑλληνικῶν βιβλίων Ὁ πάπας Πίος Δ' τοῦ ἀνέθεσε τήν μετάφραση τῆς διδασκαλίας καί τῶν κανόνων τῆς Συνόδου τοῦ Τριδέντο[119], ἀλλά καί τήν διόρθωση τῶν ἑλληνικῶν βιβλίων, πού προορίζονταν γιά τήν βιβλιοθήκη τοῦ Βατικανοῦ. Πέραν αὐτῶν,

Οἱ ἐπιφορτισμένοι μέ τήν ἔκδοση τῶν «Πρακτικῶν», ἀναφέρθηκε ἤδη, ἦταν γνῶστες τῆς ἑλληνικῆς. Γιά τό καλύτερον δυνατόν ἀποτέλεσμα ὅμως χρειαζόταν κάποιος μέ τήν ἑλληνική μητρική γλῶσσα. Ὁ Δεβαρῆς, *ἄν καί παιδιόθεν ἀνετράφη στήν Ρώμη*[120], λόγῳ τῆς ἰκανότητάς του ἀπέκτησε τήν ἐμπειρία ἐκείνη, πού συνοδεύτηκε ἀπό ἀνάλογη φήμη[121]. Πότε ἄρχισε ἡ συνεργασία τοῦ Δεβαρῆ στήν προετοιμασία τῆς ἔκδοσης τῶν «Πρακτικῶν» δέν εἶναι προσδιορισμένο. Τόν Ἰούνιο ὡστόσο τοῦ 1577, ὁ ὑπεύθυνος γιά τήν ἔκδοση ἐπίσκοπος -τότε- Σητείας Gaspare Viviani, γνωστοποιεῖ μέ ἐπιστολή του πρός τόν προϊστάμενο τοῦ Δεβαρῆ, φύλακα τῆς βιβλιοθήκης τοῦ Βατικανοῦ Federico Ranaldi, ὅτι «χρειάζονται τόν messer Matheo greco γιά τίς διορθώσεις τῆς ἔκδοσης»[122]. Ἡ ἐπιστολή αὐτή δέν ἀφήνει κανένα περιθώριο ἀμφιβολίας, ὡς πρός τόν ρόλο τοῦ Δεβαρῆ στήν πρώτη ἔκδοση τῶν Ἑλληνικῶν «Πρακτικῶν». Ἡ δέ ἡμερομηνία της, 15 Ἰουνίου 1577, ὑποδηλώνει ὅτι ἡ editio princeps δέν μπορεῖ παρά νά ὁλοκληρώθηκε μετά τό β' ἑξάμηνο τῆς ἴδιας χρονιᾶς.

---

ρα οὔτε, βέβαια, καί προοίμιο τῶν ἐνεργειῶν τῆς Καθολικῆς Ἐκκλησίας στήν περίοδο τῆς Ἀντιμεταρρυθμίσεως. Εἰδικότερα, ὁ συσχετισμός τοῦ Κολλεγίου τοῦ ἀνθρωπιστῆ Πάπα μέ τό Κολλέγιο τοῦ ἀντιμεταρρυθμιστῆ Γρηγορίου ΙΓ', μέσα στόν ἴδιο αἰῶνα,..., ὄχι μόνο δέν εὐσταθεῖ, ἀλλά εἶναι καί παραπλανητικός», Ζαχ. Τσιρπανλῆς, Τό Ἑλληνικό Κολλέγιο..., σ. 27.

119  *Κανόνες καί δόγματα τῆς ἱερᾶς καί ἁγίας οἰκουμενικῆς ἐν Τριδέντῳ γενομένης συνόδου ἐπί Παύλου τρίτου, Ἰουλίου τρίτου, καί Πίου τετάρτου ἄκρων ἀρχιερέων, ἐκ τῆς Λατίνων φωνῆς εἰς τήν τῶν Γραικῶν μεταφρασθέντα ἐκδοθέντα τε προστάξαντος τοῦ ἁγιωτάτου Κυρίου ἡμῶν Γρηγορίου ΙΓ' ἄκρου ἀρχιερέως. Ἐν Ῥώμῃ, Διά Φραγκίσκου τοῦ Ζανέτου αφπγ'*, στόν Legrand, ὅ.π., σ. 33 ἀρ. 168.

120  «... ἐν Ἑλλάδι μέν γεγένημαι, ἐν Ῥώμῃ δέ παιδιόθεν ἀνατέθραμμαι...», Legrand, ὅ.π., ΙΙ, σ. 36.

121  «...anchor ache io sia certo ch' el mio Messer Mattheo de Vari non ha bisogno di raccomandatione appresso a Vostra Signoria Illustrissima... che egli ha havuto sempre come corretore de libri greci che si scrivono nella Libraria Vaticana...»,γράφει ὁ καρδινάλιος Farnese γιά τόν προστατευόμενό του στό συστατικό του σημείωμα πρός τόν καρδινάλιο Sirleti, ἐποπτεύοντα τῆς ἔκδοσης τῶν Ἑλληνικῶν «Πρακτικῶν», Peri, Ricerche..., σ. 151.

122  Peri, Ricerche..., σ. 151-152.

*Ευαγγελία Αμοιρίδου*

*Ἡ editio princeps τῶν Ἑλληνικῶν «Πρακτικῶν» (1577) τῆς Συνόδου Φερράρας-Φλωρεντίας*

Μέρος Β'

*Η Editio Princeps των Ελληνικών «Πρακτικών»*

*Ευαγγελία Αμοιρίδου*

*Ἡ editio princeps τῶν Ἑλληνικῶν «Πρακτικῶν» (1577) τῆς Συνόδου Φερράρας-Φλωρεντίας*

Κεφάλαιο 1°. Ἐκδόσεις - Μεταφράσεις

Οἱ πρῶτες δεκαετίες μετά τήν Σύνοδο τῆς Φλωρεντίας κυλοῦσαν ἐντελῶς διαφορετικά γιά τίς δύο Ἐκκλησίες, γιά τούς δύο κόσμους, γενικότερα. Στήν Ἀνατολή, ἐπακολούθησε ἡ Ἅλωση καί μαζί της ἡ ἀπόλυτη ἀνατροπή τῶν ἕως τότε δεδομένων. Μία ἀνατροπή, πού ἀπώθησε πρός τήν λήθη τήν Σύνοδο καί τίς ἀποφάσεις της. Ἡ ἐπιτευχθεῖσα στήν Σύνοδο τῆς Φλωρεντίας ἕνωση ἔδειχνε νά βιώνει τίς τελευταῖες ἀναλαμπές τῆς ἰσχύος της σχεδόν ἀποκλειστικά μόνον στίς βενετοκρατούμενες περιοχές, κυρίως στήν Κρήτη, σέ κάποια νησιά τοῦ Αἰγαίου καί στίς βενετικές βάσεις στήν Πελοπόννησο. Ἡ Δύση, ἀπό τήν ἄλλη, βίωνε καί αὐτή ἀνατροπές τῶν δεδομένων της, ἐξίσου ἱκανές νά ὑποβαθμίσουν τήν αἴσθηση θριάμβου, πού ἄφησε στήν Ἐκκλησία τῆς Ρώμης ἡ Φλωρεντινή Σύνοδος. Ἑνός θριάμβου, πού ὄχι μόνο δέν διήρκεσε, ἀλλά διακόπηκε, αἰφνιδίως καί ὁριστικά, ἀπό τόν κατακερματισμό καί τίς αἱματηρές συγκρούσεις, πού προκάλεσε ἡ ἐμφάνιση τῆς Διαμαρτύρησης καί ὅσα ἐπακολούθησαν. Συνέπεια τῶν ἀνατροπῶν, κοινή καί στούς δύο κόσμους, ἡ λήθη πού κάλυπτε προοδευτικά τό πρωτόγνωρο ὡς γεγονός στήν ἱστορία τῆς Ἐκκλησίας, τήν Σύνοδο δηλαδή τῆς Φλωρεντίας. Καί ἄν στήν Ἀνατολή δέν ὑπῆρχε κανένα κίνητρο γιά τήν διατήρηση τῶν τεκμηρίων ἀπό τήν Σύνοδο - τό ἀντίθετο μάλιστα -, στήν Δύση ἄρχισε νά γίνεται ἀντιληπτό, ὅτι μπορεῖ στούς ἐπίσημους καταλόγους τῶν συνόδων νά μή φαίνονται παρά μόνον ἐλάχιστα ἴχνη της, ὅμως στίς διάφορες βιβλιοθῆκες διατηρήθηκε ἕνας σημαντικός ἀριθμός ἀπό διάφορα σχετικά κείμενα καί ἔγγραφα. Πρός τά ἐκεῖ, λοιπόν, ἄρχισαν νά στρέφονται ὅσοι ἐνδιαφέρονταν νά μάθουν περισσότερα γιά τήν Φλωρεντινή Σύνοδο, κι ἀπό ἐκεῖ ἄρχισε, ἀργότερα, ἡ προσπάθεια τῆς ἀναπλήρωσης τοῦ κενοῦ, πού δημιούργησε ἡ ἀπώλεια τῶν ἐπίσημων πρακτικῶν της.

*Ι. α) Ἡ λατινική μετάφραση τῶν Ἑλληνικῶν «Πρακτικῶν» τοῦ Βαρθολομαίου Ἀβράμου*

Στήν Δύση ἄρχισε νά ἐκδηλώνεται ἐνδιαφέρον γιά τήν Σύνοδο τῆς Φλωρεντίας καί νά ἀνασύρεται αὐτή σιγά-σιγά ἀπό τήν λήθη λίγο πρίν συμπληρωθεῖ ὁ πρῶτος αἰῶνας ἀπό τήν διεξαγωγή της. Πρώτη -ἐμφανής- πράξη πρός τήν κατεύθυνση αὐτή ἐκδηλώνεται ἀπό τό ἐνδιαφέρον τοῦ ἀρχιεπισκόπου τῆς Ραβέννας Benedicto de Accoltis, ὁ ὁποῖος, ἐπειδή προφανῶς δέν βρῆκε τίποτα σχετικό στήν γλῶσσα του, ἀπευθύνθηκε στόν κρητικό Βαρθολομαίο Ἀβράμο[123], ἀπό τόν ὁποῖο ζήτησε νά τοῦ μεταφράσει στά λατινικά τά Πρακτικά τῆς Συνόδου. Πράγματι, ὁ Ἀβράμος ἀνταποκρίθηκε στό αἴτημα καί ἑτοίμασε τήν μετάφραση, ἡ ὁποία ἐκδόθηκε τύποις τό 1526 μέ τόν τίτλο *Acta generalis octavae Synodi* [124]. Στήν ἔκδοση αὐτή, στήν ὁποία συμπεριλήφθηκαν καί ἄλλα ἔργα, δέν ὑπάρχει ἑλληνικό κείμενο τῶν Πρακτικῶν καί ὁ μεταφραστής τους δέν δίνει καμία πληροφορία σχετικά μέ τό χειρόγραφο, τό ὁποῖο χρησιμοποίησε ὡς βάση γιά τήν μετάφρασή του. Ἡ καταγωγή του ὅμως ἀπό τήν Κρήτη, καθώς καί ἡ σύγκριση τῆς μετάφρασής του μέ τό κείμενο τῆς editio princeps τῶν Ἑλληνικῶν «Πρακτικῶν», ἀφήνει τό περιθώριο γιά τήν σχετικά ἀσφαλῆ ὑπόθεση, ὅτι εἶχε στήν διάθεσή του ἕνα χειρόγραφο πρακτικῶν «τύπου Πλουσιαδηνοῦ». Αὐτό μᾶλλον ἐπιβεβαιώνεται καί ἀπό τήν πρωτοβουλία πού πῆρε ὁ Ἀβράμος, νά μήν μεταφράσει ὁλόκληρο τό κείμενο πού εἶχε στήν διάθεσή του, διότι περιεῖχε -κατά τήν κρίση του- καί σημεῖα «ἀσύμβατα» γιά σύνοδο. Ἡ πρωτοβουλία του αὐτή, κυρίως τό ἀσαφές κριτήριό του ὡς πρός τήν ἐπιλο-

---

123 Ἀπαντᾶται καί ὡς Ἀβραάμιος (Abrahamus, Abrahamius). Ὁ ἴδιος ὅμως στήν ἀφιερωματική του ἐπιστολή, πού προτάσσεται τῆς μεταφράσής του, γράφει «Bartholomaeus Abramus Cretensis», Legrand, *BH*, 15ᵉ-16ᵉ s., III, σ. 306 Σύμφωνα μέ τόν Α. Mercati, «Il decreto del 6 Iuglio 1439 nell' Archivio Segreto Vaticano», OCP 11(1945), σ. 5-44, ἐδῶ σ. 5 ὑποσ. 1, διετέλεσε ἀναγνώστης τοῦ Εὐαγγελίου στά ἑλληνικά κατά τήν παπική λειτουργία (βασιλική τοῦ Λατερανοῦ), ἐπίσκοπος μέ τόν τίτλο Ariensis (πρώην ὀρθόδοξη ἐπισκοπή Ἀγρίου, στό Ρέθυμνο) καί ἀπό τό 1536 ἕως τό 1544 τῆς Castelianeta, Σέ κριτικό σημείωμα σχετικό μέ τήν editio princeps τῶν Ἑλληνικῶν «Πρακτικῶν», πού δημοσιεύει ὁ V. Peri, περιγράφεται ὡς ἐξῆς: «... Abraamum Cretensem, Praesulem Ariensem, hominem genere quidem et natione Graecum sed eundem dictissimum atque utriusque linguae peritissimum, ...», Ricerche ..., σ. 146. Ὁ Κ. Σάθας, *Νεοελληνική Φιλολογία*, σ. 111, τόν ἀναφέρει ὅτι μετέφρασε «τά ὑπό τοῦ Βησσαρίωνος συνταχθέντα πρακτικά τῆς ἐν Φερραρίᾳ συνόδου», βασιζόμενος στόν Fabricius.Βλ. ἐπίσης καί : J. Gill, «The Printed Editions of the Practica of the Council of Florence», *Miscellanea Guillaume de Jerphanion*, OCP 13(1947), σ. 486-494, ἐδῶ σ. 486- 487.

124 *Quae in hoc volumine continentur. Acta generalis octavae Synodi sub Eugenio quarto Ferrariae Incepte: Florentiae vero peractae, e graco in latinum nuper traducta Interprete Bartholomeo Abramo Cretensi, Praesule Ariensi. Magni Basilii contra Eunomium de Spirito sancto liber tertius interprete Georgio trapezuntio Cretensi. Bessarionis Cardinalis tunc niceni Archiepiscopi, oratio ad Graecos habita, quae inscribitur dogmatica vel de coniunctione, eodem Bessarione interprete. Eodem Epistola de successu ipsius Synodi ac de Spiritus sancti processione ad Alexium lascari eodem interprete.* Ὁ τυπογράφος καί ἡ χρονολογία παρατίθενται στήν σ. CLVIII: Impressum Romae apud Antonium Bladum de Asula. Anno Dñi M.D.XXVI. Die. xxiii mensis Maii, Legrand, ὅ.π., σ. 305-306 ἀρ.280. Ὁ Gill, The Printed Editions ..., σ. 486, ἀναφέρει παντοῦ ὡς ἔτος ἔκδοσης τό 1521, χωρίς νά τό αἰτιολογεῖ. Τό ἴδιο καί ἀργότερα, Quae supersunt, ..., σ. XLIX κ.ἄ. Ὅσοι ὅμως ἀσχολήθηκαν μέ τό θέμα, τόν διορθώνουν σιωπηρά, βλ. ἐνδεικτικά τόν V.Peri, Ricerche ..., σ.14, ἀλλά καί τόν Κατάλογο τῆς Ἐκθεσης ἀπό τόν P. Pastori, παρακάτω ὑποσ. 13.

Ἡ editio princeps τῶν Ἑλληνικῶν «Πρακτικῶν» (1577) τῆς Συνόδου Φερράρας-Φλωρεντίας

γή τῶν σημείων πού τελικά μετέφρασε, προκάλεσε μία ἐμφανῆ ἐπιφυλακτικότητα γιά τήν μετάφραση[125] γενικά, καί ἀργότερα ἀντικαταστάθηκε.

Στήν ἀφιερωματική ἐπιστολή του ὁ Ἀβράμος διατυπώνει τήν εὔλογη ἀπορία του γιά τό πῶς, παρά τό γεγονός ὅτι στήν Σύνοδο τηρήθηκαν Πρακτικά, αὐτά δέν ὑπάρχουν στά λατινικά[126]. Στήν συνέχεια, ἐξηγεῖ τόν τρόπο πού ἐργάστηκε: ὡς πρός τό εἶδος τῆς μετάφρασης, ἀκολούθησε μέν τήν κατά λέξη[127], πλήν ὅμως ὄχι ὁλόκληρου τοῦ φερώνυμου κειμένου, μέ τό πρόσχημα ὅτι σ' αὐτό ὑπῆρχαν σημεῖα ἀθέμιτα γιά νά περιέχονται σέ τέτοιο ἔργο[128]. Ἔτσι, ἀπέκλεισε ὅλες τίς μεταξύ τῶν ἑλλήνων συζητήσεις καί διαφωνίες, καθώς καί ὅ,τι -κατά τήν γνώμη του- δέν "συμβάδιζε" μέ τό ὕφος τῶν Πρακτικῶν. Ἡ ἐπιλεκτική αὐτή μετάφραση, ἄν καί ἀργότερα προκάλεσε κάποια ζητήματα, γιά μισό καί πλέον αἰῶνα ἀποτελοῦσε σχεδόν τήν μόνη πρόσβαση στήν Σύνοδο τῆς Φλωρεντίας. Τά ζητήματα δέ πού αὐτή ἤγειρε ἀφοροῦσαν κατ' ἀρχήν τήν ἀρίθμηση ἀπό τόν μεταφραστή τῆς συγκεκριμένης Συνόδου ὡς «ὀγδόης οἰκουμενικῆς», καθώς καί τήν ἀκρίβεια ἤ τήν χαλαρότητα στήν μετάφρασή του, τέτοια πού νά ἀγγίζει ἴσως τά ὅρια τῆς παραποίησης τοῦ κειμένου.

Ὡς πρός τό πρῶτο, τόν χαρακτηρισμό τῆς Φλωρεντινῆς Συνόδου ὡς «ὀγδόης οἰκουμενικῆς»[129], ὁ Ἀβράμος δέν ἐξηγεῖ πουθενά στήν ἀφιερωματι-

---

125 «...la traduttion vecchia è in molti luoghi imperfetta e defettiva», γράφει γι' αὐτήν ὁ Fabio Benevoglienti, στό: Laurent, L' édition princeps..., σ. 187, βλ. περισσότερα στήν συνέχεια.

126 «... Quae quidem nescio qua de causa latinitate donata non extent, cum memoriae proditum sit duos scribas graecos totidemque latinos qui eidem inerfuere concilio ea ipsa graecis latinisque litteris diligentissime conscripsisse. ...», σημειώνει χαρακτηριστικά στήν ἀφιερωματική ἐπιστολή, βλ. Legrand, BH, 15e-16e s., tom.III, σ. 306.

127 «... fideliter ac fere de verbo ad verbum (ut tute utriusque linguae studiosissimus, aequus iudex poteris esse) graeco in latinum sermonem converti », ὅ.π., σ. 308. Γιά τό μεταφραστικό fideliter βλ. τήν σχετική μελέτη τῆς Ἄννας Κόλτσιου-Νικήτα, Μεταφραστικά ζητήματα...,.

128 «... Actis divini concilii ineptissime inserverunt. His igitur atque nonnullus privatis ipsorum Graecorum inter se disceptationibus et controversiis ad rem neutiquam pertinentibus (ut praedictum est) praetermissis publicas tantum eorum cum Latinis disputations et condroversias ...», ὅ.π., σ. 308. Αὐτό μᾶλλον ἐπιβεβαιώνει τήν ὑπόθεση, ὅτι εἶχε στήν διάθεσή του κείμενο «τύπου Πλουσιαδηνοῦ», μέ τήν λιγότερο «συνοδική» Περιγραφή δίπλα στό κατ' ἐξοχήν συνοδικό Πρωτόκολλο.

129 Ὁ χαρακτηρισμός αὐτός προκάλεσε σύγχυση καί ἀρκετές, εὔλογες, ἀντιδράσεις, ὅπως φαίνεται ἀπό τήν βιβλιογραφία τῆς ἐποχῆς. Εἶναι χαρακτηριστικά αὐτά πού γράφει ὁ ἰησουίτης Mattheus Raderus, Acta sacrosancti et oecumenici concilii octavi, Constantinopolitani quarti, nunc primum ex mss. codicibus ..., Ingolstadii, Anno M. DCIV, στήν ἀφιερωματική πρός τόν καρδινάλιο Βαρώνιο ἐπιστολή του, βλ. τίς 2$^η$ καί 3$^η$ σ. τῆς χωρίς σελιδαρίθμηση ἐπιστολῆς: «ἔχω στά χέρια μου δύο Συνόδους», γράφει, «καί οἱ δύο χειρόγραφες, καί οἱ δύο μέ τόν τίτλο ὀγδόη οἰκουμενική· ἡ μία κατά τοῦ Φωτίου καί ὑπέρ τοῦ Ἰγνατίου, καί ἡ ἄλλη ὑπέρ τοῦ Φωτίου· καί στίς δύο ἦταν παρόντες παπικοί λεγάτοι· συνεπῶς, ποιά ἀπό τίς δύο αὐτές συνόδους εἶναι ἡ «ὀγδόη οἰκουμενική». Παρακάτω δέ, στόν Πρόλογό του, σ. 2, παραθέτει τέσσερις τελικά συνόδους μέ

κή του επιστολή, γιατί έδωσε αυτόν τόν χαρακτηρισμό στήν συγκεκριμένη σύνοδο, δεδομένου ότι γιά τήν Έκκλησία τής Ρώμης, ή όποία συνέχισε καί μετά τό σχίσμα τήν καταμέτρηση οικουμενικών συνόδων, ή συγκεκριμένη Σύνοδος άριθμεϊται ώς ή 16η Οικουμενική της Σύνοδος. Στήν Ανατολή, ώς γνωστόν, τά πράγματα πορεύονται τελείως διαφορετικά. Άν καί ή έκμάθηση τών οικουμενικών συνόδων ήταν, τρόπον τινά, μέρος τής κατήχησης, τά σωζόμενα σχετικά κείμενα συνήθως σταματούν στήν Ζ' Οικουμενική[130]. Τέτοια -σύντομα- κείμενα "έκμάθησης" τών οικουμενικών συνόδων συνέθεσαν καί οί ούνίτες, οί όποίο όμως φαίνεται ότι προσπαθούσαν νά συγκεράσουν καί τίς δύο παραδόσεις[131]. Τό παράξενο όμως είναι, ότι άκόμα καί ή έπιστολή του πάπα Κλήμη Ζ' (1523-1534) πού συμπεριλαμβάνεται στήν έκδοση, έπαναλαμβάνει έπακριβώς τόν τίτλο του Άβράμου, χωρίς διόρθωση ή κάποιο σχόλιο[132]. Τήν μετάφραση αύτή, όπως θά δούμε στήν συνέχεια, συμπεριέλαβαν στίς Συλλογές Πρακτικών άρκετοί έκδότες, μαζί καί τήν άφιερωματική έπιστολή του Άβράμου άπό τήν έκδοση του 1526. Μάλιστα

---

τόν χαρακτηρισμό «όγδόη οικουμενική σύνοδος»: του 861, του 869, του 880 καί τής Φλωρεντίας.

Ή άρίθμηση ώς «όγδόη οικουμενική» δέν διέλαθε φυσικά τής προσοχής του Λέοντα Άλλάτιου, ό όποίος σπεύδει νά έκδώσει σχετικό βιβλίο (Leonis Allatii, *De Octava Synodo Photiana,...*, Anno 1662), άλλά καί νά άσκήσει κριτική στόν Άβράμο (Leonis Allatii, *In Roberti Creyghtoni Apparatum, Versionem, et Notas ad concilii Florentini scriptam...*, Exercitationum pars prima, Romae MDCLXV, σ. 70-71).

130 Βλ. π.χ., Φωτίου, «... Περί τών έπτά οικουμενικών συνόδων», στό: Γ. Ράλλης καί Μ. Ποτλής, *Σύνταγμα τών Θείων καί ίερών κανόνων...*, τόμ. Α', Άθήνησιν 1852, σ. 375-388. Τό άντίστοιχο έργο του μητροπολίτου Ρόδου Νείλου, «Διήγησις συνοπτική περί τών άγίων καί οικουμενικών συνόδων», στό ίδιο, σ. 389-395, άπαριθμούνται 9 οικουμενικές σύνοδοι, μέ όγδοη αύτήν του 879, καί έννατη τήν κατά τών Βαρλαάμ καί Άκινδύνου. Άν καί τό ζήτημα τής «όγδόης οικουμενικής συνόδου» δέν όριστικοποιήθηκε, ή Σύνοδος ώστόσο του 1483, άνατρέπει τήν Σύνοδο τής Φλωρεντίας, «... ώς άσύμφωνα δογματίσασαν καί πολέμια ταίς πρό αύτής άγίαις όκτώ καί οικουμενικαίς συνόδοις περί του ζητήματος τής έκπορεύσεως του άγίου πνεύματος...», έννοώντας όγδόη, όπως έξηγεί άλλωστε προηγουμένως τήν έπί Φωτίου, στό: Δημ. Άποστολόπουλος, *Ό «ίερός Κώδιξ» του Πατριαρχείου Κωνσταντινουπόλεως στό β' μισό του ιε' αίώνα Τά μόνα γνωστά σπαράγματα*, Άθήνα 1992, [Έθνικό Κέντρο Έρευνών, Κέντρο Νεοελληνικών Έρευνών 43] σ. 123-133, τό άπόσπασμα στήν σ. 127.

131 Τό ούνιτικό «συνοδικό», π.χ., πού δημοσίευσε ό Fr. Dvornic, «Greek Uniats and the Number of Oecumenical Councils», *Mélanges Eugène Tisserant*, vol. II, *Orient Chrétien*, première partie, Città del Vaticano 1964, σ. 93-101 [Studi e Testi 232], ώς όγδοη κατατάσσει τήν σύνοδο της Λυών, ένώ γιά τής Φλωρεντίας σημειώνει: «ή δέ δεκάτη άγία, μεγάλη καί οικουμενική σύνοδος γέγονε έν Φλωλεντία τή πόλει έπί Εύγενίου πάπα Ρώμης καί Ίωάννου Παλαιολόγου του περιφανούς βασιλέως τών Ρωμαίων καί Ίωσήφ πατριάρχου Κωνσταντινουπόλεως·», σ. 97ι'.

132 «Clemens Papa VII. Venerabilis frater, salutem et apostolicam benedictionem. Quod Acta gemeralis octavi concilii Florentiae celebrati e graeco in latinum abs te versa imprimere et ad Latinorum utilitatem edere, non possumus laboren istum tuum non adiuvare, cavereque ut qui ex illis fructus percipierunt ad alienos ne deferantur. ...», Legrand, ό.π., σ. 308-309.

ἕνας ἀπό αὐτούς τούς ἐκδότες, ὁ Laurentius Surius, διατηρεῖ μέν τόν τίτλο ὡς ἔχει, ἀρχίζει ὅμως στόν Πρόλογό του μέ τήν ἀπορία «Quid Graecis in mentem venerit, ut hanc Synodum Florentinam, octavam nuncuperant, docti viri admirantur»[133]. Ἡ ἐξήγηση τῆς ἀρίθμησης μᾶλλον πρέπει νά ἀναζητηθεῖ στήν χειρόγραφη παράδοση τῶν Ἑλληνικῶν «Πρακτικῶν», ἴσως ἀκόμα καί στόν κύκλο τῶν ἑλλήνων οὐνιτῶν, ἰδιαίτερα τῆς Κρήτης.[134] Ὄντως, ἀπό τά συνολικά 34 χειρόγραφα, πού ἐντόπισε καί μελέτησε ὁ Gill γιά τίς ἀνάγκες τῆς κριτικῆς ἔκδοσης, βρῆκε σέ τρία ἀπό αὐτά νά φέρουν ὡς τίτλο κεφαλαίου «Πρακτικά τῆς Ἁγίας καί Οἰκουμενικῆς ὀγδόης Συνόδου», στό σημεῖο μάλιστα ἀκριβῶς πρίν ἀπό τήν ἔναρξη τῶν ἐπίσημων συζητήσεων στήν Φερράρα. Συνεπῶς, εἶναι πιθανόν ὁ Ἀβράμος ἁπλῶς νά μετέφρασε ὅ,τι ἔβλεπε. Ἄλλωστε, τόν χαρακτηρισμό «ὀγδόη Σύνοδος» -ὄχι ὅμως καί ἁγία- ἔφεραν καί κάποια χειρόγραφα μέ τά Ἀπομνημονεύματα τοῦ Σίλβεστρου Συρόπουλου[135].

Ὡς πρός τό δεύτερο ζήτημα, αὐτό τῆς ὀρθότητας τῆς μετάφρασης πού ἐκπόνησε ὁ Ἀβράμος ἤ τῆς ἐλευθεριότητάς της στά ὅρια τῆς παραποίησης τοῦ κειμένου τῶν «Πρακτικῶν», εἶναι ἐνδεικτικές οἱ παρακάτω χαρακτηριστικές περιπτώσεις. Ἡ πρώτη συνδέεται μέ τήν editio princeps, ὅπου, κατά τήν διάρκεια τῆς κδ' συνελεύσεως, ἀπό μέρους τῶν λατίνων ὁ Ἰωάννης (Ραγούζης) στήν τοποθέτησή του φέρεται νά δηλώνει, ὅτι, «... καί ὁ υἱός, οὐκ ἀφ' ἑαυτοῦ ἐκπορεύει τό πνεῦμα τό ἅγιον, ἀλλά παρά τοῦ ὁμοουσίου πατρός ἐν τῷ γενᾶσθαι λαβών αὐτό, καί δύναμιν πατρικήν καί φυσικήν ἔχων ἐν ἑαυτῷ, προβάλλει καί αὐτός τό πνεῦμα τό ἅγιον, οὐχ ὑπαρκτικῶς, ὡς ὁ πατήρ»[136]. Μετά τήν ἔκδοση τῶν «Πρακτικῶν», ὁ ἰησουΐτης F. Torres μέ σημείωμά του κρίνει ἀρνητικά τό γεγονός ὅτι στήν ἔκδοση δέν συμμετεῖχε κάποιος ἀπό «τούς δικούς τους πατέρες, καλός γνώστης τῆς ἑλληνικῆς γλώσσας καί καλός θεολόγος», ὁ ὁποῖος δέν θά ἐπέτρεπε νά περάσει στήν ἔντυπη ἔκδοση ἡ λέξη ὑπαρκτικῶς, διότι, κατά τήν γνώμη του, αὐτή ὀφείλεται σέ «error librarii»· στήν θέση της ἔπρεπε νά ὑπάρχει ἡ ὀρθή λέξη «ἀρχικῶς, ὅπως διαβάζει καί

---

[133] Τήν ἔκδοση τῆς συλλογῆς Πρακτικῶν τοῦ Surius δέν κατάφερα νά τήν βρῶ. Τόν συγκεκριμένο Πρόλογο μαζί καί τήν ἐπιστολή τοῦ Ἀβράμου ἀναδημοσιεύει στήν δική του ἔκδοση ὁ Severinus Binius, *Concilia generalia et provincialia, quaecunque reperiri, potuerunt omnia. Item epistolae decretales, et Romanorum Pontif. vitae*, Coloniae Agrippinae, Anno M.DC.VI, tomi tertij pars altera, σ. 724-725. Φυσικά, ἀμέσως στήν συνέχεια παρατίθεται ἡ σύμφωνη μέ τήν Ἐκκλησία τῆς Ρώμης ἀρίθμηση τῆς συγκεκριμένης Συνόδου, 16ῃ Οἰκουμενική.

[134] Σημειώνεται,ὅτι ὁ ἐπίσης κρητικός καί ὄχι πολύ παλιότερος τοῦ Ἀβράμου Ἰωάννης Πλουσιαδηνός (1429/30-1500), γιά τόν ὁποῖο ἔγινε ἐκτενής ἀναφορά σέ ἄλλο σημεῖο στό προηγούμενο κεφάλαιο, συνέθεσε *Κανόνα τῆς ὀγδόης συνόδου τῆς ἐν Φλωρεντίᾳ γενομένης*, δημοσιευμένο στό: PG 159, 1095-1105.

[135] Βλ. περισσότερα στό τελευταῖο μέρος, «Ἐπιβίωση», τῆς παρούσης.

[136] Ἡ ἁγία καί οἰκουμενική ..., σ. 172. πρβλ. Gill, ..., Quae supersunt ..., σ. 394$^{35}$-395$^4$.

μεταφράζει ὁ Ἀβράμος»¹³⁷. Τό ἂν καί κατά πόσο ἡ ἀνάγνωση τοῦ Ἀβράμου ἦταν πράγματι ἡ ὀρθή, χρειάζεται προφανῶς ἄλλου εἴδους ἔρευνα.

Τό δεύτερο σχετιζόμενο μέ τήν μετάφραση τοῦ Ἀβράμου παράδειγμα εἶναι σχετικά πιό πρόσφατο, ἐξ ἴσου ὅμως χαρακτηριστικό. Ὅταν τό 1870, στό τέλος τῆς Α΄ Βατικανῆς Συνόδου ἦρθε πρός συζήτηση τό θέμα τοῦ παπικοῦ ἀλάθητου καί τοῦ πρωτείου, θεωρήθηκε ὅτι ὡς ἀπόφαση ἀρκεῖ τό ἀντίστοιχο τμῆμα ἀπό τόν Ὅρο τῆς Φλωρεντινῆς Συνόδου, μέ τήν προοπτική ὅμως νά ἀφαιρεθεῖ ἡ περιοριστική ἀναφορά τοῦ «καθ'ὅν τρόπον καί ἐν τοῖς πρακτικοῖς τῶν οἰκουμενικῶν συνόδων καί ἐν τοῖς ἱεροῖς κανόσι διαλαμβάνεται» (..., quemadmodum et in gestis ycumenicorum conciliorun, et in sacris canonibus continetur)¹³⁸. Ὡς πρόσχημα στήν Βατικάνεια Σύνοδο παρουσιάστηκε τό ὅτι ἡ συγκεκριμένη διατύπωση δέν ἀποτελεῖ ὀργανικό στοιχεῖο ὁρισμοῦ τοῦ παπικοῦ πρωτείου στόν Ὅρο. Ἡ πρόθεση αὐτή προκάλεσε τήν ἀντίδραση τοῦ διακεκριμένου ἐκκλησιαστικοῦ ἱστορικοῦ Ign. von Döllinger, ὁ ὁποῖος ἀρθρογράφησε ἐναντίον τῆς διαφαινόμενης ἀπάλειψης, διότι αὐτή στήν οὐσία της ἐκφράζει τόν τρόπο, μέ τόν ὁποῖον ὁ πάπας κατέχει πρωτεῖον: μόνον *καθ' ὅν τρόπον* καί μέ τίς συνθῆκες πού αὐτό καθορίζεται στίς ἀποφάσεις τῶν οἰκουμενικῶν συνόδων καί τούς κανόνες. Ὁ Döllinger ὑποστήριζε ἐπιπλέ-

---

137 «Abramo, interprete latino della Sinodo, non legit ὑπαρκτικῶς hoc loco, sed ἀρχικῶς, perchè traduce cosi quell loco de filio loquens.» στό: V. Peri, Ricerche ..., σ. 139-140, ὁ ὁποῖος παρακάτω, σ. 141-148, ἐκδίδει καί ἄλλες ἀντιδράσεις, σχετικές μέ τήν συγκεκριμένη λέξη. Ἀξίζει νά σημειωθεῖ, ὅτι ἡ «λογοκρισία» στό ἐν λόγω σημεῖο τοῦ περίφημου ἰησουΐτη Antonio Possevino -γιά τόν ὁποῖο γίνεται λόγος παρακάτω- συμπεριλήφθηκε στήν ἔκδοση μέ τά Πρακτικά Συνόδων τοῦ Severinus Bibius, ὅ.π., σ. 505-506

138 Πρόκειται γιά τό σημεῖο ἐκεῖνο, πού ἡ ἐπιμονή ἀπό μέρους τοῦ πάπα νά συμπεριληφθεῖ στόν Ὅρο ἡ θέση του, κόστισε ἀρκετή διαπραγμάτευση, μέ τόν αὐτοκράτορα νά προσθέτει μέ τήν σειρά του τήν ἀντίστοιχη θέση τῶν Ἀνατολικῶν. Τό λατινικό προσχέδιο στό ἐπίμαχο σημεῖο προέβλεπε τό ἑξῆς: «Ἔτι ὁρίζομεν τήν ἁγίαν ἀποστολικήν καθέδραν καί τόν ῥωμαϊκόν ἀρχιερέα εἰς πᾶσαν τήν οἰκουμένην τό πρωτεῖον κατέχειν, αὐτόν τε τόν Ῥωμϊκόν ἀρχιερέα διάδοχον εἶναι τοῦ μακαρίου Πέτρου τοῦ κορυφαίου τῶν ἀποστόλων, καί ἀληθῆ τοποτηρητήν τοῦ Χριστοῦ, καί πάσης τῆς ἐκκλησίας κεφαλήν, καί πάντων τῶν χριστιανῶν πατέρα καί διδάσκαλον ὑπάρχειν, καί αὐτῷ ἐν τῷ μακαρίῳ Πέτρῳ τοῦ ποιμένειν καί διθύθειν καί κυβερνᾶν τήν καθολικήν ἐκκλησίαν ὑπό τοῦ κυρίου ἡμῶν Ἰησοῦ Χριστοῦ πλήρη ἐξουσίαν παραδεδόσθαι». Μετά τήν ἀνάγνωσή του ὅμως, οἱ Ἀνατολικοί ἀπαίτησαν νά προστεθεῖ «καθ'ὅν τρόπον καί ἐν τοῖς πρακτικοῖς τῶν οἰκουμενικῶν συνόδων καί ἐν τοῖς ἱεροῖς κανόσι διαλαμβάνεται» (..., quemadmodum e t (i a m) in gestis ycumenicorum conciliorun, et in sacris canonibus continetur: αὐτό τό et σέ etiam καταλογίζει ὁ Döllinger στόν Ἀβράμο), Gill, Quae surepsunt ..., σ. 456³³-457² καί 464¹⁻¹⁴.

Στά Ἑλληνικά «Πρακτικά» ἀναφέρεται στήν συνέχεια, ὅτι «ἐποίησαν τόν ὅρον, καί ἐκόμισαν τοῦτον τῷ βασιλεῖ. μετά τό τελεσθῆναι δέ τά πάντα, τί ποιεῖ ὁ πονηρός; γράφεται ἐν τῷ ὅρῳ· Σωζομένων τῶν δικαίων καί τῶν προνομίων τῶν τεσσάρων πατριαρχῶν, καί εὑρίσκεται προσθήκη ἐν τούτῳ· Πάντων. τοῦτο ἀκούσαντες οἱ Λατίνοι ὡς μέγα τι ἰλιγγίασαν. καί εὐθύς ἐζήτουν μή πάντων τῶν προνομίων λέγειν, ἀλλά τῶν προνομίων ἁπλῶς. καί οὗτος ὁ τρόπος ἐμπόδισε γενέσθαι τόν τόμον τῇ ε΄ καί τῇ παρακευῇ.», Ἡ ἁγία καί οἰκουμενική ..., σ. 226, Gill, ὅ.π., σ. 457²⁴⁻³⁴.

ον, ὅτι τό λατινικό κείμενο στό σημεῖο ἐκεῖνο παραποιήθηκε ἀπό τόν Βαρθολομαῖο Ἀβράμο, ὁ ὁποῖος εὐθύνεται γιά τήν μετατροπή τοῦ et σέ etiam (quemadmodum et(iam)). Σύμφωνα μέ τόν A. Mercati[139], ἡ κατοπινή ἔρευνα στά σωζόμενα ἀντίγραφα τοῦ Ὅρου ἐπαλήθευσε τόν Döllinger. Ἀξίζει νά σημειωθεῖ, ὅτι ἡ διαφωνία ἑνός τμήματος τοῦ ϱκαθολικοῦ κόσμου ἐπί τοῦ συγκεκριμένου ζητήματος εἶναι πού δηλώθηκε μέ τήν σύμπτυξη του σέ ἰδιαίτερη ὁμάδα, τούς *Παλαιοκαθολικούς*[140].

*I. β) Ἐκδόσεις Συλλογῶν Πρακτικῶν μέ τήν λατινική μετάφραση τοῦ Ἀβράμου*

Δέν ἀπέχει ἀπό τήν πραγματικότητα ἡ παρατήρηση, ὅτι μετά τήν Σύνοδο τῆς Φλωρεντίας ὁ δυτικός κόσμος ἐπιδόθηκε στήν συγκέντρωση ἑλληνικῶν χειρογράφων μέ ἔργα θεολογικά ἀλλά καί φιλολογικά, ἐνῶ μετά τί τοπικῶν καί Οἰκουμενικῶν συνόδων. Ἀπό τίς συζητήσεις κατά τήν διάρκεια τῆς Συνόδου τῆς Φλωρεντίας διαφάνηκε ἡ ἤδη ὑπάρχουσα τάση γιά τήν ἀναζήτηση παλαιῶν χειρογράφων, μέ τό σκεπτικό ὅτι αὐτά ἔχουν περισσότερες πιθανότητες νά διατηροῦν ἢ νά πλησιάζουν τό αὐθεντικό κείμενο. Ἀνάμεσα στά χειρόγραφα πού ἀναζητήθηκαν ἰδιαίτερα ἦταν τά Πρακτικά συνόδων[141], τά ὁποῖα στήν συνέχεια τροφοδότησαν τήν ἔντονη σχετική ἐκδοτική δραστηριότητα. Ἀπό τήν δραστηριότητα αὐτή δέν θά μποροῦσε φυσικά νά λείπουν τά ὅποια πρακτικά τῆς Συνόδου τῆς Φλωρεντίας. Ἀρχῆς γενομένης ἀπό τήν ἔκδοση τῆς μετάφρασης τοῦ Ἀβράμου (1526) μέχρι τήν κριτική τους ἔκδοση (1953), καταγράφεται ἕνας καθόλου εὐκαταφρόνητος ἀριθμός ἐκδόσεων καί μεταφράσεων τῶν Ἑλληνικῶν «Πρακτικῶν». Ἐπειδή ὅμως τό κείμενο πού περιέχουν δέν εἶναι παντοῦ τό ἴδιο, οἱ ἐκδόσεις Συλλογῶν Πρακτικῶν διαχωρίζονται σέ δύο κύκλους: αὐτόν, πού περιέχει τήν λατινική μόνο μετάφραση τοῦ Ἀβράμου, καί τόν κύκλο ἐκδόσεων, πού περιλαμβάνει τό ἑλληνικό κείμενο τῆς editio princeps (1577), παράλληλα μέ τήν νέα μετάφραση πού ἐκπόνησε ὁ Ματθαῖος Καρυόφυλλος

Ἡ περί τήν ἔκδοση Συλλογῶν Πρακτικῶν δραστηριότητα ἀρχίζει μέ τό δίτομο ἔργο τοῦ Jacobus Merlini (1524)[142], χωρίς φυσικά τήν Φλωρεντία, ἀφοῦ κυκλοφόρησε πρίν ἀπό τήν ἔκδοση τοῦ Ἀβράμου (1526). Ἀκολούθησε ἡ Συλ-

---

139 A. Mercati, Il decreto d' unione ..., σ. 5-6 ὑποσ.1 καί σ. 18. Τό συγκεκριμένο γεγονός γνωρίζει καί ὁ Παῦλος Καλλιγᾶς, *Ἡ ἐν Φλωρεντίᾳ Σύνοδος...*, σ. 114. Ἀρκετή ἔκταση στό συγκεκριμένο ζήτημα δίνεται καί στό: Ch. -Jos. Hefele- H. Leclercq, *Histoire des Conciles d' après les documents originaux*, tom. VII², Paris 1916, σ. 1044-1046.

140 Βλ. περισσότερα στόν Ἀ. Διομήδη Κυριακό, «Ὁ Δελλίγγερος», *Ἀντιπαπικά*, τόμ. Α΄, Ἐν Ἀθήναις 1893, σ. 145-150 [Βιβλιοθήκη τοῦ Συλλόγου τῶν Μικρασιατῶν «Ἀνατολή»].

141 Βλ. ἐνδεικτικά: Otto Kresten, *Eine Sammlung von Konzilsakten aus dem Besitze des Kardinals Isidoros von Kiev*. Wien 1976

142 Jacobus Merlini, *Conciliorum quatuor generalium, Niceni, Constantinopolitani, Ephesini, Calcedonensis...Collectio,*

λογή τοῦ φραγκισκανοῦ Petrus Crabbe, στόν β' τόμο τῆς ὁποίας συμπεριέλαβε τά Πρακτικά τῆς Φλωρεντινῆς Συνόδου[143]. Τήν τρίτη κατά σειρά Συλλογή ἑτοίμασε ὁ Franciscus Joverius[144], ὁ ὁποῖος ὡς *ὀγδόη* οἰκουμενική περιέχει τήν ἐναντίον τοῦ Φωτίου Σύνοδο. Ἑπόμενη Συλλογή εἶναι ἡ τετράτομη ἔκδοση πού ἑτοίμασε ὁ Laurentius Surius (Suhr)[145], στόν 4ο τόμο τῆς ὁποίας περιέχεται ἡ Φλωρεντινή Σύνοδος ὡς «ὀγδόη οἰκουμενική». Ἀκολουθεῖ ἡ ἔκδοση τῶν δύο «Δομένικων», Bollano καί Nicolini, ἡ πέμπτη κατά σειρά καί σέ πέντε τόμους, στήν Βενετία τό 1585. Ἄν καί μετά τήν ἔκδοση τῆς editio princeps (1577) τῶν Ἑλληνικῶν «Πρακτικῶν», περιέχει τήν μετάφραση τοῦ Ἀβράμου[146]. Ἀπό τίς πιό γνωστές Συλλογές Πρακτικῶν εἶναι αὐτή πού ἑτοίμασε ὁ Severinus Binius, γιά τήν ὁποία ἔγινε ἤδη ἀναφορά[147]. Ἡ συγκεκριμένη Συλλογή ἐπανεκδόθηκε

---

Tomus secundus, *Aliorumaliquot conciliorum generalium... Collectio*, Coloniae ¹1524, in folio· ἐπανεκδόθηκε ἄλλες δύο φορές, τό 1530, in 8ο (ἕνας μόνο τόμος), καί τό ³1535, in 8ο. Τό μόνο πού ἄλλαξε μετά τήν α' ἔκδοση ἦταν ὁ Πρόλογός του, τόν ὁποῖο ὁ σ. ἀναθεώρησε ὕστερα ἀπό τήν φυλάκιση του.

Τίς πληροφορίες γιά τίς σχετικές ἐκδόσεις, ἄντλησα κυρίως ἀπό τόν Franc. Salmonio, *Tractatus de studio Conciliorum eorumque collectionibus, Editio prima Latina: Cui nunc primum accessit Epitome Vit. Pontificum Romanorum, et Series Cronologica, per Centurias Disposita, Conciliorum*, Venetiis MDCCLXIV, 49-56, τό μόνο σχετικό ἔργο, μέχρο τό πιό πρόσφατο γιά τό ἴδιο θέμα τοῦ H. Quentin, *Jean-Dominique Mansi et les grands collections conciliaires*, Paris 1900, δέν κατάφερα νά τό βρῶ. Πολύ βοηθητικός γιά τήν παρουσία τῶν Ἑλληνικῶν «Πρακτικῶν» στίς διάφορες Συλλογές εἶναι καί ὁ κατάλογος ἔκθεσης, μέ θέμα τίς ἔντυπες ἐκδόσεις τῶν «Πρακτικῶν» τῆς Φλωρεντινῆς Συνόδου, πού ἑτοίμασε ὁ Paolo Pastori, «Le edizioni a stampa degli Atti del Concilio di Firenze del 1439», καί συμπεριλήφθηκε στά Πρακτικά τοῦ Συνεδρίου: *Firenze e il Concilio del 1439* Convegno di Studi Firenze, 29 novembre - 2 decembre 1989 (ed. P. Viti), Firenze 1994, I-II [Biblioteca Storica Toscana XXIX], ὁ Κατάλογος στόν 2ο τόμο,σ. 949-970. Τό ἄρθρο τοῦ J.Giil, «The Printed Editions of the Practica of the Council of Florence», στό θέμα τῶν ἐκδόσεων πολύ περιεκτικό καί δέν παρακολουθεῖ ὅλες τίς σχετικές ἐκδόσεις.

143 Πρόκειται γιά τόν πρῶτο πού ἐπιλέγει τό χρονολογικό κριτήριο γιά τήν κατάταξη τῶν Πρακτικῶν: Petrus Crabbe, *Concilia omnia...*, Coloniae ¹1538, 2 vol., in folio, tom. secundus: incipit a quinto Constantinopolitano et definit in Florentinum, ... interprete Abrahamo Cretense..., στίς σ. 753-810, ἐνῶ στήν 2ᵑ ἔκδοση, 1551, συμπεριλήφθηκε στόν 3ο τόμο: *Conciliorum omnium...,a Synodo Basileensi usque ad Concilium universale Tridentium*, στίς σ. 371-479.

144 Franciscus Joverius, *Sanctiones Ecclesiasticae tam Synodica quam Prontificiae in tres classes dinstinctae*, Coloniae 1549, Parisiis ²1555.

145 Laurentius Surius, *Conciliorum omnium generalium..., Tomus quartus, Concilium Basileense cum notis, Concilium Ferrariense et Florentinum...*, Coloniae 1567, in folio.

146 Domenico Nicolini - Domenico Bollano, *Conciliorum omnium ...*, Venetiis 1585, I-IV. Ἡ Σύνοδος τῆς Φλωρεντίας στόν τέταρτο τόμο, στις σ. 779-896. Τυπώνεται στό τυπογραφεῖο τοῦ Domenico Nicolini.

147 Βλ. ὑποσ. 10. Ἡ Σύνοδος τῆς Φλωρεντίας περιέχεται στό α' τεῦχος τοῦ 4ου τόμου, στίς σ. 411-480, ἐνῶ στίς σ. 495-506 τά σχετικά σχόλια, ἀνάμεσα στά ὁποῖα πληροφορίες γιά τήν Σύνοδο ἀπό τόν Χαλκοκονδύλη, ἡ ἀφιερωματική ἐπιστολή τοῦ Ἀβράμου, τά σχόλια τοῦ Surius περί τῆς *ὀγδόης οἰκουμενικῆς συνόδου*, καί τό σχόλιο τοῦ Possevinus σχετικά μέ τήν διαφορά μεταξύ τῶν δύο ἑλληνικῶν «Πρακτικῶν» τῆς

άλλες δύο φορές, αὐτήν τήν φορά ὅμως μέ τά Ἑλληνικά «Πρακτικά», γι' αὐτό καί ἐπανέλθουμε σ' αὐτήν στήν ἑπόμενη παράγραφο. Ὁ A. Mercati ἀναφέρει ἀκόμα μία Συλλογή μέ τήν μετάφραση τοῦ Ἀβράμου, τήν τελευταία, αὐτήν τοῦ L. Bail (1674)[148] καί μ' αὐτήν φαίνεται πώς κλείνει ὁ συγκεκριμένος κύκλος τῶν Ἑλληνικῶν «Πρακτικῶν».

## ΙΙ. Ἐκδόσεις Συλλογῶν Πρακτικῶν μέ τά Ἑλληνικά «Πρακτικά» καί λατινική μετάφραση τοῦ Ματθαίου Καρυόφυλλου

Μετά τήν νίκη στήν ναυμαχία τῆς Ναυπάκτου (1571), οἱ συνθῆκες προοιωνίζονταν ἰδιαίτερα εὐνοϊκές γιά τά φιλόδοξα σχέδια τοῦ πάπα Γρηγορίου ΙΓ΄ γιά τήν Ἀνατολή, συνεπῶς καί μία καλή εὐκαιρία γιά τήν παραμελημένη γιά καιρό ἕνωση μέ τήν Ὀρθόδοξη Ἐκκλησία. Οἱ ἀποφάσεις τῆς Συνόδου τῆς Φλωρεντίας ἦταν περισσότερο ἀπό ποτέ ἀπαραίτητες, ὅμως ὁ ἴδιος ἦταν παρών στίς ἐργασίες τῆς Συνόδου τοῦ Τριδέντο, ὅπου ἐπισήμως διαπιστώθηκε ἡ ἀπώλεια τῶν Πρακτικῶν τῆς Φλωρεντίας. Ζήτησε λοιπόν ἀπό τόν ἑλληνομαθῆ σιεννέζο Fabio Benevoglienti[149], νά μεταφράσει στά λατινικά τά Ἑλληνικά «Πρακτικά», πού γνώριζε ὅτι ὑπάρχουν στίς βιβλιοθῆκες τῆς Ρώμης. Αὐτός, σύμφωνα μέ τόν Laurent, προετοιμάστηκε φιλότιμα προκειμένου νά ἔχει καλύτερο ἀποτέλεσμα ἀπό τήν προσπάθεια τοῦ Ἀβράμου, τήν μετάφραση τοῦ ὁποίου ἔκρινε «in molti luoghi imperfetta e defettiva»[150]. Τελικά, ἄγνωστο ὅμως γιατί, ἀντί τῆς ἀναμενόμενης λατινικῆς μετάφρασης προέκυψε ἡ ἔκδοση τῆς γνωστῆς μας ἑλληνικῆς editio princeps (1577), ἐνῶ ὁ Benevoglienti ἐπικεντρώθηκε στήν μετάφραση τῆς Ψευδο-Γενναδείας πραγματείας, ἡ ὁποία τυπώθηκε δύο χρόνια ἀργότερα, τό 1579. Ἡ ἀνάγκη ὡστόσο γιά κείμενο τῶν «Πρακτικῶν» τῆς Φλωρεντίας, πού νά εἶναι κατανοητό ἀπό τό εὐρύ εὐρωπαϊκό ἀναγνωστικό κοινό, ἐξακολουθοῦσε νά εἶναι διαρκής. Ἡ λατινική μετάφραση, πού ἑτοίμασε ὁ Ματθαῖος Καρυόφυλλος[151], φαίνεται πώς πληροῦσε τίς προϋποθέσεις αὐτῆς τῆς ὑψηλῶν προδιαγραφῶν ἀπαίτησης, ὥστε νά συμπεριληφθεῖ στήν ἐπίσημη ἔκδοση Πρακτικῶν τῆς Ἐκκλησίας τῆς Ρώμης, τήν editio romana[152].

---

Συνόδου (Ἀβράμου καί 1577) ὡς πρός τό «ὑπαρκτικῶς» καί «ἀρχικῶς». Αὐτήν καί τήν προηγούμενη Συλλογή, τοῦ Surius, γνωρίζει καί χρησιμοποιεῖ καί ὁ Μελέτιος Ἀθηνῶν στήν Ἐκκλησιαστική Ἱστορία του, βλ. περισσότερα παρακάτω.

148 L. Bail, Summa Conciliorum omnium, Paris 1674, Βλ. A. Mercati, Il decreto d' unione ..., σ. 5-6, ὑποσ. 1.

149 V. Laurent, La nouvelle édition..., σ. 203. Τοῦ ἰδίου, L' edition princeps..., σ. 172-177.

150 V. Laurent, L' edition princeps..., σ. 187.

151 Βλ. περισσότερα παρακάτω, ὑποκεφ. «Αὐτοτελεῖς ἐκδόσεις»

152 Τό τοπίο στίς ἐκδόσεις τῶν Συλλογῶν Πρακτικῶν, ἀπό προσωπική πρωτοβουλία τῶν ἐνδιαφερομένων, ὅταν ἐμφανίστηκε τόν 16ο αἰ., ἄρχισε τόν ἑπόμενο αἰώνα νά ἀλλάζει, μέ τήν πρωτοβουλία τώρα νά τίθεται ὑπό τήν

Η *editio romana* (1608-1612)[153], ὅπως ἦταν ἄλλωστε φυσικό, ἔγινε σημεῖο ἀναφορᾶς. Στόν 4ο τόμο της συμπεριλήφθηκε ἡ Σύνοδος τῆς Φλωρεντίας, δηλαδή, ἡ editio princeps τῶν Ἑλληνικῶν «Πρακτικῶν», μαζί μέ τήν νέα λατινική μετάφρασή τοῦ Καρυόφυλλου[154]. Ἔκτοτε, ἡ μετάφραση αὐτή στάθηκε ἡ «ἐπίσημη» πρόσβαση στήν Φλωρεντινή Σύνοδο ὅσων δέν γνώριζαν τήν ἑλληνική γλῶσσα. Ὡστόσο, ἀξίζει νά ἀναφερθεῖ, ὅτι στήν τριαντακονταετία (1577-1612) πού μεσολάβησε μεταξύ τῶν δύο ἐκδόσεων, τῆς editio princeps καί τῆς *editio romana*, τά Ἑλληνικά «Πρακτικά» γνώριζαν ἰδιαίτερη ἐκδοτική ἄνθηση στήν περιοχή τῆς Ρουθηνίας, ὅπου πολύ νωρίς μεταφράστηκαν στίς ἐθνικές γλῶσσες τῆς περιοχῆς. Ἐπ' αὐτοῦ ὅμως γίνεται ἀναλυτικότερος λόγος παρακάτω.

Ἀκολούθησε ἡ β' ἔκδοση (1618) τῆς γνωστῆς Συλλογῆς Πρακτικῶν τοῦ Binius. Σ' αὐτήν, ἡ λατινική μετάφραση τοῦ Ἀβράμου γιά τήν Σύνοδο τῆς Φλωρεντίας ἀντικαθίσταται μέ τό κείμενο τῶν Ἑλληνικῶν «Πρακτικῶν» παράλληλα μέ τήν λατινική μετάφραση τοῦ Ματθαίου Καρυόφυλλου[155].

Ἡ ἑπόμενη ἔκδοση μέ Συλλογή Πρακτικῶν, ἡ γνωστή ὡς *Collectio regia* (1644)[156], ἀνοίγει τόν ἄλλο μνημειώδη κύκλο ἐκδόσεων. Στούς 37 τόμους της, σέ πολυτελές χαρτί καί μέ κομψά τυπογραφικά στοιχεῖα, ὅπως ἄλλωστε ἁρμόζει σέ ὅ,τι φέρει βασιλική σφραγίδα, ἔχουν συμπεριληφθεῖ γιά πρώτη φορά πολλές σύνοδοι (κυρίως τῆς Γαλλίας), ἀλλά καί διάφορες μελέτες κανονικοῦ ἐνδιαφέ-

---

αἰγίδα ἐπίσημων φορέων, ὅπως τοῦ Βατικανοῦ καί τοῦ βασιλικοῦ οἴκου τῆς Γαλλίας. Οἱ ἐκδόσεις πλέον προετοιμάζονται καλύτερα, καί τό ἀποτέλεσμά τους ἔχει μεγαλύτερη χρονική διάρκεια. Ἔτσι προέκυψαν οἱ μνημειώδεις: *editio romana*, ὑπό τήν αἰγίδα τοῦ Πάπα Παύλου Ε' καί *editio regia*, μερικές δεκαετίες ἀργότερα στό Παρίσι, ἐνῶ ὅλες οἱ ὑπόλοιπες ἐκδόσεις νά κινοῦνται γύρω ἀπό αὐτές.

153 *Conciliorum generalium Ecclesiae catholicae. Tomus quartus, Sancta generalis Florentina Synodus*, Romae 1612, in folio, [ ex Typographia reverendae Camerae Apostolicae], στίς σ. 301-707.

154 Τήν πληροφορία αὐτή δίνει ὁ Gill, The Printed Editions, …, .σ. 488, πού τήν στηρίζει στήν ἀκόλουθη ἀναφορά πού ὑπάρχει στόν γενικό Κατάλογο, στό τέλος τοῦ Γ' τόμου τῆς ἐν λόγω ἔκδοσης: «Consilium Florentinum Greacum, juxta exemplar impressum, et diligenter recognitum cum versione nova, interprete Joan. Matthaeo Caryophilo Cretensi». Τό «νέα» δέν ἔχει διευκρινισθεῖ, ἄν ἀναφέρεται σέ προηγούμενη μετάφραση τοῦ Καρυόφυλλου ἤ στήν προϋπάρχουσα τοῦ Ἀβράμου.

155 Ὁ τίτλος της πλέον διαμορφώθηκε ὡς ἑξῆς: Severini Binii, *Concilia Generalia, et Provincialia, Graeca et Latina quaecunqae preperiri potuerunt, Item Epistolae Decretales*, …., Coloniae Agrippinnae, Anno M.DC. XVIII. Ἡ Σύνοδος τῆς Φλωρεντίας συμπεριλήφθηκε στόν 4ο τόμο, σ. 413-611, μαζί μέ ἄλλα σχετικά κείμενα (ἡ πραγματεία τοῦ Ψευδο-Γεννάδιου, ἡ Ἀπολογία τοῦ Ἰωσήφ Μεθώνης τοῦ Πλουσιαδηνοῦ κ.ἄ.), καί στίς σ. 723-732, ὡς «ὑποσημειώσεις», ἐπανεκδόθηκαν τά σχόλια τοῦ ἴδιου, τοῦ Surius κ.ἄ., καθώς καί ἡ γνωστή μας ἀφιερωματική ἐπιστολή τοῦ Ἀβράμου. Μέ τόν ἴδιο τίτλο κυκλοφορεῖ ἡ ἐν λόγω Συλλογή σέ τρίτη ἔκδοση, τό 1636.

156 *Conciliorum Generalium ac Provincialium Collectio Regia*, Parisiis, ex Typographia regia, anno 1644.

*Ἡ editio princeps τῶν Ἑλληνικῶν «Πρακτικῶν» (1577) τῆς Συνόδου Φερράρας-Φλωρεντίας*

ροντος. Γιά τήν Σύνοδο τῆς Φλωρεντίας, ἐκτός τῶν Ἑλληνικῶν «Πρακτικῶν», συμπεριλήφθηκε καί ἡ συλλογή γνωστή ὡς «λατινικά Πρακτικά» τῆς Φλωρεντινῆς Συνόδου, πού ἐξέδωσε λίγο πρίν ὁ Horatius Justiniani[157], τά ὁποῖα ὁ Λέων Ἀλλάτιος ἰσχυρίζεται[158], ὅτι ὁ Justiniani σφετερίστηκε ἀπό τόν ἴδιο.

Μέ βάση τήν editio regia, πρός τήν κατεύθυνση τῆς περαιτέρω συμπληρώσής της, ἑτοιμάστηκε καί ἡ ἐξίσου γνωστή Συλλογή Πρακτικῶν τῶν Philippus Labbaeus καί Gabriel Cossartius[159], στόν 13ο τόμο τῆς ὁποίας ἐπανεκδόθηκε ἡ Σύνοδος τῆς Φλωρεντίας. Ἀκολούθησε ἡ Συλλογή Πρακτικῶν τοῦ Stephanus Baluzius[160], ἡ ὁποία ἔγινε κυρίως γνωστή, διότι οἱ δικές της προσθῆκες της στά μέχρι τότε γνωστά Πρακτικά συμπεριλήφθηκαν καί στήν β΄ ἔκδοση (1732) τῆς Συλλογῆς τῶν Philippus Labbaeus καί Gabriel Cossartius, στήν Βενετία πλέον, μέ τήν φροντίδα τοῦ Coleti[161]. Στόν ἴδιο κύκλο καί στόν ἴδιο ἐκδοτικό τύπο ἐντάσσεται καί ἡ γνωστή ἔκδοση τοῦ Johannis Harduin, ἡ προτελευταία τῆς σειρᾶς τῶν μεγάλων ἐκδόσεων μέ Συλλογές Πρακτικῶν, ἡ ὁποία γνώριζε μεγάλη διάδοση, ἀκόμα καί μετά τήν ἔκδοση τοῦ Mansi. Ἡ Σύνοδος τῆς Φλωρεντίας περιέχεται στόν 9ο τόμο της[162].

---

157  *Acta Sacri Oecumenici Concilii Florentini* ab Horatio Iustiniano ... Collecta, Disposita, Illustrata. Romae MDCXXXVIII. Στήν Collectio Regia (Parisiis 1644) συμπεριλήφθηκαν στόν 33ο τόμο της, στίς σ. 1-688.

158  Ὅπως ὁ ἴδιος ὁ Ἀλλάτιος μαρτυρεῖ, (*Exercitationes* ..., σ. 71-72), ὁ ἴδιος συγκέντρωνε γιά καιρό ἀπό τό Βατικανό ἀρχεῖο καί τίς διάφορες βιβλιοθῆκες τῆς Ρώμης ὁ,τιδήποτε σχετικό μέ τήν Σύνοδο τῆς Φλωρεντίας καί τά ἑτοίμαζε πρός ἔκδοση, μαζί τό *Diarium* τοῦ παρόντα στήν Σύνοδο Andrea da Santa Croce. Ἀνήγγειλε τήν πρόθεσή του δημοσίως (*Apes urbanae* ..., 1633), τήν συζήτησε δέ καί μέ τόν *custode primario* τῆς Βατικανῆς βιβλιοθήκης, τόν Horatio Iustiniani. Ὡστόσο εἶδε μετά ἀπό λίγο ὅλο τό ὑλικό τῆς προεργασίας του («meis schedis», γράφει) δημοσιευμένο ἀπό τόν Iustiniani, ὁ ὁποῖος μάλιστα, σύμφωνα πάντοτε μέ τόν Ἀλλάτιο, «Non mentior, schedas ipsas ab eodem,..., multis in locis manu sua interpolates». Ἡ ἔκδοση Iustiniani συνέχισε τήν πορεία της, ἀλλά δύομισυ περίπου αἰῶνες ἀργότερα, ὅταν ὁ Eugenio Cecconi ἐρευνοῦσε στίς βιβλιοθῆκες γιά τίς ἀνάγκες τοῦ *Studi storici sul Concilio di Firenze, con Documenti inediti o nuovamente dati alla luce sui manoscritti di Firenze e di Roma*, Roma 1869, εἶχε τήν τύχη, ὅπως λέει ὁ ἴδιος, νά βρεῖ στήν βιβλιοθήκη Vallicelliana, τόν αὐτόγραφο κώδικα τοῦ Ἀλλάτιου μέ ὅλο τό ὑλικό πού εἶχε συγκεντρώσει γιά τήν Φλωρεντινή Σύνοδο, ἐπαληθεύοντας μέ τόν πλέον ἀδιάψευστο τρόπο τήν καταγγελία τοῦ Ἀλλάτιου, σ. [52-53].

159  Philip. Labbei, et Gabr. Cossartii, *Sacrosancta Concilia ad Regiam editionem exacta* ..., Lutetiae Parisiorum 1672, ἡ Σύνοδος στίς σ. 1-676.

160  Stephanus Baluzius, *Nova collection conciliorum* ..., Parisiis 1683, in folio.

161  Ἡ ἔκδοση αὐτή, γνωστή ὡς Labbeaus - Coleti, ἔχει τόν ἀκόλουθο τίτλο: *Sacrosancta Concilia ad Regiam editionem exacta, Quae olim quarta parte prodiit auctior studio Philip. Labbei, et Gabr. Cossartii, ..., nunc vero integre insertis Stephani Baluzii, et Johannis Harduini additamentis, ..., curante Nicolao Coleti.*, Venetiis MDCCXXXII. Ἡ Σύνοδος τῆς Φλωρεντίας στόν τόμο 18, (γιά τά ἔτη 1438-1439), στίς σ. 5-540.

162  Acta Conciliorum et Epistolae Decretales , ac Constitutiones Summorum Pontificum. Tomus nonus. Ab anno MCCCCXXXVIII. ad annum MDXLIX. Parisiis, ex typographia regia. MDCCXIV. Ἡ Φλωρεντινή Σύνοδος ἀρχίζει τόν τόμο, σ. 1-434. Ὁ Harduin φρόντισε νά συμπεριλάβει καί τά Πρακτικά πολλῶν συνόδων τῆς Ἀνατολικῆς Ἐκκλησίας,

Τό κύκλο τῶν ἐκδόσεων Συλλογῶν Πρακτικῶν κλείνει ἡ μέχρι καί σήμερα ἐν χρήσει σειρά *Sacrorum Conciliorum Nova, et amplissima Collectio,* πού ἐξέδωσε ὁ Johannes Dominicus Mansi[163], ὁ ὁποῖος στά σαράντα χρόνια πού ἀσχολήθηκε (1759-1798) ἐξέδωσε 31 τόμους, μέ τελευταῖο αὐτόν μέ τά Πρακτικά τῶν Συνόδων Βασιλείας (λατινικά), Φλωρεντίας (editio princeps καί λατινική μετάφραση τοῦ Καρυόφυλλου). Ἕναν αἰῶνα ἀργότερα, διάφορα σχετικά μέ τήν Φλωρεντινή Σύνοδο κείμενα (Λατινικά «Πρακτικά, Ψευδο-Γεννάδειος πραγματεία, Ἀπολογία τοῦ Ἰωσήφ Μεθώνης τοῦ Πλουσιαδηνοῦ κ.ἄ.) συμπεριλήφθηκαν σέ συμπληρωματικό τόμο (31Β), πού ἐκδόθηκε τό 1901 στό Παρίσι, «ψευδώνυμα»: Florentinus et Venetianus editores[164]. Ἡ πρωτοβουλία ἦταν τῶν Louis Petit καί Jean Baptiste Martin, οἱ ὁποῖοι καί εἶναι οἱ *Florentinus et Venetianus editores*[165].

### III. Αὐτοτελεῖς ἐκδόσεις τῶν Ἑλληνικῶν «Πρακτικῶν»

Πρός τά τέλη τοῦ 1577, ὅπως ὅλα δείχνουν, ὁλοκληρώθηκε ἡ ἔκδοση τῆς editio princeps τῶν Ἑλληνικῶν «Πρακτικῶν». Τότε εἶναι πού ἄρχισε καί ἡ ἐνδιαφέρουσα καί πρός πολλές κατευθύνσεις διαδρομή της, μέ πρώτη-πρώτη αὐτήν πρός τά βόρεια, πρός τήν Μόσχα, στίς ἀποσκευές τοῦ ἰησουΐτη Antonio Possevino, γιά τήν ὁποία γίνεται λόγος στό ἐπόμενο κεφάλαιο. Μέ τήν «ἐνσωμάτωσή» τους στήν ἐπίσημη editio romana πρῶτα καί στήν παρισινή ἔκδοση ἀργότερα, τά Ἑλληνικά «Πρακτικά» καί μέσω αὐτῶν ἡ Σύνοδος τῆς Φλωρεντίας ἔγιναν προσβάσιμα στόν καθένα ἐνδιαφερόμενο, γεγονός πού θά περίμενε κανείς ὅτι ἐκδοτικά θά σήμαινε τήν ὁλοκλήρωση τοῦ κύκλου. Δέν συνέβη ὅμως αὐτό. Ἀντίθετα, ὑπῆρξε συνέχεια, καί μάλιστα ἄκρως ἐνδιαφέρουσα.

Δύο δεκαετίες περίπου μετά τήν κυκλοφορία τῆς editio romana, τυπώνεται στήν Ρώμη καί κυκλοφορεῖ αὐτοτελῶς ἕνα δίτομο ἔργο, μέ δίγλωσσο (ἑλληνικό καί λατινικό) τίτλο *Ἡ ἁγία καί οἰκουμενική ἐν Φλωρεντίᾳ Σύνοδος*[166]. Ὁ α΄ τόμος περιέχει σέ δύο στῆλες τά Ἑλληνικά «Πρακτικά» καί τήν λατινική τους

---

παλαιότερες (Ἡσυχαστικές, ἀπό τήν ἔκδοση τοῦ Combefis), ἀλλά καί πιό σύγχρονες (τήν Ἱεροσολυμιτική τοῦ 1672 κ.ἄ.). Στήν ἔκδοση αὐτή παραπέμπουν κατά κύριο λόγο οἱ Hefele - Leclercq, Histoire des Conciles, ...

163  Johannes Dominicus Mansi, *Sacrorum Conciliorum Nova et amplissima Collectioin qua praeter ea, quae Phil. Labbaeus, et Gabr. Cossartius. Et novissime Nicolaus Coleti in lucem edidere, et omnia insuper in suis locis optime disposita exhibentur, ..., tomus trigesimus primus, Ab anno MCCCCXL usque ad orationem Scholarii ad Synodum de pace.* Venetiis 1798, in folio.

Τά Πρακτικά τῆς Συνόδου τῆς Φλωρεντίας βρίσκονται στις στ. 463-1045.

164  *Sacrorum Conciliorum Nova et amplissima Collectio cujus Johannes Dominicus Mansi et post ipsius mortem Florentinus et Venetianus editors, Ab anno 1758 ad annum 1798, priores triginta unum tomos ediderunt nunc autem continuata et, Deo favente, absoluta.* [Paris 1901]

165  P. Pastori, Le Edizioni ..., σ. 956.

166  Ὁ ἀκριβής τίτλος ἔχει ὡς ἑξῆς: *Ἡ ἁγία καί οἰκουμενική ἐν Φλωρεντίᾳ Σύνοδος. Τόμος πρῶτος. Sancta generalis Florentina Synodus. Tomus primus. Excudebat Stephanus Paulinus.* Βλ. É. Legrand, ΒΗ, 17ᵉ, Ι, σ. 265-266,ἀρ. 187. Ἡ ἔκδοση αὐτή συχνά ἀναφέρεται ὡς «ἔκδοση Paulinus», βλ. ἐνδεικτικά καί τήν προαναφερθεῖσα ἀναφορά τοῦ Βλαστοῦ.

*Ή editio princeps τῶν Ἑλληνικῶν «Πρακτικῶν» (1577) τῆς Συνόδου Φερράρας-Φλωρεντίας*

μετάφραση (σ. 1-677). Τοῦ κειμένου τῶν «Πρακτικῶν» προηγοῦνται, χωρίς σελιδαρίθμηση καί τυπωμένα στό recto τοῦ φύλλου, ὁ πρόλογος *Τοῖς ἐντευξομένοις* καθώς καί *Ὑπόθεσις τῆς ἁγίας καί οἰκουμενικῆς ἐν Φλωρεντίᾳ Συνόδου*, μέ τήν λατινική τους μετάφραση στό verso τοῦ φύλλου[167]. Ἡ ἔκδοση αὐτή, ἄν καί ἀνώνυμη, μπορεῖ νά εἰπωθῆ ὅτι φέρει τήν σφραγίδα τοῦ Ματθαίου Καρυοφύλλου[168], ἀφοῦ ὅλα σ' αὐτήν, πλήν τοῦ κειμένου τῶν Ἑλληνικῶν «Πρακτικῶν», εἶναι ἔργα δικά του: ὁ πρόλογος καί ἡ μετάφρασή του, ἡ εἰσαγωγή καί ἡ μετάφρασή της, καθώς καί ἡ μετάφραση τῶν Ἑλληνικῶν «Πρακτικῶν». Ἔτος ἔκδοσης δέν σημειώνεται στό ἔντυπο. Εἶναι βέβαιο ὅμως ὅτι τυπώθηκε μετά τήν editio romana (1608-1612) καί πρίν ἀπό τό 1632, διότι κατά τό ἔτος αὐτό συμπεριλαμβάνεται σέ ἀπαρίθμηση ἔργων τοῦ Καρυοφύλλου[169]. Ὁ É. Legrand, στόν ὁποῖο συνήθως παραπέμπουν ὅλοι, δίνει ἔτος ἔκδοσης τό 1629, βασιζόμενος, ὅπως σημειώνει ὁ ἴδιος, σέ ἀναφορά τοῦ Ζαβίρα[170], τήν ὁποία οὔτε ὅμως κι αὐτός τεκμηριώνει. Συνδέεται προφανῶς μέ τήν γενικότερη ἐκδοτική δραστηριότητα τοῦ Καρυοφύλλου, τοῦ ὁποίου ἡ *μεταγλώττισις εἰς τό ἰδιωτικόν μίλημα* τῆς Ψευδο-Γενναδείας πραγματείας κυκλοφόρησε τήν προηγούμενη χρονιά[171]. Δέν ἀναφέρεται ἐπίσης ὁ τυπογράφος τῆς ἔκδοσης. Τά ἑλληνικά τυπογραφικά στοιχεῖα του, πάντως, φαίνονται σχεδόν ἴδια μέ αὐτά τοῦ Φραγκίσκου Ζανέτου, τῆς editio princeps δηλαδή, μέ ἐλάχιστες διαφορές[172]. Ὁ V. Peri[173] ἀναφέρει, ὅτι ἡ

---

167 Ἡ *Ὑπόθεσις...*, αὐτή στίς μετά τήν editio romana Συλλογές Πρακτικῶν παρατίθεται λατινικά ὡς «Πρόλογος τοῦ Ματθαίου Καρυοφύλλη» καί προηγεῖται τῶν Ἑλληνικῶν «Πρακτικῶν», κειμένου καί λατινικῆς μετάφρασης.

168 Γιά τόν Ἰωάννη Ματθαῖο Καρυόφυλλο ἤ Καρυόφυλλου (1565ἤ 1566-1635) βλ. ἐνδεικτικά: Leonis Allatii, *Apes Urbanae, sive De viris illustribus, qui ad anno MDCXXX, per totum MDCXXXII, Romae adfuerunt, ac Typis aliquid evulgarunt*. Romae MDCXXXIII, ἡ ἀναφορά στόν *Ioannes Matthaeus Caryophilus Cretensis Archiepiscopus Iconiensis* καί τά ἔργα του στίς σ. 162-163. P. P. Rodotá, *Dell' origine progresso, e stato presente del rito greco in Italia*. libro terzo, *Degli Albanesi, Chiese Greche moderne, e Collegio Greco in Roma*, in Roma MDCCLXIII, σ. 165-166. Γ. Ζαβίρας, *Νέα Ἑλλάς, ἤ Ἑλληνικόν Θέατρον*, Θεσσαλονίκη 1972, σ. 354-355 (ἀνατύπωση α' ἔκδοσης, Ἑταιρεία Μακεδονικῶν Σπουδῶν, Ἐπιστημονικαί Πραγματεῖαι, Σειρά Φιλολογική καί Θεολογική, 11]. Κ. Σάθας, *Νεοελληνική Φιλολογία, ...*, σ. 264-266. Γιά τήν συγκεκριμένη ἔκδοση βλ. καί σημ. 21.

169 Leonis Allatii, Apes Urbanae, sive De viris illustribus, qui ad anno MDCXXX, per totum MDCXXXII, Romae adfuerunt, ac Typis aliquid evulgarunt. Romae MDCXXXIII, ἡ ἀναφορά στόν *Ioannes Matthaeus Caryophilus Cretensis Archiepiscopus Iconiensis* καί τά ἔργα του στίς σ. 162-163: «Concilium Florentinum. Sepius editum».

170 Γ. Ζαβίρας, *Νέα Ἑλλάς,...*, σ. 354-355.

171 Περισσότερα παρακάτω, στίς τελευταῖες παραγράφους.

172 Στήν «ἔκδοση τοῦ Paulinus» χρησιμοποιοῦνται λιγότερες λιγατοῦρες καί περισσότερα κεφαλαῖα γράμματα ὡς ἀρχικά κυρίων ὀνομάτων. Ἄν καί φαίνεται νά διαφέρουν καί κάποια γράμματα, ἡ πρόχειρη σύγκριση δείχνει, π.χ., ὅτι ἔχει δύο διαφορετικά «τ» καί «π» ὁ Ζανέτης, τά ὁποῖα δέν χρησιμοποιεῖ μέ τήν ἴδια σειρά στίς ἴδιες λέξεις ὁ «Paulinus».

173 V. Peri, *Ricerche ...*, σ. 30-31 καί ὑποσ. 13.

*Ευαγγελία Αμοιρίδου*

ἔκδοση αὐτή προοριζόταν νά μοιράζεται δωρεάν στούς ἕλληνες καί πραγματοποιήθηκε στό πλαίσιο τῆς πρότασης, πού εἶχε διατυπώσει μισό αἰῶνα πρίν ὁ G. Viviani, ὅτι θά ἦταν πολύ χρήσιμη ἡ ἔκδοση τῶν Ἑλληνικῶν «Πρακτικῶν» μαζί μέ ἔργα τῶν Βησσαρίωνα, Τραπεζούντιου, Σχολάριου καί ἄλλων, μέ σκοπό νά διανεμηθοῦν στούς Ἕλληνες[174]. Ἡ θέση αὐτή ἀφήνει ἀναπάντητο τό ἐρώτημα, γιατί σέ μία προοριζόμενη γιά τούς Ἕλληνες ἔκδοση, ὅπως θεωρητικά αὐτή τοῦ 1629, συμπεριλαμβάνεται καί λατινική μετάφραση, ἡ ὁποία α) εἶναι περιττή, ἀφοῦ κανείς δέν γνωρίζει -καί δέν χρειάζεται - τήν γλῶσσα, β) διπλασιάζει τόν ὄγκο τοῦ ἐντύπου, ἄρα τό κάνει πιό δύσχρηστο, καί γ) καθιστᾶ ἀπολύτως ἐμφανῆ τόν προπαγανδιστικό του σκοπό.

Δυόμισυ περίπου αἰῶνες ἀργότερα, τό 1864, τυπώθηκε στήν Ρώμη *Ἡ ἁγία καί οἰκουμενική ἐν Φλωρεντίᾳ Σύνοδος, διά μοναχοῦ Βενεδικτίνου*. Εἶναι μία λιτή ἔκδοση, ἐπίσης χωρίς τά συνήθη στοιχεῖα τῆς ταυτότητας ἑνός βιβλίου (συγγραφέας ἤ ἐπιμελητής, τυπογράφος, κ.λπ). Μοναδικό "ὑπαινικτικό" στοιχεῖο τῆς προέλευσής της συνιστοῦν τά παπικά σύμβολα (τιάρα κ.ἄ.) στό ἐξώφυλλο, στήν θέση τῆς τυπογραφικῆς σφραγίδας. Πρόκειται γιά ἐπανέκδοση, σέ ἕναν τόμο πλέον, μόνο τῶν ἑλληνικῶν κειμένων ἀπό τούς δύο τόμους τῆς προηγούμενης ἔκδοσης (1629), δηλαδή, τά κείμενα τοῦ Καρυόφυλλου[175], τά Ἑλληνικά «Πρακτικά», καθώς καί οἱ ὑπόλοιπες πραγματεῖες. Τό ἐνδιαφέρον στήν ἔκδοση αὐτή εἶναι, ὅτι στό περιθώριο τοῦ κειμένου τῶν Ἑλληνικῶν «Πρακτικῶν» προστέθηκαν καί ἀναγνώσεις ἄλλων - ἀδήλωτων - χειρογράφων, ἐκτός ἀπό τό κείμενο τοῦ Ὅρου, ὅπου γίνεται λόγος γενικά γιά «δίπτυχο»[176].

---

174 «…, io, quantunque minimo fra tutti, havendo presa particolare instruttione di tutti li errori et ignanni detti, mentre che per spatio di anni ventitre ho fatto residentia in Levante nella mia Chiesa et havendo per esperientia visto che, oltra ogni altro offitio da me fatto con cathechismi et altri decreti, principalmente la lettura greca della Sinodo Fiorentina remove dalla mente de' Greci ogni errore et gli rende capaci del gran dolo et inganno che detto Epheso gli ha fatto, et gli riduce efficacemente a dovere sentire et conformasi con Latini, perciò si discourse che opera molto pia et dig ran benefitio sarebbe il fare ponere detta Sinodo in stampa greca, acciò facilmente potesse venire in mano di tutti, che da tutti fosse letta, dove hora pochissimi la possono leggere, per non ritrovarsi forse più che duo transunti in tutta Grecia, oltra che, per povertà granda in che hora Greci si trovano, meno hanno il modo da farlo trascrivere. Molto utile sarebbe ancora di fare insieme stampare tutti li trattati greci, fatti già dal caldinale Bisarione, da Genadio Scolario, da Giovan Vecco, da Giorgio Trapesuntio et da alti savii et dotti greci, li quail, per giusta diffesa della verità catholica et per confutatione delle inique scritture di Marco Epheso, scrissero et fecero offitio gagliardissimo,…», εἶναι μερικές ἀπό τίς σκέψεις, πού περιέχει ἡ πρόταση Viviani, δημοσιευμένη ἀπό τόν Peri, Ricerche…, σ. 158-161 (τό ἀπόσπασμα στίς σ. 159-160).

175 Διαφέρουν λίγο μεταξύ τους στήν γλωσσική διατύπωση τά δύο «Τοῖς ἐντευξομένοις», μέ τό πρῶτο νά εἶναι πιό ἀρχαιοπρεπές.

176 Π. χ., σημειώνει στό περιθώριο: σ. 11, «ἐν ἄλλοις» καί «ἐν ἄλλῳ», σ. 25, «τά παρετεθειμένα λείπει ἔν τισιν ἀντιγράφοις», σ. 317, ἀπό ὅπου ἀρχίζει ὁ Ὅρος, «λείπει ἐν τῷ διπτύχῳ».

*Ἡ editio princeps τῶν Ἑλληνικῶν «Πρακτικῶν» (1577) τῆς Συνόδου Φερράρας-Φλωρεντίας*

Ὁ «Βενεδικτῖνος μοναχός» δέν εἶναι ἄλλος ἀπό τόν D. Anselmo Nickes (1825-1866), ὄντως μοναχό βενεδικτῖνο, ὁ ὁποῖος τήν ἑπόμενη χρονιά (Ρώμη 1865) ἐξέδωσε καί λατινική μετάφραση τῶν Ἑλληνικῶν «Πρακτικῶν». Πληροφορίες γιά τήν μετάφραση αὐτή δίνει ὁ Gill[177], ὁ ὁποῖος καί τήν προτίμησε γιά νά τήν συμπεριλάβει στήν κριτική του ἔκδοση τῶν Ἑλληνικῶν «Πρακτικῶν», μέ τήν ὁποία καί φαίνεται πώς ὁλοκληρώθηκε ὁ ἐκδοτικός κύκλος τους.

Ὡς πρός τίς μεταφράσεις τῶν Ἑλληνικῶν «Πρακτικῶν», ἐκτός ἀπό τήν λατινική, πού συμπεριλήφθηκε στήν editio romana (1608-1612), αὐτά μεταφράστηκαν καί ἐκδόθηκαν καί στά πολωνικά, στήν Κρακοβία τό 1609 - γιά τούς λόγους καί τίς περιστάσεις γύρω ἀπό αὐτήν θά γίνει ἀναλυτική ἀναφορά σέ ἑπόμενο κεφάλαιο. Δέν ἀποκλείεται ἡ πιθανότητα, νά ἐμφανίζονταν μεταφράσεις καί σέ ἄλλες ἐθνικές γλῶσσες, ἄν δέν εἶχε μεσολαβήσει ἡ γλωσσικά προσιτή στούς περισσότερους λατινική μετάφραση. Ἔχει ἴσως ἐνδιαφέρον νά ἀναφερθεῖ ἐδῶ, ἡ ἰδέα πού ἐμφανίστηκε στήν Ρώμη, ἄνοιξη τοῦ 1580, νά μεταφραστοῦν καί νά τυπωθοῦν τά Ἑλληνικά «Πρακτικά» καί στήν καθομιλούμενη ἑλληνική, προφανῶς γιά τήν ἀποτελεσματικότερη διάδοσή τους. Ἡ ἰδέα πῆρε τήν μορφή πρότασης πρός τόν γνωστό μας ἐπίσκοπο Gasparo Viviani, ἕναν ἀπό τούς ὑπεύθυνους τῆς editio princeps, νά ἀναλάβει ὁ ἴδιος τήν διεκπεραίωση καί αὐτοῦ τοῦ ἔργου. Ὁ Viviani ἀπάντησε ἀπορρίπτοντας συνολικά τήν πρόταση. Ἔχει ἰδιαίτερο ἐνδιαφέρον ὁ λόγος, τόν ὁποῖο ἐστιάζει στήν γνώση τῆς θρησκευτικῆς συμπεριφορᾶς τῶν ὀρθοδόξων Ἑλλήνων, τήν ὁποία ἀποκόμισε ἀπό τήν μακροχρόνια, πάνω ἀπό εἰκοσαετία, συμβίω-

---

177 J. Gill, Quae supersunt …,: σ. XC: «Versio latina in his voluminibus adhibita fundatur in illa Romae anno 1865 a "Monacho Benedictino" (D. Anselmo Nickes O.S.B.) edita, quae vicissim dependet a versione Matthaei Caryophyli secundae editionis (1629), quae tamen in nullo differ tab editione sua prima anni 1612». Ὁ ἴδιος, The Printed Editions., …, σ. 488, σημειώνει ὅτι ἡ αὐτοτελής ἔκδοση τοῦ 1629, τοῦ Καρυόφυλλου, «it was this that was used by Dom Nickes for his edition published in two volumes at Rome 1864. This last edition gives a few variant readings (the only one to do so)… and the Latin translation is founded on that of Caryophilus. Ἄν καί οἱ γνώσεις μου στά λατινικά δέν τό ἐπιτρέπουν, ἡ αἴσθηση πού ἀποκομίζω ἀπό τήν ἀνάγνωση τῶν δύο λατινικῶν μεταφράσεων τῶν «Πρακτικῶν» εἶναι, ὅτι πρόκειται γιά δύο διαφορετικοῦ χαρακτῆρα καί ὕφους μεταφράσεις: στήν μετάφραση τοῦ Καρυόφυλλου, «διαβάζει» κανείς σχεδόν καθαρά τά ἑλληνικά κάτω ἀπό τά λατινικά, σέ σύγκριση μέ τοῦ Nickes, πού εἶναι σαφῶς πιό λατινοπρεπής. Ἐνδεικτικά, τήν εἰσαγωγική πρόταση «Τήν μέν ἀπό Κωνσταντινουπόλεως εἰς Ἰταλίαν περίοδον, ὡς περιττήν οὖσαν, γραφῇ παραδοῦναι διά τό μῆκος ταύτην ἐάσω, τήν δέ εἰδέλευσιν ἡμῶν τήν εἰς Βενετίαν, ὡς λαμπράν καί αἰδέσιμον, ἔτι γε μήν καί ἀξίαν, ταύτην καί διηγήσομαι», ὁ μέν Καρυόφυλλος μεταφράζει: "Totam quidem navigationis seriem Constantinopoli in Italia, quia res esset, si scriptis mandaretur, prolixa omittam; ingressum vero nostrum Venetias quoniam splendidus fuit, et honorabilis, et sciptu dignus, narrabo", (Ἡ ἁγία καί οἰκουμενική.., (1629), σ. 2) καί ὁ Nickes "Quam transvectionem fecimus Constantinopoli in Italiam, eam quidem omittam mandare litteris ut supervacaneam propter longitudinem: de introitu autem nostro in urbem Venetorum, cum splendidus hic et honorificus fuerit et vero etiam dignus, narrare instituam", ὅπως τόν παραθέτει ὁ Gill,Que supersunt…, σ. 1.

σή του μαζί τους: κατ' ἀρχήν, γράφει ὁ Viviani, οἱ Ἕλληνες δέν θά διάβαζαν ἀπό μόνοι τους τήν Ἁγία Γραφή «ἐκλαϊκευμένη», πολύ λιγότερο θά διάβαζαν πρακτικά συνόδων ἤ πατερικά ἔργα. Ἐπιπλέον, τό ἴδιο τό περιεχόμενο τῶν πρακτικῶν εἶναι ἀπό μόνο του δύσκολο γιά τό ἐπίπεδο τῶν ἁπλοϊκῶν ἀνθρώπων, γι' αὐτό θά κατέφευγαν στούς γνωστές ἐπισκόπους καί ἱερεῖς τους, οἱ ὁποῖοι ὅμως οὕτως ἤ ἄλλως εἶναι σέ θέση νά διαβάζουν τά κείμενα καί νά τά κατανοοῦν, στήν γλώσσα πού ἤδη εἶναι γραμμένα. Ἐπίσης, ἐκτιμᾶ ὅτι ἕνα τέτοιο ἐγχείρημα δέν θά μποροῦσε παρά νά γίνει σέ γλώσσα καθαρή (ἐννοεῖ, χωρίς τούς ἰδιωματισμούς τῶν τοπικῶν διαλέκτων) καί εὔγλωττη, μέ τήν ὁποία νά μπορεῖ νά ἐκφραστεῖ ἡ ἀκριβής ἔννοια τόσο τῶν λέξεων ὅσο καί τῶν ἐννοιῶν τέτοιων κειμένων, καί ἡ κατά τόπους ὁμιλούμενη δημοτική γλῶσσα δέν προσφέρει αὐτήν τήν εὐχέρεια. Κρίνει δέ ὅτι αὐτό (τήν μεταγλώτισση, δηλαδή) θά μποροῦσε νά τό κάνει ἕνας κωνσταντινουπολίτης ἤ χιώτης, καλύτερα ἀπό ἕναν χανιώτη, πού λόγῳ τῆς Βενετοκρατίας ἔχει πιά νοθεύσει τήν μητρική του γλῶσσα[178]. Τελικά ἀπό τήν editio princeps μεταγλωττίστηκε μόνο ἡ Ψευδο-Γεννάδειος *Ἑρμηνεία τῶν πέντε κεφαλαίων*, ἀπό τόν Ματθαῖο Καρυόφυλλο, ὁ ὁποῖος μάλιστα ἤδη μέ τόν τίτλο δηλώνει ὅτι ἀμφισβητεῖ τόν πατριάρχη Γεννάδιο ὡς συγγραφέα της, καί ἐκδόθηκε τύποις τό 1628[179]. Ἀξίζει νά σημειωθεῖ, ὅτι ἡ συγκεκριμένη πραγματεία, λόγῳ τῆς ὑπεράσπισης τῶν παπικῶν θέσεων πού προσέφερε ἔναντι τόσο τῶν ὀρθοδόξων ὅσο καί τῶν προτεσταντῶν, - καί μάλιστα ἐξ ὀνόματος ὀρθόδοξου Πατριάρχη- γνώρισε ἰδιαίτερη μεταχείριση καί μεγάλη ἐκδοτική ἐπιτυχία. Δύο χρόνια μετά τήν ἔκδοση τῆς editio princeps, τό Νοέμβριο τοῦ 1579, τυπώθηκε αὐτοτελῶς μεταφρασμένη στά λατινικά ἀπό τόν Fabio Benevolentio[180], καί ἀφιερωμένη

---

178 Ἡ αὐτόγραφη ἀπάντηση τοῦ Viviani, μέ ἡμερομηνία 4 Ἀπριλίου 1580, βρίσκεται στήν Ἐθνική Βιβλιοθήκη τῆς Νάπολης, στόν κώδικα Brancacc. I B 6, στά ff. 549-550ᵛ, ἀπ' ὅπου τήν δημοσιεύει ὁ V. Peri, Ricerche ..., ἀρ. XXV, σ. 167-168. πρβλ. καί ἀρ. XVIII, σ. 158-161.

179 *Ἑρμηνεία τῶν πέντε κεφαλαίων, ὅπου περιέχει ἡ ἀπόφασις τῆς ἁγίας καί οἰκουμενικῆς συνόδου τῆς Φλωρεντίας, καμωμένη εὐσεβῶς παλαιόθεν, Καί μεταγλωττισμένη εἰς τό ἰδιωτικόν μίλημα διά κοινήν ὠφέλειαν, ἡ ὁποία ἧτον ἑλληνικά τυπωμένη ψευδῶς εἰς τό ὄνομα Γενναδίου πατριάρχου. ...*, Romae, Typis Sac. Congr. de Propag. Fide, MDCXXVIII. Superiopum permissu. Στό verso τῆς σελίδας τίτλου: Ἀπό προστάγματος τοῦ ἱεροῦ συλλόγου περί τῆς ἐπιδόσεως τῆς πίστεως, ταῦτα δίδοται τῷ τῶν Γραικῶν γένει δωρεάν, στό: É. Legrand, BH, 17ᵉ, I, σ. 259-260 ἀρ.181. Ὁ δίγλωσσος ἐκτενής Πρόλογος τῆς συγκεκριμένης ἔκδοσης τυπώθηκε καί αὐτοτελῶς, τήν ἴδια χρονιά, ἀνώνυμα, ἐπίσης ἀπό τήν Congragatio, πρός δωρεάν διανομή, μέ τόν ἑξῆς τίτλο: *Διήγησις περί τῆς ἁγίας καί οἰκουμενικῆς Συνόδου τῆς Φλωρεντίας Πρός ἐκείνους ὁποῦ τήν συκοφαντοῦσι μέ πολλήν ψευδολογίαν*. Romae, Typis Sac. Congr. de Propag. Fide, MDCXXVIII., 8⁰, σ. 35, στό verso τῆς σελίδας τίτλου: D' ordine dell' Illustrissimi Signori Cardinali della sacra Congragatione de Propaganda Fide, si dispensano gratis (καί στά ἑλληνικά).

180 Gennadii Scholarii Patriarchae Constantinopolitani Defensio quinque capitum, quae in Sncta et oecumenica Florentina Synodo continentur, Fabio Benevolentio Snensi interprete. Ad Sanctissimum D. N. Gregorium Papam XIII. Romae, in aedibus Populi Ro-

*Ἡ editio princeps τῶν Ἑλληνικῶν «Πρακτικῶν» (1577) τῆς Συνόδου Φερράρας-Φλωρεντίας*

ἀπό τόν μεταφραστή στόν πάπα Γρηγόριο ΙΓ΄. Ἔκτοτε συμπεριλήφθηκε στίς περισσότερες ἀπό τίς ἐκδόσεις τῶν Συλλογῶν Πρακτικῶν, μεταφράστηκε σέ ἐθνικές γλῶσσες (πολωνικά, ρουθηνικά), γενικά χρησιμοποιήθηκε σέ πολεμικά ἤ προπαγανδιστικά ἔργα καί σκοπούς. Ἀρκετά μεγάλη ἀντίστοιχη ἐκδοτική ἐπιτυχία γνώρισε καί ἕνα ἄλλο ἔργο τοῦ πραγματικοῦ δημιουργοῦ τῆς Ἑρμηνείας τῶν πέντε κεφαλαίων, τοῦ Ἰωάννη Πλουσιαδηνοῦ, αὐτήν τήν φορά χάρη στό περιεχόμενό του καί ὄχι τόν φερώνυμο συγγραφέα του, ὅπως συνέβη μέ τό προηγούμενο. Πρόκειται γιά τό ἔργο *Ἀπολογία εἰς τό γραμμάτιον κῦρ Μάρκου τοῦ Εὐγενικοῦ μητροπολίτου Ἐφέσου, ἐν ᾧ ἐκτίθεται τήν ἑαυτοῦ δόξαν, ἥν εἶχε περί τῆς ἐν Φλωρεντίᾳ ἁγίας καί ἱερᾶς συνόδου*[181].

---

mani M.D.LXXIX. Ἀνάμεσα στά ἐνδιαφέροντα -γιά διαφορετικό τό καθένα λόγο- πού προηγοῦνται τοῦ κειμένου, ὑπάρχει σύντομος Βίος τοῦ Γενναδίου (ἴσως αὐτός νά χρησιμοποιήθηκε γιά τίς ρουθηνικές ἐκδόσεις), καθώς καί πληροφερίες σχετικές μέ τά χειρόγραφα πού χρησιμοποιήθηκαν (Ad lectorem, χωρίς σελιδαρίθμηση). Σχετικά μέ τίς Ψευδο-Γεννάδειες πραγματεῖες βλ. πρόχειρα τό σχετικό κεφάλαιο τοῦ V. Peri, Ricerche ..., σ. 28-38.

181  Τό ἔργο γνώρισε πολλές ἐκδόσεις, συμπεριλήφθηκε δέ καί στίς περισσότερες Συλλογές Πρακτικῶν τοῦ 18ου αἰῶνα, μεταφρασμένο, κι αὐτό, ἀπό τόν Ματθαῖο Καρυοφύλλου. Στήν PG 159, 1023-1094 ἀναδημοσιεύεται ἀπό τήν ἔκδοση τῶν Labbaeus - Cossartius, βλ. παραπάνω ὑποσ. 25.

*Ευαγγελία Αμοιρίδου*

*Ἡ editio princeps τῶν Ἑλληνικῶν «Πρακτικῶν» (1577) τῆς Συνόδου Φερράρας-Φλωρεντίας*

Κεφάλαιο 2°. Τὰ Ἑλληνικὰ «Πρακτικά» καὶ ὁ Κόσμος τῆς Οὐνίας

Ἀμέσως μετὰ τήν ὑπογραφή τῆς ἕνωσης τῶν Ἐκκλησιῶν στήν Φλωρεντία, ὁ πάπας Εὐγένιος Δ' ἀνέθεσε (στίς 17.8.1439) στὸν μητροπολίτη Κιέβου Ἰσίδωρο[182] τήν προώθησή της στὸν εὐρύτερο χῶρο τῆς δικαιοδοσίας του. Ὁ Ἰσίδωρος, ὡς καρδινάλιος πλέον τῆς Ρωμαϊκῆς Ἐκκλησίας, κατευθύνθηκε πρὸς τήν Μόσχα, τὸν κύριο προορισμό του, στήν ὁποία ἔφθασε τό 1441. Ἐνδιαμέσως, ἐπωφελήθηκε μὲ στάσεις στήν Πολωνία καὶ τήν Λιθουανία προκειμένου νὰ προπαγανδίσει καί ἐκεῖ τήν ἕνωση. Στήν Μόσχα ὡστόσο, ὄχι μόνον ἀπέτυχε τελείως ὡς πρὸς τὸν στόχο του, ἀλλά φυλακίστηκε κιόλας. Ἀφοῦ κατόρθωσε νὰ δραπετεύσει, ἐπέστρεψε τήν ἑπόμενη χρονιά (1442) στήν Πολωνία καὶ τήν Λιθουανία. Ἔτσι, ἐντελῶς ἄδοξα, ὁ μητροπολίτης Κιέβου καὶ πάσης Ρωσίας ὑποχρεώθηκε οὐσιαστικὰ νὰ ἐγκαταλείψη τήν ἐκκλησιαστική του ἐπαρχία, στήν ὁποία δέν ἐπέστρεψε ποτέ. Μία ἐπαρχία, στήν ὁποία, ὅπως εὔστοχα παρατηρήθηκε[183], ὡς ἄμεσο ἀποτέλεσμα τῆς προώθησης τῆς ἕνωσης προέκυψε τελικὰ

---

182 Ἀπό τούς πιό δυναμικούς ἑνωτικούς τοῦ 15ου αἰ. ὁ γεννημένος πιθανότατα στήν Μονεμβασιά (μεταξύ 1380-1390), ἔλαβε μέρος στή Σύνοδο τῆς Φερράρας-Φλωρεντίας, διετέλεσε δὲ καὶ τοποτηρητής τοῦ πατριάρχη Ἀντιοχείας σ' αὐτήν. Ἀπό τούς πιό ἐνεργά συμμετέχοντες στίς διαδικασίες τῆς Συνόδου, εἶχε μικρή μέν συμμετοχή στίς συζητήσεις της, μεγάλη ὅμως στίς διμερεῖς διαπραγματεύσεις. Μετά τήν ὑπογραφή τῆς ἕνωσης ὁ «ρουθηνός Καρδινάλιος» ἐπιδόθηκε ἀκούραστα καὶ μέ ἐπιμονή στήν ἐπίτευξη τῆς ἕνωσης τῶν Ἐκκλησιῶν. Ἡ προσπάθειά του αὐτή τὸν ἔκανε νὰ ταξιδεύει συχνά ἀκόμα καὶ σέ περιοχές ἀνασφαλεῖς. Βρισκόταν στήν Κωνσταντινούπολη κατά τήν ἅλωσή της. Τελείωσε τήν ζωή του ὡς (λατίνος) πατριάρχης Κωνσταντινουπόλεως (1459-1463). Γιά τήν προσωπικότητα καὶ τό ἔργο του ἐνδεικτικά βλ.: Καλλιγᾶς Π., «Περί τῆς ἐν Φλωρεντίᾳ συνόδου», *Μελέται Βυζαντινῆς Ἱστορίας*, Ἐν Ἀθήναις 1882, ἰδιαίτερα στίς σ. 152-164. Mercati G., *Scritti d' Isidoro, il cardinale Ruteno, e codici a lui appartenuti, che conservavono nella Biblioteca Apostolica Vaticana*, Roma 1926 [ Studi e Testi 46]. Gill J., *Personalities of the Council of Florence and other Essays*, Oxford 1964, σ. 65-78. Kresten O., *Eine Sammlung von Konzilsakten aus dem Bezitze des Kardinals Isidoros von Kiev*, Wien 1976 [Österreichische Akademie der Wissenschaften, Philosophisch-Historische Klasse Denkschriften, 123.Band], καί τό ἐνημερωμένο βιβλιογραφικά λῆμμα τοῦ: Erich Trapp, Rainer Walter, Hans-Veit Beyer, Katja Sturm- Schnabl, *PLP*, ἀρ. 8300, τόμ. 4, Wien 1980.

183 Borovoy V., «The Destiny of the Union of Florence in Poland and the Great Lithuanian Principality (Byelorussia and the Ukraine)», στό: Giuseppe Alberigo (ed.), *Chris-*

ή διαίρεσή της: Μόσχα καί Κίεβο. Ή πορεία τόσο της Μοσχοβίτικης εκκλησίας όσο καί αυτής του Κιέβου κατά τό έπόμενο χρονικό διάστημα προσδιορίστηκε άπό τήν στάση πού αυτές κράτησαν έναντι της ένωσης της Φλωρεντίας. Ή έπίμονη καί σταθερή άρνηση της πρώτης νά προσδεθεί στό άρμα της Εκκλησίας της Ρώμης, τήν κατέστησαν, εκτός τών άλλων, καί μόνιμο προπαγανδιστικό στόχο αυξημένου ενδιαφέροντος γιά τήν Ρώμη. Γιά τούς Ρουθηνούς όμως τά πράγματα εξελίχθηκαν αλλιώς, αφού, συμπιεσμένοι μεταξύ δύο ισχυρών καί διαμετρικά αντίθετων «στρατοπέδων», τών Πολωνών μέ τήν σαφή καθολική ταυτότητα καί τών Ρώσων μέ τήν ορθόδοξη, άμφιταλαντεύθηκαν γιά ενάμισυ καί πλέον αιώνα μεταξύ Κωνσταντινούπολης καί Ρώμης. Άπό τό 1458, άφότου χωρίστηκαν άπό τήν Μόσχα, μέχρι τό 1596, όπότε πραγματοποιήθηκε ή ένωση της Βρέστης, οί Ρουθηνοί αγωνίζονταν νά υπενθυμίζουν στήν μέν Ρώμη - τήν νέα εστία της προσοχής τους- ότι αναγνωρίζουν τήν Σύνοδο της Φλωρεντίας καί τήν ένωση πού έπέφερε· στήν Κωνσταντινούπολη δέ, τήν μέχρι τότε «μητέρα Έκκλησία», νά δείχνουν ότι τίποτα δέν άλλαξε, εξακολουθώντας νά ζητούν - κατά τά κρατούντα -τήν αναγνώριση τών μητροπολιτών τους.

Τά πράγματα άρχισαν νά αλλάζουν μετά τήν σύνοδο τού Τριδέντο (1545-1563), ιδιαίτερα δέ μέ τήν εφαρμογή της φιλόδοξης καί δυναμικής πολιτικής τού πάπα Γρηγορίου τού ΙΓ΄, τού έμπνευστή καί χορηγού, μεταξύ τών άλλων, καί της έκδοσης τών Ελληνικών «Πρακτικών» της Συνόδου της Φλωρεντίας (1577), όπως είδαμε σέ προηγούμενο κεφάλαιο. Ή πολιτική τού συγκεκριμένου Πάπα περιλάμβανε καί τήν προσπάθεια γιά τήν «επιστροφή» της Μοσχοβίτικης Εκκλησίας στήν Ρώμη[184]. Γιά τόν σκοπό αυτό στάλθηκε στήν Μόσχα ό ιησουίτης Antonio Possevino, ό όποιος έφοδιάστηκε μέ μερικά αντίτυπα της μόλις πρόσφατης έκδοσης τών Ελληνικών «Πρακτικών» της Συνόδου της Φλωρεντίας. Σκόπευε, προφανώς, μέσω τών «Πρακτικών» νά πείσει τόν Μεγάλο Δούκα νά τηρήσει τήν συμφωνηθείσα ένωση μεταξύ τών Εκκλησιών τους. Ή απόλυτη αδιαφορία όμως, μέ τήν όποία αντιμετωπίσθηκε στήν Μόσχα ή αποστολή τού Possevino, τόν υποχρέωσε νά τήν εγκαταλείψει πολύ σύντομα καί νά έπικεντρωθεί στόν αμέσως πλησιέστερο στόχο, τήν περιοχή της Ρουθηνίας.

---

*tian Unity. The Council of Ferrara- Florence 1438/39- 1989*, Leuven 1991, σ. 565 [Bibbliotheca Ephemeridum Theologicarum Lovaniensium, XCVII].

184  Στήν έπιστολή του, μέ ημερομηνία 15 Μαρτίου 1581, πρός τόν Τσάρο Ιβάν τόν Τρομερό ό πάπας Γρηγόριος ΙΓ΄ γράφει χαρακτηριστικά: «Mittimus ad Nobilitatem tuam volumen Concilii Florentini ex archetypo ipso, quod apud nos est, fidelissime exscriptum». Τήν επιστολή πρωτοδημοσίευσε ό ίδιος ό Possevino στό έργο του *Moscovia*, πού δημοσίευσε στήν Βίλνα τό 1586, σ. 58, καί αναδημοσιεύθηκε πολλές φορές σέ διάφορες συλλογές, όπως τά Annales Ruthenorum, πού μνημονεύονται στήν συνέχεια (ή παραπομπή άπό τόν Vit. Peri, Ricerche ..., σ. 93, όπου παρουσιάζει τά Ελληνικά «Πρακτικά» ως *strumento unionistico*). Ιδιαίτερα κατατοπιστικό γιά τό συγκεκριμένο θέμα είναι τό άρθρο τού ίησουϊτη Β. Waczyński, "Nachklänge der Florentiner Union in der polemischen Literatur zur Zeit der Weidervereinigung der Ruthener im 16. und am Anfang des 17. Jahrhunderts", *OCP* 4(1938), σ. 441-472, εδώ σ. 450εξ..

*Ἡ editio princeps τῶν Ἑλληνικῶν «Πρακτικῶν» (1577) τῆς Συνόδου Φερράρας-Φλωρεντίας*

Ὁ προπαγανδιστικά ὀργανωμένος ἰησουίτης εἶχε συντάξει ἕναν κατάλογο βιβλίων, κατά τήν γνώμη του ἀπαραίτητων γιά τήν ἐνίσχυση καί τήν διάδοση τῆς ἕνωσης μέ τήν Ρώμη. Στήν κορυφαία θέση αὐτοῦ τοῦ καταλόγου βρισκόταν τά Ἑλληνικά «Πρακτικά» τῆς Φλωρεντίας. Ἡ ἀξιολόγησή του αὐτή στάθηκε ἡ ἀφετηρία τῆς ἀπρόσμενης καί ἰδιαίτερης διαδρομῆς, καθώς καί τοῦ πρωταγωνιστικοῦ ρόλου πού διαδραμάτισαν τά Ἑλληνικά «Πρακτικά» σ' αὐτήν τήν μακρυά ἀπό τήν Κωνσταντινούπολη καί τήν Ρώμη περιοχή, ὡς ὅπλο στήν φαρέτρα τόσο τῶν ἑνωτικῶν ὅσο καί τῶν ἀνθενωτικῶν στόν μεταξύ τους ἀγῶνα.

Ὅπως συμβαίνει σέ κάθε περίπτωση προπαγάνδας, ἡ γλώσσα πού αὐτή θά χρησιμοποιήσει εἶναι ἕνας οὐσιαστικός παράγοντας πού θά καθορίσει τήν ἀποτελεσματικότητα τοῦ προπαγανδιστικοῦ της μέσου, πού στήν προκειμένη περίπτωση ἦταν τά Ἑλληνικά «Πρακτικά» τῆς Φλωρεντίας. Αὐτά πρωτοχρησιμοποίησε γιά νά ἐνισχύσει τήν φιλενωτική του ἐπιχειρηματολογία ὁ πολωνός ἰησουίτης Πέτρος Skarga, σέ ἔργο του[185] πού τυπώθηκε στήν Βίλνα τό 1577, τήν ἴδια δηλαδή χρονιά μέ τά Ἑλληνικά «Πρακτικά», τά ὁποῖα προφανῶς δέν προλάβαινε νά ἔχει στήν διάθεσή του. Εἶναι βέβαιο, λοιπόν, ὅτι χρησιμοποίησε τήν λατινική μετάφραση τοῦ Βαρθολομαίου Ἀβράμου (1526), τονίζοντας ἐπανειλημμένα, ὅτι πρόκειται γιά Πρακτικά πού γράφτηκαν ἀπό Ἕλληνες, στά ἑλληνικά. Φαίνεται ὅμως ὅτι τό ἔργο του δέν εἶχε τήν ἀναμενόμενη ἀπήχηση, ἀφοῦ ἡ λατινική γλῶσσα ἦταν ἄγνωστη στήν πλειοψηφία τῶν Ρουθηνῶν, σκόνταφτε δέ στήν καχυποψία τῶν ἀνθενωτικῶν ἀπό αὐτούς.

Ὁ Possevino[186] ἀξιολόγησε, ὅπως ἤδη ἀναφέρθηκε ὡς πρώτης σπουδαιότητας τά Ἑλληνικά «Πρακτικά», ὁ ἴδιος ὅμως φαίνεται ὅτι προτιμοῦσε καί

---

185 *O iedności Kościoła Bożego pod iednym Pasterzem. Y o Greckim od tey iedności odstąpieniu. Z przestrogą y upominaniem do narodow Ruskich przy Grekach stoiących*. Wilno 1557 (ἀντί τοῦ ὀρθοῦ 1577), καί σέ δεύτερη ἔκδοση τό 1590. Ἐπικεντρώνεται ἰδιαίτερα στά περί τοῦ filioque, ὅπως παρουσιάστηκαν στήν Σύνοδο, στήν ὁποία προσδίδει ἀξία καί θέση ἀνάλογη τῶν 7 Οἰκουμενικῶν Συνόδων, βλ. τόν Waczyński, Nachklänge..., σ. 444-449.

186 Ὅ.π., σ. 450-455. Ὁ Possevino δέν ἦταν καθόλου ἄγνωστος στόν ἑλληνικό κόσμο, τό ἀντίθετο μάλιστα. Ἡ δραστηριότητά του στήν Ρουθηνία καί στήν εὐρύτερη περιοχή γινόταν τήν ἐποχή τῶν μέσω αὐτῆς διελεύσεων τοῦ πατριάρχη Ἱερεμία Β' τοῦ Τρανοῦ πρός τήν Μόσχα, καί τήν ἵδρυση τοῦ πατριαρχείου της. Ὁ Κ. Ν. Σάθας, στό *Βιογραφικόν σχεδίασμα περί τοῦ πατριάρχου Ἱερεμίου (1572-1594)*, Ἐν Ἀθήναις 1870, σ. νη'-νθ', σημειώνει: «Ὁ διαβόητος Ἰησουίτης Ἀντώνιος ὁ Ποσεβῖνος ἐστάλη ἐκ Ῥώμης πρός τόν τσάρον Ἰωάννην τόν Τρομερόν μετ' ἐπιστολῶν τοῦ Γρηγορίου ΙΓ' κολακευτικωτάτων, ἐν αἷς οὗτος ἐκφράζων μεγάλας περί ἑνώσεως τῶν ἐκκλησιῶν ἐλπίδας, προσέθετο ἀπειλητικῶς πως, ὅτι ἡ Ἑλληνική αὐτοκρατορία ἔπεσεν ὡς μή παραδεχθεῖσα τά θεσπίσματα τῆς Φλωρεντινῆς συνόδου. Ὁ πολυμήχανος οὗτος Ἰησουίτης ἀφιχθείς εἰς Ῥωσσίαν καί πολλά ἐκεῖ διαπράξας (1581-1582) ἐπρόβαλεν ἐπί τέλους εἰς τόν τσάρον τήν περί ἑνώσεως τῶν ἐκκλησιῶν πρότασιν τοῦ πάπα, ὅστις ἀναγνωρίζων αὐτόν ὡς διάδοχον τῶν αὐτοκρατόρων τοῦ Βυζαντίου ὑπέσχετο τήν κατάκτησιν τοῦ ἑλληνικοῦ θρόνου, μετά τήν ἐπιτέλεσιν τοῦ προβλήματος. Ἀλλ' ὁ Ἰωάννης συνετῶς ἀπεκρίθη, ὅτι *ἀνατραφείς ἐν τοῖς δόγμασι τῆς ἡμετέρας χριστιανικῆς ἐκκλησίας, κεχωρισμένως δέ πρό πολλῶν αἰώ-*

βασιζόταν περισσότερο στήν Ὑπεράσπισιν τῶν πέντε κεφαλαίων... τοῦ Ψευδο-Σχολάριου πού, ὅπως ἤδη ἀναφέρθηκε, συμπεριλήφθηκαν στήν editio princeps. Εὔλογη ἡ ἐκτίμησή του, τόσο λόγῳ τοῦ ὀνόματος τοῦ συγγραφέα πού ἔφερε τό ἔργο, ὅσο - καί κυρίως - λόγῳ τῶν ἕτοιμων καί μάλιστα προσανατολισμένων στούς ὀρθοδόξους ἐπιχειρημάτων, πού περιεῖχε ἡ συγκεκριμένη πραγματεία. Ἔτσι, πολύ νωρίς, ἀπό τήν Μόσχα ἀκόμα καί ἀφοῦ δέν βρέθηκε κανείς νά μεταφράσει «τήν Σύνοδο», μετέφρασε ὁ ἴδιος «τόν Γεννάδιο» στά λατινικά[187]. Συγκεκριμένα, ἐπεξεργάστηκε ὑπό μορφή ἐρωταποκρίσεων τό *Περί τῆς ἐκπορεύσεως τοῦ ἁγίου Πνεύματος* α΄ κεφάλαιο τῆς Ὑπεράσπισης τοῦ Ψευδο-Γενναδίου, τό ὁποῖο ἐκδόθηκε στήν Βίλνα (1581 καί 1582) καί στό Ingolstand (1583). Συνάμα, ἐξέδωσε καί τό ε΄ κεφάλαιο τῆς ἴδιας πραγματείας, *Περί τοῦ πρωτείου τοῦ Πάπα*, (Βίλνα 1582), ἀπό τήν λατινική μετάφραση πού ἐκπόνησε ὁ Benevoglienti καί ἐκδόθηκε στήν Ρώμη[188]. Στήν καινούργια ἔκδοση τῆς Βίλνας ὁ Possevino συμπεριέλαβε καί τό βιογραφικό σχεδίασμα τοῦ πατριάρχη Γενναδίου. Λίγο ἀργότερα, τό 1586, τό ἴδιο μεταφράζεται στά πολωνικά ἀπό τόν πρίγκηπα Stanislav Radziwiłł καί κυκλοφορεῖ τυπωμένο. Τό ἐνδιαφέρον στήν συγκεκριμένη ἔκδοση βρίσκεται στόν Πρόλογο τοῦ ἐκδότη, ὁ ὁποῖος ὑπογραμμίζει χάριν τῶν ἀναγνωστῶν του, ὅτι συγγραφέας τοῦ ἔργου εἶναι ἕνας ἐπίσημος ἕλληνας, ὁ Πατριάρχης Κωνσταντινουπόλεως, ὁ ὁποῖος μάλιστα ἀναγνωρίζει τόν Πάπα ὡς κεφαλή τῆς Ἐκκλησίας, κι ὅτι ἕνας ἄλλος, δικός τους ἐπίσημος, ὁ πρίγκηπας Radziwiłł κοπίασε γιά τήν μετάφραση τοῦ ἔργου τοῦ ἕλληνα Πατριάρχη. Τό ἴδιο ἔργο θά κυκλοφορήσει ἀργότερα μεταφρασμένο καί στά ρουθηνικά (Βίλνα 1604)[189], μέ τά ἑξῆς ἐπιπλέον κεφάλαια: μία διήγηση σχετικά μέ τήν ἀνάδειξη τοῦ Γενναδίου σέ πατριάρχη ἀπό τόν Μωάμεθ, περιληπτική παρουσίαση τοῦ περιεχομένου καί τῶν πέντε Κεφαλαίων τῆς Ψευδο-Γεννάδειας πραγματείας, καθώς καί τήν γνωστή μας Ὑπεράσπιση τῆς Συνόδου τοῦ Ματθαίου Καρυόφυλλου.

---

νων ἀπό τῆς λατινικῆς, δέν ἠδύνατο ἵνα γένηται ἄπιστος πρός αὐτήν περί τήν δύσιν τῆς ἐπιγείου ὑπάρξεώς του καί ὅτι δέν ἐπεθύμει νέα κράτη ἐν τῷ ἐπιγείῳ τούτῳ κόσμῳ, ἀλλά μόνον θεῖον ἔλεος ἐν τῷ μέλλοντι. Κατά τήν ἐν Πολωνίᾳ καί Ρωσσίᾳ διατριβήν αὐτοῦ ὁ ἀπεσταλμένος τῆς Ρώμης πολλά καί διάφορα διενεργήσας, ἐδημοσίευσε καί τινα συγγράμματα εἰς ρουθηνικήν καί πολωνικήν γλῶσσαν, ἐν οἷς καί τό ὑπέρ τῆς Φλωρεντινῆς συνόδου ψευδεπώνυμον πόνημα Γενναδίου τοῦ Σχολαρίου...». Τήν ἐποχή καί τά τεκτενόμενά της στήν περιοχή ἀναλύει ὁ γνώστης τους Oskar Halecki, "Rome, Constantinople, Moscou", *1054-1954 L' Église et les Églises neuf siècles de douloureuse separation entre l' Orient et l' Occident*, Chevetogne [1954], 441-474 (Collection Irénikon).

187  6 "...quondoquidem in Moscovia non esset, qui synodum Florentinum Graecam posset interpretari. Quod cum se facturum polliceretur Antonius, Gennadium latinum, quem secum attulerat, depromsit, ac senatoribus ad Principem dedit", Antonii Possevini de Societate Iesu, *Moscovia*, Vilnae 1586 (ἡ παραπομπή ἀπό τόν Β. Waczyński, Nachklänge ..., σ. 450 ὑποσ. 1.

188  Πρόκειται γιά τήν ἔκδοση τοῦ 1579, γιά τήν ὁποία ἔγινε ἤδη λόγος.

189  Waczyński, Nachklänge ..., σ. 451-455.

*Ἡ editio princeps τῶν Ἑλληνικῶν «Πρακτικῶν» (1577) τῆς Συνόδου Φερράρας-Φλωρεντίας*

Τό 1609 κυκλοφόρησε στήν Κρακοβία ἡ πολωνική μετάφραση τῆς editio princeps τῶν Ἑλληνικῶν «Πρακτικῶν». Στόν Πρόλογό του ὁ μεταφραστής, ὁ ἰησουίτης Gaspar Pętkowski, τονίζει ὅτι ἐπικεντρώθηκε στήν ἀκριβῆ ἀπόδοση τοῦ περιεχομένου τῶν «Πρακτικῶν»· γι' αὐτό καί συχνά γιά μία ἑλληνική λέξη χρησιμοποίησε δύο καί τρεῖς πολωνικές, σέ βάρος τῆς κομψότητας τοῦ ὕφους. Ἡ συγκεκριμένη μετάφραση τῶν Ἑλληνικῶν «Πρακτικῶν» ἐκτιμήθηκε ὡς τό σημαντικότερο καί σπουδαιότερο ἔργο γιά τήν ἀποκατάσταση καί ὑπεράσπιση τῆς Συνόδου τῆς Φλωρεντίας, διότι τήν κατέστησε πλέον γλωσσικά προσιτή σέ ὅλους, κυρίως ὅμως διότι ἡ «ἑλληνική» προέλευσή τους τήν περιέβαλε μέ λιγότερη καχυποψία[190].

Οἱ ἀναφορές στά Ἑλληνικά «Πρακτικά», πού ἔγιναν πιό πάνω, ἄγγιξαν στοιχειωδῶς -καί μόνον- τόν τομέα τῶν ἐκδόσεων καί τῶν μεταφράσεων, τῶν σχετικῶν μέ τά «Πρακτικά», πού ἔγιναν στήν συγκεκριμένη περιοχή σέ μικρό σχετικά χρονικό διάστημα[191], χωρίς φυσικά νά παρακολουθοῦν ἐξανλητικά τό κάθε βῆμα τῆς ἐκεῖ διαδρομῆς τους, μεγάλο κομμάτι τῆς ὁποίας καλύπτει ὁ κεντρικός ρόλος πού διαδραμάτισαν στήν ἐπιχειρηματολογία καί τῶν δύο πλευρῶν, ὑποστηρικτῶν καί ἀντιπάλων τῆς ἕνωσης μέ τήν Ρώμη.

Συνοπτικά -καί σχηματικά- θά μποροῦσε νά εἰπωθεῖ, ὅτι πρῶτοι οἱ ὀπαδοί τῆς ἕνωσης τῶν Ἐκκλησιῶν ἐπικαλέστηκαν καί χρησιμοποίησαν τά Ἑλληνικά «Πρακτικά» προκειμένου νά ὑπενθυμίσουν στούς συμπατριῶτες τους, ὅτι, ὅταν μιλοῦν γιά ἕνωση μέ τήν Ἐκκλησία τῆς Ρώμης, δέν προβαίνουν σέ κάτι καινούργιο ἤ ξένο πρός τήν ἀνατολική τους παράδοση, ἐφόσον, ὅπως ἀποδεικνύεται ἀπό τά Ἑλληνικά «Πρακτικά», τόσο ἡ δική τους Ἐκκλησία καί οἱ πρόγονοί τους, ὅσο καί αὐτή τῆς Κωνσταντινουπόλεως ἔχουν ἤδη ἑνωθεῖ μέ τήν Ρώμη. Τήν ἕνωση μάλιστα αὐτήν τήν ὑπερασπίστηκε μέ τήν πραγματεία του ὄχι κάποιος ἀσήμαντος, ἀλλά ὁ Γεννάδιος, κατοπινός πατριάρχης Κωνσταντινουπόλεως. Μέσα σ' αὐτό τό πνεῦμα, ἡ ὅλη ἐπιχειρηματολογία προετοιμάστηκε καί προσανατολίστηκε ὥστε ἡ ἕνωση τῆς Βρέστης νά παρουσιαστθεῖ ἁπλῶς ὡς ἐπανένωση μέ τήν Ρώμη.

Οἱ ἀντιτιθέμενοι στήν ἕνωση χρησιμοποίησαν καί αὐτοί τά Ἑλληνικά «Πρακτικά» ἀπό τήν πλευρά τους, μέ ἐπιχειρήματα πού ἄντλησαν ἀπό αὐτά, προκειμένου νά ἀμφισβητήσουν τήν γνησιότητά τους καί νά μειώσουν τό κῦρος τους. Χαρακτηριστικά παραδείγματα πρός αὐτήν τήν κατεύθυνση εἶναι τό ζήτημα τοῦ σημειώματος μέ τήν τελευταία ἐπιθυμία τοῦ πατριάρ-

---

190 Ὅ.π., σ. 470-471. Αὐτήν τήν ἐξαιρετικά ἐνδιαφέρουσα, ἀλλά ἄγνωστη σέ μένα θεματολογία προσπάθησα νά ψηλαφίσω κυρίως μέσα ἀπό τά κείμενα τῆς ἐποχῆς. Ἰδιαίτερα κατατοπιστικά καί χρήσιμα ἦταν π.χ. τά: Mich. Harasiewicz, *Annales Ecclesiae Ruthenae*, Leopoli 1863, Adalb. de Starczewski, *Historiae Ruthenicae Scriptores exteri saeculi XVI*, vol. secundum, Berolini MDCCCXLII.

191 Μία πρόχειρη μεταφορά τῶν δεδομένων σέ ἀριθμούς δείχνει: τρεῖς δεκαετίες, ἑπτά ἐκδόσεις, μεταφράσεις σέ τρεῖς γλῶσσες.

χη Ἰωσήφ Β', ἀλλά καί τό πρόβλημα περί τό ὄνομα τοῦ συγγραφέα τῶν δύο πραγματειῶν, πού συνεκδόθηκαν μαζί μέ τά Ἑλληνικά «Πρακτικά»[192].

Ἡ μέσω τῶν Ἑλληνικῶν «Πρακτικῶν» ἀντεπίθεση αὐτή πρός τήν ἰδέα τῆς ἕνωσης προκάλεσε τήν ἀνάγκη γιά τήν ὑπεράσπιση τῆς Συνόδου τῆς Φλωρεντίας. Καί αὐτό ἔγινε οὐσιαστικά πάλι διά τῶν «Πρακτικῶν». Μετά τήν Ἕνωση τῆς Βρέστης, ὅπως ἀναφέρθηκε ἤδη, ἡ μετάφραση τῶν Ἑλληνικῶν «Πρακτικῶν» στά πολωνικά λειτούργησε ὡς τό σημαντικότερο ὑπερασπιστικό κείμενο τῆς Συνόδου τῆς Φλωρεντίας. Μόνο πού τώρα ἑτοιμάζονται καί κυκλοφοροῦν καί ἔργα, πού δίπλα στά ἐπιχειρήματα ἀπό τά «Πρακτικά» ἤ ἀπό τίς πραγματεῖες τοῦ Ψευδο-Σχολάριου, συμπεριλαμβάνουν καί διάφορα ἄλλα κείμενα καί «ντοκουμέντα» παλαιότερων ἐποχῶν, κάποια ἀπό τά ὁποῖα ἀμφίβολης γνησιότητας. Ἰδιαίτερα χαρακτηριστική καί πολλαπλῶς σημαντική εἶναι ἡ περίπτωση τῶν ἔργων πού ἐξέδωσε ὁ Hypatius Pociej[193], ὁ ὁποῖος ἀναδείχθηκε μητροπολίτης Κιέβου μέ τήν ὑποστήριξη τοῦ πρίγκηπα Constantin Ostrogski[194].

---

192  Τό 1597 κυκλοφόρησε τό βιβλίο μέ τίτλο *Apokrisis* καί συγγραφέα τόν "Christofora Philaletha" [Martin Broniewski], μέ πολεμικό ἐναντίον τῆς Φλωρεντινῆς συνόδου περιεχόμενο. Ὡς πρός τήν ἀξιοπιστία τῶν Ἑλληνικῶν «Πρακτικῶν» ὁ σ. ἐπικεντρώνεται, μεταξύ τῶν ἄλλων, καί στήν «Διαθήκη» τοῦ πατριάρχη Ἰωσήφ Β', μέ τά ἑξῆς ἐναντίον της ἐπιχειρήματα: α) μέ αὐτήν μόλις μετά τόν θάνατό του ὁ πατριάρχης φέρεται νά ἀναγνωρίζει ὅ,τι γιά ἕναν ὁλόκληρο χρόνο κατά τήν διάρκεια τῶν ἐργασιῶν τῆς συνόδου ἀπέρριπτε, β) ἄν ὁ πατριάρχης εἶχε ἐλεύθερη καί ἀνεμπόδιστη ἐπικοινωνία μέ τούς ὑπόλοιπους ἕλληνες, γιατί δέν διατύπωσε προφορικά σ' αὐτούς τήν τελευταία του ἐπιθυμία γ) τήν μιά λέγεται ὅτι πέθανε γράφοντας τό γράμμα, καί τήν ἄλλη, ὅτι, ἀφοῦ ἑτοίμασε τό γράμμα μέ ἡμερομηνία καί ὑπογραφή, πέθανε. Ὡς πρός τόν συγγραφέα τῆς Ψευδο-Γενναδείας πραγματείας ὁ «Philaletha» δέν δέχεται ὅτι εἶναι ὁ Γεννάδιος διότι α) ἦταν ἐχθρός τοῦ πάπα, ὅπως φαίνεται ἀπό τήν πρός τόν Μάρκο Εὐγενικό, τόν Ἐφέσου, ἐπιστολή του, β) ἀπό τά ἴδια τά Ἑλληνικά «Πρακτικά» φαίνεται ὅτι ὅλοι οἱ λαϊκοί -συνεπῶς καί ὁ Γεννάδιος- ἦταν μέ τό μέρος τοῦ Ἐφέσου, γ) ἄν ὁ Γεννάδιος ἦταν ἑνωτικός, δέν θά εἶχε ἀναδειχθεῖ σέ πατριάρχη, περισσότερα βλ. Β. Waczyński, Nachklänge …, σ. 459 κέξ., ὅπου γίνεται λόγος καί γιά τά ἄλλα ἔργα, μέ τούς χαρακτηριστικούς τίτλους *Antirresis, Paraenasis, Antigraphe, Armonia*, πού κυκλοφόρησαν κατά τήν διάρκεια αὐτῆς τῆς διαμάχης

Ἐπειδή καί μέ τήν πιό πρόχειρη ματιά διαπιστώνει κανείς τήν ὁμοιότητα ἤ τήν ἀναλογία αὐτῶν τῶν ἀνθενωτικῶν ἐπιχειρημάτων μέ ἐκεῖνα τῆς ἑλληνικῆς πλευρᾶς, καί δεδομένης τῆς διέλευσης καί παραμονῆς πολλῶν ἑλλήνων σ' αὐτήν τήν περιοχή, θά εἶχε μεγάλο ἐνδιαφέρον ἡ ἀναζήτηση, σέ ἐπίπεδο προσώπων, τῶν καναλιῶν ἐπικοινωνίας καί ἀνταλλαγῆς ἐπιχειρημάτων.

193  Μέ ἀρκετές πληροφορίες γιά τήν ζωή καί τήν δραστηριότητα τοῦ Pociej εἶναι καί τό ἄρθρα τοῦ A. M. Amann, «Die Aufenthalt der ruthenischen Bischöfe Hypatius Pociej und Cyrillus Terlecki in Rom im Dezember und Januar 1595-1596», OCP 11(1945), σ. 103-140.

194  Ὁ πρίγκηπας Constantin Ostrogski ἔλαβε ἐνεργό μέρος στίς ζυμώσεις τῆς ἐποχῆς του σχετικά μέ τήν στάση τοῦ ρουθηνικοῦ λαοῦ ἔναντι τῆς ἕνωσης μέ τήν Ρώμη. Σώζεται ἐπιστολή του, μέ 8 ἄρθρα, πρός τόν Pociej, πρίν ἀπό τήν ἕνωση τῆς Βρέστης (1596), στήν ὁποία ἀναπτύσσει τό σχέδιό του γιά τήν «ἑνότητα» τῶν ἐκκλησιῶν καί ὄχι τήν «ἕνωσή» τους, ὅπως πρέσβευε. Ἡ ἐπιστολή αὐτή διακρίνεται γιά τόν πολιτικό ῥεαλισμό της ἔναντι τῆς τρέχουσας πραγματικότητας. Ὁ πρίγκηπας δέν προσκλήθηκε νά λάβει μέρος στίς συζητήσεις τῆς ἑνωτικῆς μερίδας τῶν ρουθηνῶν. Ὁ ἴδιος, τήν ἀντίθεσή του στήν ἕνωση τῆς Βρέστης τήν ἔδειξε μέ «ἀντισύνοδο» πού συγκάλεσε

*Ἡ editio princeps τῶν Ἑλληνικῶν «Πρακτικῶν» (1577) τῆς Συνόδου Φερράρας-Φλωρεντίας*

Ὁ Hypatius Pociej, μᾶλλον ἀμφιταλαντευόμενος προηγουμένως, μετά τήν ἕνωση τῆς Βρέστης[195] δραστηριοποιήθηκε δυναμικά γιά τήν προβολή στήν περιοχή του τῆς Ἐκκλησίας τῆς Ῥώμης, τῆς κιβωτοῦ τοῦ Νῶε ὅπως τήν χαρακτήριζε[196], ὡς τοῦ μόνου δρόμου πού ὁδηγεῖ στήν σωτηρία. Ἀπό τήν πλούσια ἐκδοτική του δραστηριότητα θά ἀναφερθοῦμε σέ δύο ἔργα του, γιά τόν λόγο που θά φανεῖ ἀμέσως στήν συνέχεια. Στό ἕνα, μέ τίτλο *Πρεσβεία πρός τόν πάπα Ῥώμης Σίξτο Δ΄* (ἐκδόθηκε τό 1605 στά ρουθηνικά, τό 1606 στά πολωνικά), ἐξέδωσε τήν ἐπιστολή πού φέρεται νά ἀπηύθυνε πρός τόν συγκεκριμένο Πάπα τό 1476 ὁ τότε μητροπολίτης Κιέβου Μιχαήλ[197]. Σ' αὐτήν ὁ Μιχαήλ, μαζί μέ ἕναν θρῆνο γιά τήν ἐγκατάλειψή τους ἀπό τήν Ῥώμη, φέρεται νά παρουσιάζει τήν ἐκκλησία τοῦ Κιέβου ὡς μέλος τοῦ ἑνός σώματος τοῦ Χριστοῦ, πού δέχεται καί ἀναγνωρίζει ὄχι μόνον τίς ἑπτά Οἰκουμενικές Συνόδους ἀλλά καί, ὡς ὄγδοη, τήν Σύνοδο τῆς Φλωρεντίας[198], δέχεται τό filioque καί θεωρεῖ τόν πάπα «μοναδική πηγή ὕδατος ζῶντος». Ὁ Pociej ἰσχυρίζεται ὅτι τήν ἐπιστολή βρῆκε ὁ ἴδιος σέ κάποιον ναό στό Krewo, ἐξηγεῖ δέ ὅτι ἐξέθεσε τό πρωτότυπο δημόσια, στήν Βίλνα, προκειμένου νά πείσει τόν κόσμο γιά τήν παλαιότητά του καί νά διασφαλίσει τήν ἀξιοπιστία του. Ἡ γνησιότητα τῆς συγκεκριμένης ἐπιστολῆς ἀμφισβητήθηκε ἔντονα ἤδη ἀπό τότε, ἐξακολουθεῖ δέ μέχρι καί σήμερα νά ἐκκρεμεῖ.

Τήν ἴδια ἤ τήν ἑπόμενη χρονιά (1605 ἤ 1606) ὁ Pociej ἐξέδωσε ἀκόμη ἕνα ἔργο, μέ ἰδιαίτερο «ἑλληνικό» ἐνδιαφέρον, μέ τόν τίτλο *Περί τῶν παραχωρηθέντων ὑπό τοῦ βασιλέως τῆς Πολωνίας προνομίων, καί περί ἄλλων τινῶν ἐξαιρέτων μαρτυριῶν, οἱ ὁποῖες συνιστοῦν καί θεμελιώνουν τήν ἁγία ἕνωση.* Συμπεριέλαβε

---

ἀμέσως μετά καί μέ τήν ἔκκληση πού ἀπηύθυνε στόν αὐτοκράτορα τῆς Πολωνίας Σιγισμοῦνδο Γ΄. Ἀναλυτικότερα βλ. W. Hryniewicz, "The Florentine Union Reception and Rejection. Some Reflectionw on Unionist Tendencies among Ruthenians", στό: Giuseppe Alberigo (ed.), *Christian Unity. The Council of Ferrara- Florence 1438/39- 1989*, Leuven 1991, σ. 521-554, [Bibbliotheca Ephemeridum Theologicarum Lovaniensium, XCVII], ἐδῶ σ. 538-544. Βλ. ἐπίσης O. Halecki, ἄρθρ. μν. καί B. Waczyński, Nachklänge ..., σ. 461 ἑξ.

195 Γιά τήν περίοδο αὐτή καί τίς σχετικές συζητήσεις μέ τήν Ῥώμη βλ. περισσότερα: G. Hofmann, *Ruthenica I. Die Wiedervereinigung der Ruthenen*, Roma 1925 [Orientalia Christiana, vol. III, H.2]. Oscar Halecki, *From Florence to Brest (1439-1596)*, Rome 1958 [Sacrum Poloniae Milleniun, vol.5] (τό ἀντίτυπο ἔθεσε στήν διάθεσή μου ἡ φίλη συνάδελφος Ἑλένη Οἰκονόμου, τήν εὐχαριστῶ θερμά).

196 W. Hryniewicz, The Florentine Union ..., σ. 536. Ὁ ἴδιος συγγραφέας προηγουμένως, σ. 532-533, ἐκτιμᾶ τήν στροφή τῶν ρουθηνῶν ἐπισκόπων πρός τήν Ῥώμη, ὡς ἀντίδραση πρός τίς μεταρρυθμίσεις πού τούς ἐπέβαλε ὁ πατριάρχης Ἰερεμίας Β΄ κατά τήν διάρκεια τῆς β΄ διέλευσής του πρός τήν Μόσχα: «The Ruthenian bishops, irritated by the reforms of Patriarch Jeremiah introduced in 1589 during his second stay in their lands, had themselves decided to negotiate the Union with Rome. Rome could not deny that».

197 Περισσότερα γιά τήν ἐποχή καί τήν συγκεκριμένη ἀποστολή βλ. στόν Oskar Hakecki, «Sixte IV et la Chrétienté Orientale», *Mélanges Eugène Tisserant*, vol. II, *Orient Chrétien*, Città del Vaticano 1964, 241-264 [Studi e Testi 232].

198 Βλ. παραπάνω, τήν σχετική συζήτηση στό ὑποκεφ. «Ἡ λατινική μετάφραση τοῦ Ἀβράμου».

δέ σ' αὐτό, μεταξύ τῶν ἄλλων, τά *Προνόμια* πού παραχώρησε ὁ βασιλιάς Λαδισλάος Γ' στούς Ρουθηνούς (Βουδαπέστη 1443), ἕνα μεγάλο τμῆμα ἀπό τό *Περί τοῦ πρωτείου τοῦ πάπα* ε΄ κεφάλαιο τοῦ Ψευδο-Γενναδίου, ἀλλά καί μία ἐπιστολή ἀπό τόν πατριάρχη Κωνσταντινουπόλεως Νήφωνα Β' πρός τόν μητροπολίτη Κιέβου Ἰωσήφ, στά πολωνικά καί ρουθηνικά. Μέ αὐτήν ὁ πατριάρχης Νήφων φέρεται νά ἀπαντᾶ στόν μητροπολίτη Κιέβου, ὅτι ἡ Σύνοδος τῆς Φλωρεντίας ἦταν μία νόμιμη σύνοδος. Ἡ συγκεκριμένη ἔκδοση στάθηκε ἡ αἰτία νά περάσει στήν κατοπινή ρωμαιοκαθολική ἱστοριογραφία ἡ ἀντίληψη, ὅτι ὁ πατριάρχης Κωνσταντινουπόλεως Νήφων Β'[199] ἦταν ὑποστηρικτής τῆς Συνόδου τῆς Φλωρεντίας καί τῆς ἕνωσης[200]. Καί αὐτήν τήν ἐπιστολή, «γραμμένη σέ περγαμηνή καί μολυδβόβουλη», ὁ Pociej ἰσχυρίζεται ὅτι τήν βρῆκε ὁ ἴδιος σέ μία μονή. Καί αὐτῆς τῆς ἐπιστολῆς ἡ γνησιότητα θεωρεῖται ἀπό ἄλλους δεδομένη[201], κι ἀπό ἄλλους ἀμφισβητεῖται[202], ἀποσιωπᾶται[203] ἤ ἀπορρίπτεται[204].

---

199 Γιά τόν πατριάρχη Νήφωνα Β' (α΄. 1486-1488, β΄.1497-1498, γ΄. 1502) βλ. πρόχειρα: Γεδεών Μ., *Πατριαρχικοί πίνακες. Εἰδήσεις ἱστορικαί βιογραφικαί περί τῶν Πατριαρχῶν Κωνσταντινουπόλεως ἀπό Ἀνδρέου τοῦ Πρωτοκλήτου μέχρις Ἰωακείμ Γ' τοῦ ἀπό Θεσσαλονίκης*. 36-1884. Ἀθῆναι ²1996 [1885-1890], 368-375. ἀλλά καί τόν πιό πρόσφατο καί κατατοπιστικό συλλογικό ἔργο: Ἱερά Μονή Διονυσίου, *Ὁ Ἅγιος Νήφων Πατριάρχης Κωνσταντινουπόλεως. (1508-2008) Τόμος Ἐπετειακός ἐπί τῇ συμπληρώσει πεντακοσίων ἐτῶν ἀπό τῆς κοιμήσεως αὐτοῦ*, Ἅγιον Ὄρος 2008.

200 Μετά τήν συγκεκριμένη ἔκδοση, ἡ ἐπιστολή φαίνεται πώς πέρασε στά *Annales Ruthenorum*, ἀπ' ὅπου τήν δημοσίευσε ὁ Leo Κ(C)reuza στό δικό του ἔργο *Defensio Ecclesiasticae Unionis* (1617). Ἀπό τούς συνεχιστές τῶν Annales ecclesiastici, ὁ πολωνός Bzovius τήν περιλαμβάνει ὡς 15η ἐγγραφή στό ἔτος 1489, ὁ Spondanus -περίληψή της- ὡς 9η στό ἔτος 1482, ἐνῶ ὁ Raynaldus ὡς 62η στό ἔτος 1486. Τήν πιό πλήρη -μέχρι τήν ἐποχή του- ἀναφορά στήν ἐπιστολή καί στίς ἐκδόσεις της ἔχει ὁ πλησιέστερος πρός αὐτές Guil. Cuperus, «Historia chronologica Patriarcharum Constantinopolitanorum, ab inchoato seculo quarto, usque ad initium decimi octavi», *Acta Sanctorum Augusti*, tom. I, Antverpiae MDCCXXXIII, σ. *220-*222. Βλ. καί: Henricus Spondanus, *Annalium card. Caes. Baronii Continuatio, ab anno M.C. XCVII ad finem M.DC.XLVI*, Lutetiae Parisiorum, M.DC.XLVII, tom. II, σ. 175[ix]-176.

201 Βλ. προηγούμενη σημείωση. Ἀκόμα καί ὁ O. Halecki, From Florence..., σ. 112, τήν συζητᾶ ὡς δεδομένη καί θίγει τήν αὐθεντικότητά της σέ ἐπιγραμματική ὑποσημείωση. Μία τελείως διαφορετική διάσταση τῆς ἐν λόγω ἐπιστολῆς δίνει ὁ V. Borovoy, The Destiny ..., σ. 554-571. Κατ' αὐτόν, ἡ ἐπιστολή ζητοῦσε ἀπό τόν πατριάρχη Νήφωνα νά ἀντικαταστήσει τόν ἀφωσιωμένο στήν ὀρθοδοξία μητροπολίτη Βίλνας Μακάριο μέ τόν ὑποστηρικτή τῆς ἕνωσης Ἰωσήφ Bolganovich. «The court at Wilno knew that the Patriarch Nifont II (sic) of Constantinople was ready to accept any form of union in exchange for liberation from the Turks. Nifont agreed with Prince Alexander of Lithuania and the Great Chancellor, Leo Sapega, and approved their proposition for the position of 'the Metropolitan of Kiev and All Russia'. On April 5, 1497 thw Patriarch signed the letter of appointment of Joseph Bolgarinovich. The Patriarch expressed his appreciation of the Council of Florence...» καί τά ὑπόλοιπα γνωστά τῆς ἐπιστολῆς, σ. 569. Σημειώνεται, ὅτι τό συγκεκριμένο ἄρθρο ὁλόκληρο ἔχει τρεῖς μόνο παραπομπές, καμία ἀπό αὐτές στό ἐπίμαχο σημεῖο.

202 Waczyński, Nachklänge ..., σ. 469.

203 Hryniewitz, The Florentine Union ..., σ. 525-526.

204 Στήν ἑλληνική πλευρά, ὅπου οἱ περιπτώσεις, πού ὑπῆρξαν συμπάθειες ἤ ἀποκλίσεις εἴτε πρός τήν ρωμαιοκαθολική Ἐκκλησία εἴτε πρός τόν Προτεσταντισμό,

*Η editio princeps τῶν Ἑλληνικῶν «Πρακτικῶν» (1577) τῆς Συνόδου Φερράρας-Φλωρεντίας*

Ἂν καί πρίν ἀπό τήν Σύνοδο τῆς Φλωρεντίας «δόγμα» καί «λειτουργικό ἔθος» ἄγγιζαν τά ὅρια τῆς ταύτισης, μετά ἀπό αὐτήν καί ἰδιαίτερα μετά τήν ἀπόφαση πού περιλήφθηκε στόν Ὅρο της, ὅτι δηλαδή ὁ καθένας θά διατηρήσει τήν λειτουργική του πράξη, θά μποροῦσε - μέ σημερινούς ὅρους - νά θεωρηθεῖ ὅτι ἡ Σύνοδος ἀποφάνθηκε γιά «ἑνότητα στήν πίστη καί διαφορετικότητα στήν λειτουργική πράξη», μέ κορυφαῖο σημεῖο, τήν χρήση ἐνζύμου ἢ ἀζύμου ἄρτου στήν θεία Εὐχαριστία, ἀνάλογα μέ τήν παράδοση τοῦ καθενός[205]. Κάτι τέτοιο φυσικά δέν θά μποροῦσε τότε νά γίνει εὔκολα κατανοητό καί ἀποδεκτό, ὅσο μέ τήν σημερινή εὐχέρεια. Ὡς μήνυμα ὅμως τοῦ ἀποστολικοῦ λεγάτου, τοῦ καρδιναλίου Ἰσιδώρου, αὐτό λειτούργησε καταλυτικά, ὅπως

---

εἶναι γνωστές, ἡ ἐπιστολή αὐτή ἦταν παντελῶς ἄγνωστη. Μάλιστα ὁ πατριάρχης Νήφων Β' ἔμεινε στήν παράδοση κυρίως γιά τόν ἀγώνα πού κατέβαλε ἐναντίον τῆς Φλωρεντινῆς συνόδου, μισό αἰώνα μετά τήν ὑπογραφή της. Ἡ πρώτη ἀναφορά στήν ἐπιστολή ἀπαντᾶται στό β' μισό τοῦ 18ου αἰ, σέ ἕνα ἀνέκδοτο ἔργο τοῦ σιατιστινοῦ λογίου Γεώργιου Ζαβίρα, τήν ὁποία ἔχει ὁ ἴδιος ἔχει ἀπό τίς Δυτικές πηγές καί τήν ὁποία χαρακτηρίζει εὐθέως *πλαστή*. Ἡ ἀναφορά αὐτή ἔμεινε στό χειρόγραφο τοῦ Ζαβίρα. Μόλις πρόσφατα (2005), ὁ καλός γνώστης τῆς ἱστορίας ἰδιαίτερα αὐτῆς τῆς περιόδου Δημ. Ἀποστολόπουλος ἄκουσε νά γίνεται λόγος γι' αὐτήν καί μέ ἕνα σύντομο δημοσίευμα στήν ἀρχή, (ἐφημερίδα *Ἡ Καθημερινή*, 6.3.2005) καί πιό ἀναλυτικά στήν συνέχεια, ὑπέδειξε τήν «κατασκευή» της: Dim. Apostolopoulos, «Une lettre du patriarcat de Constantinople du XVe siècle, «made in Poland» au XVIIe siècle», *Literatura, Historia, Dziedzictwo. Prace ofiarowane professor Teresie Kostkiewiczowej*, Warszawa 2006, σ. 110-116. (Φωτοτυπία τοῦ ἄρθρου εἶχε τήν καλοσύνη νά μοῦ διαθέσει ὁ καθ. Ἀπόστολος Γλαβίνας, τόν ὁποῖο εὐχαριστῶ καθηκόντως).

«...Αὐτήν ὅμως τήν ἀπόκρισιν ἢ πλαστήν τοῦ πατριάρχου ἐπιστολήν δέν θέλει γένει (ὡς οἴομαι) ἔξω τοῦ πρέποντος νά τήν ἀναφέρωμεν ἐδῶ διά πληρεστέραν περιέργειαν τοῦ ἀναγνώστου...», γράφει ὁ Γεώργιος Ζαβίρας (1744-1804) στήν ἀνέκδοτη *Πατριαρχική Ἱστορία τῆς Κωνσταντινουπόλεως*, στό β' μέρος της: *Ἱστορία τῶν πατριαρχῶν ὁπού ἐπατριάρχευσαν εἰς αὐτήν τήν Κωνσταντινούπολιν, ἀπό τόν καιρόν τῆς θλιβερᾶς ἀλώσεως αὐτῆς ἕως τόν παρόντα χρόνον*. Στίς σ. 37-38 τοῦ χειρογράφου παραθέτει τό λατινικό κείμενο τῆς ἐπιστολῆς καί στήν συνέχεια τό μεταφράζει ὁ ἴδιος στά ἑλληνικά. Τήν ἐπιστολή ὁ Ζαβίρας, σύμφωνα μέ τήν σημείωση στό περιθώριο, γνωρίζει ἀπό τόν «Raynaldus ad annum 1468 nummer. 61, Le Quien orient.christain. t.1, p. 1272». Τό ἀπόσπασμα, μέ τήν γνώμη τοῦ Ζαβίρα καί τήν ἐπιστολή (λατινική καί μεταφρασμένη στά ἑλληνικά) δημοσιεύει ἀπό τήν ἀνέκδοτη *Πατριαρχική Ἱστορία* ὁ Ἀπ. Γλαβίνας, «Ὁ ἀγώνας τοῦ ἁγίου Νήφωνα μητροπολίτη Θεσσαλονίκης καί πατριάρχη Κωνσταντινουπόλεως γιά τήν προάσπιση τῆς ὀρθοδοξίας στήν Βαλκανική», στά Πρακτικά: *Ἱερά Μονή Βλατάδων - Δῆμος Θεσσαλονίκης, Μ' δημήτρια, ΙΘ' Διεθνές Συμπόσιο, Χριστιανική Θεσσαλονίκη, «Θεσσαλονίκη καί ἡ Χερσόνησος τοῦ Αἵμου»*, Ἱ. Μ. Βλατάδων 3-5 Νοεμβρίου 2004, Θεσσαλονίκη 2011, σ. 207-224.

Ἡ ἐπιστολή φέρει τήν χρονολογία: *Anno septies millesimo dies v Aprilis, Indictione xi*. Τό ἔτος ὅμως 7000 (1492) ἦταν ἡ 10η καί ὄχι 11η ἰνδικτιώνα, ὅπως ἀναφέρει ἡ ἐπιστολή. Τό λάθος διαπίστωσε καί ὁ Cuperus, ὁ ὁποῖος διορθώνει: *Fortè pro Indictione xi, substituenda est x, quae juxta plerosque chronologos cum anno 7000 orbis conditi currebat*, Historia chronologica ..., σ. 221. πρβλ. V. Crumel, *Traité d' études byzantines. I. La chronologie*, Paris 1958, πίνακ. σ. 264. Ἂν ὅμως στήν ἐπιστολή εἶναι λάθος τό ἔτος καί σωστή ἡ ἰνδικτιώνα, τότε ὁ Ἀποστολόπουλος, ἐφημερίδα *Ἡ Καθημερινή* καί Une letter ..., σ. 116, σωστά χρονολογεῖ «5 Ἀπριλίου 1493».

205  Gill J., Personalities ..., σ. 292.

φάνηκε ἀπό τήν συνέχεια, σέ ἕνα τμῆμα τῶν «Ἀνατολικῶν» Ρουθηνῶν, πού -καί - ἐξ αἰτίας αὐτοῦ ὑποχώρησαν καί ἐφάρμοσαν τήν ἕνωση μέ τήν Ἐκκλησία τῆς Ρώμης. Αὐτό δέν ἔγινε εὔκολα καί χωρίς ἀντιστάσεις. Στήν προσπάθεια νά καμφθοῦν αὐτές οἱ ἀντιστάσεις χρησιμοποιήθηκαν καί τά Ἑλληνικά «Πρακτικά» τῆς Συνόδου τῆς Φλωρεντίας, καθώς καί ἡ πραγματεία τοῦ Ψευδο-Γεννάδιου πού συνεκδόθηκαν στήν editio princeps, γιά πρώτη φορά μέ τέτοια ἔνταση καί σέ τόση ἔκταση ἀπό τήν μόλις πρό ὀλίγου ἔκδοσή τους. Εἶναι ἀξιοσημείωτο, ὅτι σχεδόν προτοῦ ἀκόμα φθάσουν στόν βάσει τοῦ ἀρχικοῦ σχεδιασμοῦ προορισμό τους, τούς «ἀπίστους» ἕλληνες ἤ τούς δύσπιστους «σχισματικούς», ὄχι μόνον ἔφθασαν στούς Ρουθηνούς, ἀλλά καί χρησιμοποιήθηκαν κατά κόρον, ὅπως ὑπαινίσσονται οἱ ἀλλεπάλληλες ἐκδόσεις καί μεταφράσεις τους. Ὑπογραμμίζεται ὅτι αὐτό συνέβη προτοῦ ἀκόμα τά Ἑλληνικά «Πρακτικά» μεταφρασθοῦν στά λατινικά, ὥστε νά μπορεῖ ἡ ἴδια ἡ Ἐκκλησία τῆς Ρώμης νά τά χρησιμοποιεῖ ἀπ' εὐθείας. Τό γεγονός αὐτό συνέτεινε στό νά παραχθεῖ ἕνας μεγάλος γραμματειακός ὄγκος σέ ἐθνικές γλῶσσες (πολωνικά, ρουθηνικά), καί μάλιστα κυρίως γύρω ἀπό τά Ἑλληνικά «Πρακτικά» τῆς Φλωρεντινῆς Συνόδου. Κατά πᾶσα πιθανότητα ἡ «διαδρομή» τῶν Ἑλληνικῶν «Πρακτικῶν» θά ἦταν διαφορετική, ἄν ἡ editio princeps συνδυαζόταν καί μέ τήν λατινική μετάφρασή τους, ἤ, ἔστω, ἄν ἡ λατινική μετάφραση ἦταν ἕτοιμη πρός ἔκδοση ταυτόχρονα μέ τήν ἑλληνική. Ὑπέρ αὐτοῦ συνηγορεῖ τό γεγονός, ὅτι μετά τήν ὁλοκλήρωση τῆς editio romana (1608-1612), καί τῆς πρόσβασης στά πρακτικά τῆς Φλωρεντινῆς Συνόδου μέσω τῆς λατινικῆς μετάφρασης τῶν Ἑλληνικῶν «Πρακτικῶν», δέν παρουσιάζεται ὁ ἴδιος ρυθμός καί ἀριθμός ἐκδόσεων καί μεταφράσεών τους σέ ἐθνικές γλῶσσες. Αὐτό ἀναδεικνύει καί καθιστᾶ τήν περίπτωση, πού παρουσιάστηκε πιό πάνω, πολλαπλᾶ ἰδιαίτερη.

*Η editio princeps των Ἑλληνικῶν «Πρακτικῶν» (1577) τῆς Συνόδου Φερράρας-Φλωρεντίας*

Μέρος Γ΄

*Η Editio Princeps των Ελληνικών «Πρακτικών».
Επιβίωση*

*Ευαγγελία Αμοιρίδου*

*Ἡ editio princeps τῶν Ἑλληνικῶν «Πρακτικῶν» (1577) τῆς Συνόδου Φερράρας-Φλωρεντίας*

## Τὰ Ἑλληνικὰ «Πρακτικὰ» στὸν Ἑλληνικὸ Κόσμο

Ἡ ἀναζήτηση τοῦ ἴχνους τῆς διαδρομῆς τῶν Ἑλληνικῶν «Πρακτικῶν» στὸν ἑλληνικὸ κόσμο ἔχει ὡς ἐνωρίτερη χρονικὴ ἀφετηρία τὶς ἀρχὲς τοῦ 1578, ἂν ὄχι -ἀρκετὰ παρακινδυνευμένα- τὰ τέλη τοῦ 1577, τὴν χρονιὰ δηλαδὴ ποὺ αὐτὰ τυπώνονται στὴν Ρώμη. Ἡ ἀναζήτηση αὐτὴ προϋποθέτει τὴν ἐπώνυμη ἀναφορὰ σ' αὐτά, ἤ, σὲ περίπτωση ἀνωνυμίας, τὴν ἀσφαλῆ ἀναγνώριση καὶ ταύτισή τους. Δὲν εἶναι ἐξαντλητικὴ - δὲν θὰ μποροῦσε, ἄλλωστε. Ἐπικεντρώθηκε στὰ ἔργα ἐκεῖνα, τὰ ὁποῖα, ἐπειδὴ κατὰ τεκμήριο εἶχαν τὴν εὐρύτερη κυκλοφορία, λειτούργησαν δυνητικὰ ὡς πεδίο γνωριμίας μὲν τοῦ ἀναγνωστικοῦ κοινοῦ μὲ τὰ Ἑλληνικὰ «Πρακτικὰ» τῆς Συνόδου τῆς Φλωρεντίας, ἐπιβίωσης δὲ καὶ διάδοσης τοῦ ἴδιου τοῦ κειμένου τῶν Ἑλληνικῶν «Πρακτικῶν». Ὑπ' αὐτὸ τὸ πρῖσμα "διαβάζονται" ἡ *Ἱστορία πολιτικὴ Κωνσταντινουπόλεως*, ὁ *Χρονογράφος* τοῦ Δωροθέου Μονεμβασίας, ἡ *Δωδεκάβιβλος* τοῦ πατριάρχη Ἱεροσολύμων Δοσιθέου καὶ ἡ *Ἐκκλησιαστικὴ Ἱστορία* τοῦ Μελετίου, μητροπολίτη Ἀθηνῶν. Ἡ ἐξέτασή τους φυσικὰ γίνεται κατὰ βάση χρονολογικὴ καὶ ἀναζήτησε στὰ συγκεκριμένα ἔργα ὅ,τιδήποτε ὁμολογεῖ ἢ θὰ μποροῦσε νὰ ὑποδηλώσει τὴν γνώση καὶ τὴν χρήση τῶν Ἑλληνικῶν «Πρακτικῶν». Ἐννοεῖται, πῶς ἐδῶ περιλήφθηκαν ἐκεῖνα τὰ ἔργα, στὰ ὁποῖα ἐντοπίστηκε γνώση ἢ χρήση τῶν «Πρακτικῶν». Ἡ ἀναζήτηση, ὅπως εἶναι λογικό, ἄρχισε ἀπὸ κείμενα σχεδὸν σύγχρονα τῆς Συνόδου ἢ καὶ λίγο κατοπινά, ἕναν αἰώνα πρὶν τὴν ἔκδοση τῆς editio princeps. Ἀπὸ τὰ κείμενα αὐτὰ ἄξια ἀναφορᾶς, ἐκτὸς ἀπὸ τὸν Συρόπουλο - βασικὸ μάρτυρα τῶν ἐπίσημων πρακτικῶν τῆς Συνόδου, εἶναι τὰ ἔργα τοῦ Πλουσιαδηνοῦ[206], ὁ ὁποῖος, μελέτησε τὰ Πρακτικά, τὰ ἀντέγραψε σὲ χειρόγραφα, τὰ χρησιμοποίησε αἰσθητὰ στὰ ἔργα του - τὸ ὁμολογεῖ ἄλλωστε καὶ ὁ ἴδιος - καὶ εὐθύνεται γιὰ τὴν μορφὴ ποὺ ἔχουν αὐτά, ὅπως ἀναφέρθηκε ἤδη στὴν σχετικὴ ἑνότητα. Μετὰ τὸν πλούσιο σὲ ἀναφορὲς στὰ πρακτικὰ ἢ πράξεις Πλουσιαδηνὸ (β' μισὸ τοῦ 15ου αἰ.), οἱ ἐπώνυμες ἄμεσες ἀναφορὲς σπανίζουν. Δὲν γίνεται λόγος γι' αὐτὰ οὔτε στὴν Σύνοδο τῆς

---

[206] *Διάλεξις... περὶ τῆς διαφορᾶς τῆς οὔσης μέσον Γραικῶν καὶ Λατίνων ἔτι τε καὶ περὶ τῆς ἱερᾶς καὶ ἁγίας συνόδου τῆς ἐν Φλωρεντίᾳ γενομένης*, PG 159, 959-1024, *Ἀπολογία εἰς τὸ γραμμάτιον κὺρ Μάρκου τοῦ Εὐγενικοῦ...*, ὅ.π., 1024-1094.

Κωνσταντινούπολης τοῦ 1483, πού ἀνέτρεψε τήν Φλωρεντινή, ἡ ἀπόφαση τῆς ὁποίας ἀναφέρει μόνο τόν Ὅρο[207].

Ἀναφέρθηκε ἤδη, ὅτι ἡ ἄγνωστη ὡς αὐτοτελές ἔργο *Περιγραφή*, τό ἕνα ἀπό τά κύρια συστατικά - μαζί μέ τό *Πρωτόκολλο* - τῶν Ἑλληνικῶν «Πρακτικῶν», δέν ἔχει ἐντοπισθεῖ μέχρι τώρα. Δέν εἶναι ἀπίθανο, λοιπόν, ἐφόσον αὐτή δέν εἶναι γνωστή μέ συγκεκριμένη ταυτότητα, κάπου νά λανθάνει. Φρονῶ, πώς θά ἀρχίσει πλέον νά γίνεται περισσότερος λόγος γι' αὐτήν. Καί τοῦτο διότι εἴμαστε πλέον σέ θέση νά τήν ἀναγνωρίζουμε, ὅπου τυχόν ὑπάρχει ἤ περιέχεται. Τό *Χρονικόν* τοῦ Γεωργίου Φραντζῆ[208] συνιστᾶ χαρακτηριστικό παράδειγμα καί ἀξίζει ἡ ἑξῆς σύντομη ἀναφορά σχετικά. Τό *Chronicon Maius* - ἡ κατοπινή του ἐπεξεργασία μέ προσθήκη καί ἄλλων ἔργων- συμπεριλαμβάνει μία ἀρκετά ἐκτενῆ διήγηση μέ τήν ἄφιξη τῆς ἑλληνικῆς ἀντιπροσωπείας στήν Βενετία καί μετά στήν Φερράρα[209]. Ἀπό τήν ἀντιπαραβολή διαπιστώνεται, ὅτι διήγηση αὐτή εἶναι αὐτούσιο τμῆμα ἀπό τήν *Περιγραφή* τῶν Ἑλληνικῶν «Πρακτικῶν», ἐνσωματωμένο οὐσιαστικά ἀνώνυμα στήν συνάφεια, ἄν καί παρουσιάζεται ὡς «δηλοποιηθέν παρά τοῦ δεσπότου κύρ Δημητρίου»[210]. Ἐπειδή ἡ σύνθεση τοῦ *Χρονικοῦ* στήν μορφή *Maius* προηγεῖται τῆς ἔκδοσης τῆς editio princeps, σημαίνει ὅτι τό *Χρονικόν* δέν γνωρίζει τήν *Περιγραφή* ἀπό τήν ἔντυπη ἔκδοση τῶν Ἑλληνικῶν «Πρακτικῶν», ἀλλά προφανῶς ἀπό τήν χειρόγραφη παράδοσή της. Συνεπῶς, ἄν καί ἀφορᾶ ἕνα τμῆμα της μόνο, θά μποροῦσε νά θεωρηθεῖ ὡς μάρτυρας τῆς αὐτοτελοῦς ὕπαρξης τῆς *Περιγραφῆς*. Ἐπιπλέον, τό κείμενο τῆς *Περιγραφῆς* ὅπως ὑπάρχει στά «Πρακτικά» δέν ἔχει

---

207 Βλ. στό: : Δημ. Ἀποστολόπουλος, Ὁ «ἱερός Κῶδιξ»..., σ. 124-127.

208 Im. Bekkeri (ed.), *Georgius Phrantzes. Ioannes Cananus. Ioannes Anagnostes*. Bonnae MDCCCXXXVIII (CSHB). Τό *Χρονικόν* τοῦ Φραντζῆ στίς σ. 3-453, ὅπου τό ἐπ' ὀνόματι τοῦ Φραντζῆ *Chronicon Maius*. Καί τά δύο ἐπ' ὀνόματι τοῦ Φραντζῆ *Χρονικά* περιέχονται στήν PG 156, *Chronicon Maius*, στ. 637-1022, καί *Chronicon Minus* 1023-1080. Χρήσιμη γιά τήν ἐνημέρωση γύρω ἀπό τό ζήτημα τῶν συγκεκριμένων Χρονικῶν καί τίς ἐκδόσεις τους ἡ Εἰσαγωγή τοῦ Ric. Maisano (ed.), *Georgii Sphrantzae Chronicon*, Roma 1990 [CFHB vol. XXIX, series italica]. Γιά τόν Γεώργιο (Σ)Φραντζῆ βλ. περισσότερα: Κ. Κρουμπάχερ, Ἱστορία τῆς Βυζαντινῆς λογοτεχνίας, (μεταφρ. Γ. Σωτηριάδου), Ἀθῆναι 1939, σ. 313--315. Ἰ. Ε. Καραγιαννόπουλος, Πηγαί τῆς Βυζαντινῆς Ἱστορίας, Θεσσαλονίκη 1987, σ. 434-435. H. Hunger, Βυζαντινή Λογοτεχνία Ἡ λόγια κοσμική γραμματεία τῶν βυζαντινῶν, τόμ. Β', Ἱστοριογραφία, Φιλολογία, Ποίηση, (μεταφρ. Τ. Κόλιας, Κ. Συνέλλη, Γ.Χ. Μακρῆς, Ἰ. Βάσσης), Ἀθήνα ²1997 [ΜΙΕΤ], σ. 351-358.

209 Ἡ διήγηση ἀρχίζει μέ τήν ἀναχώρηση τῆς ἀποστολῆς «διά τήν μελετηθεῖσαν καί μή ὠφεληθεῖσαν ἤ μᾶλλον εἰπεῖν μή ὠφελήσασαν σύνοδον τήν ἐν Φλωρεντίᾳ συναθροισθεῖσαν». Ἡ §13 (Chronicon Minus) ἀναφέρει τήν προετοιμασία τῆς Συνόδου (σ. 176-181), καί ὁλοκληρώνεται μέ τό προοίμιο τῆς *Περιγραφῆς*. Οἱ §14-16 (σ. 181-191) περιέχουν τά τῆς ἄφιξης στήν Βενετία καί τήν Φερράρα. Τό ἴδιο κείμενο, ὡς *Περιγραφή διεξοδικοτέρα Γεωργίου Φραντζῆ Πρωτοβεστιαρίου τῆς Εἰσόδου τοῦ βασιλέως εἰς Βενετίαν*, περιέχεται γλωσσικά προσαρμοσμένο καί στό: *Βίβλος χρονική περιέχουσα τήν ἱστορίαν τῆς Βυζαντίδος, μεταφρασθεῖσα ἐκ τοῦ Ἑλληνικοῦ εἰς τό Κοινόν ἡμέτερον Ἰδίωμα, παρά Ἰωάννου Στάνου, τοῦ ἐξ Ἰωαννίνων*. Ἐνετίῃσι 1767, τόμ. 4ᵒˢ, σ. 247-255.

210 Bekkeri, ὅ.π., σ. 181[12-13].

τό γλωσσικό ὕφος, πού θά περίμενε κανείς ἀπό τό κείμενο ἑνός λόγιου ἱεράρχη, καί μάλιστα ἑνός καταρτισμένου στά νομικά, ὅπως ἦταν ὁ φερόμενος ὡς συγγραφέας του μητροπολίτης Μιτυλήνης Δωρόθεος· εἶναι μᾶλλον λαϊκό, μάλιστα ἐμφανίζει καί μία προτίμηση στήν χρήση λατινικῆς καθημερινῆς ὁρολογίας. Ἀντίθετα, τό κείμενο τῆς Περιγραφῆς ὅπως ὑπάρχει στόν Φραντζῆ, εἶναι σαφῶς «ἑλληνοπρεπές» καί συμπεριλαμβάνει ὡς ἄγνωστους τούς λατινικούς ὅρους[211]. Συνεπῶς, ἔχει περισσότερες πιθανότητες νά εἶναι πλησιέστερο πρός τό ἀρχικό ὕφος τοῦ κειμένου τῆς Περιγραφῆς. Οἱ φιλόλογοι εἶναι βέβαιο ὅτι μποροῦν νά ἐκφέρουν περισσότερα ἐπ' αὐτοῦ.

### α) Ἱστορία πολιτική (1578)

Ἡ Ἱστορία πολιτική Κωνσταντινουπόλεως ἀπό τοῦ ατςα΄ ἕως τοῦ αφοη΄ κινεῖται στό κατώτατο δυνατό ὅριο τοῦ χρονικοῦ μας στόχου (editio princeps,1577), ἀφοῦ, σύμφωνα μέ τόν τίτλο, καταλήγει στό ἔτος 1578. Γιά τόν λόγο αὐτό, ἀλλά καί ἐξ αἰτίας τῆς διάδοσης πού ἔτυχε, διεκδικεῖ τήν ἐξέτασή της ὑπό τό πρῖσμα τοῦ ἐνδιαφέροντός μας[212].

Ὁ σ. τῆς Ἱστορίας πολιτικῆς[213] ἐκθέτει τά τῆς συνόδου τῆς Φερράρας-Φλωρεντίας ἀπό τήν ἀναχώρηση τῆς ἀποστολῆς μέχρι καί τήν ἐπιστροφή της,

---

211 Πρβλ.: Φραντζῆς: «...ἦλθεν ὁ δούξ μετά τιμῆς μεγάλης, μετά τῶν ἀρχόντων αὐτοῦ καί συμβούλων τῶν τῆς γερουσίας καί συγκλήτου ἑτέρων ἀρχόντων πολλῶν, ἐντός τοῦ πορθμείου τινός, ἐν ᾧ ἔθος ἦν τῇ γερουσίᾳ εἰσιέναι αὐτούς, κατά τήν ἐκείνων διάλεκτον πουτζιδῶρον καλούμενον·», σ. 182[17-21].
Ἑλληνικά «Πρακτικά» (Πλουσιαδηνός): «..ἦλθεν ὁ δούξ μετά τιμῆς μεγάλης μετά ἀρχόντων καί συμβούλων αὐτοῦ καί ἑτέρων ἀρχόντων πλείστων ἐντός τοῦ εὐτρεπισμένου πουτζιδόρου, ὅς ἦν σκεπασμένος...», Gill, Quae supersunt..., σ. 2[15-18].

212 Ἡ Ἔκθεσις χρονική, πού προηγεῖται καί περιέχει ἀναφορά στήν Φλωρεντινή σύνοδο καί τήν ὁποία προφανῶς γνωρίζει ἡ Ἱστορία πολιτική, ἕνα ἀπό τά λίγα σημεῖα πού διαφέρει ἀπό αὐτήν εἶναι ὅτι δέν ἔχει καμία οὔτε ἄμεση οὔτε ἔμμεση ἀναφορά στά Ἑλληνικά «Πρακτικά», πρβλ. Spyr. Lambros (ed), *Ecthesis Chronica and Chronicon Athenarum*, Amsterdam ²1969 [London 1902], σ. 5-7.

213 Πρωτοεκδόθηκε ἀπό τόν Μαρτίνο Κρούσιο, *Turcograeciae libri octo a Martino Crusio, ... quibus Graecorum status sub imperio Turcico, in Politia et Ecclesia, Oeconomia et Scholis, iam inde ab amissa Constantinopoli, ad haec usque tempora, luculenter describitur*, Basiliae 1584, καί ἀπό ἐκεῖ στήν σειρά τῆς Βόννης: B. G. Niebuhrii (ed), *Historia politica et patriarchica Constantinopoleos*, Bonnae MDCCCXLIL, σ. 3-77 (CSHB). Γιά τόν συγγραφέα της ἐνδεικτικά βλ.: Κ. Σάθας, *Νεοελληνική φιλολογία. Βιογραφίαι τῶν ἐν τοῖς γράμμασι διαλαμψάντων ἑλλήνων, ἀπό τῆς καταλύσεως τῆς βυζαντινῆς αὐτοκρατορίας μέχρι τῆς ἑλληνικῆς ἐθνεγερσίας (1453-1821)*, Ἐν Ἀθήναις 1868. σ. 183-184. Ph. Meyer, *Die theologische Literatur der griechischen Kirche im 16. Jahrhundert*, Leipzig 1899 [Studien zur Geschichte der Kirche und der Kirche, Band III Heft 6], σ. 94 καί 162-164. Χρ. Παπαδόπουλος, «Περί τῆς ἑλληνικῆς ἐκκλησιαστικῆς χρονογραφίας τοῦ ιστ΄ αἰῶνος», *Ἐκκλησιαστικός Φάρος* 9(1912), σ. 410-454, κυρίως 420-427. Καρλ Κρούμπαχερ, *Ἱστορία τῆς Βυζαντινῆς λογοτεχνίας*, τόμ. Α΄, [Ἀθήνα 1939] σ. 416-420 (μετάφρ. Γ. Σωτηριάδου). Ἐνδιαφέρουσες πληροφορίες γιά τόν Ζυγομαλᾶ, τήν ἀλληλογραφία του μέ τόν Κρούσιο καί τό χειρόγραφό του ἔχει ὁ Ch. de Clerq, «La Turcograecia de Martin Crusius et les patriarches de Constantinople de 1453 à 1583», *Miscellanea iubilaria Instituti (1917-1967)*, OCP 33(1967), σ.

περιληπτικά, σέ 11 περίπου στίχους, ἀνάμεσα στούς ὁποίους κάνει λόγο γιά τά «Πρακτικά τῆς ὀγδόης λεγομένης συνόδου»[214]. Ἀπό τήν προσεκτική ἐξέταση τῶν δεδομένων καί σέ σύγκριση μέ τά Ἑλληνικά «Πρακτικά» θά πρέπει νά θεωρηθεῖ βέβαιο, ὅτι μέ τήν ἀναφορά αὐτή (Πρακτικά τῆς ὀγδόης...) δέν ἐννοεῖται ἡ ἔντυπη ἔκδοση τῶν Ἑλληνικῶν «Πρακτικῶν», ἀλλά τά *Ἀπομνημονεύματα* τοῦ Σίλβεστρου Συρόπουλου, γιά τούς ἐπόμενους λόγους: α) Τά Ἑλληνικά «Πρακτικά» ἀρχίζουν τήν διήγησή τους μέ τήν εἴσοδο τῆς ἀποστολῆς στήν Βενετία· δέν ἀναφέρουν τίποτα ἀπό τά προηγηθέντα τῆς ἀναχώρησης, οὔτε τά τοῦ ταξιδιοῦ ὡς «περιττά», ὅπως σημειώνεται χαρακτηριστικά[215]. Ὁ ὁρισμός ἐπίσης τοῦ Ἐφέσου Μάρκου, ὡς *ἐξάρχου*, εἶναι γνωστός ἀπό τόν Συρόπουλο. β) Τά Ἑλληνικά «Πρακτικά» δέν ἀριθμοῦν[216] τήν Σύνοδο τῆς Φλωρεντίας στόν τίτλο τους. Πλήν ὅμως, σέ τρία χειρόγραφα τῶν «Πρακτικῶν»[217], στήν διήγηση μετά τήν ἄφιξη στήν Φερράρα καί πρίν τήν ἔναρξη τῶν ἐπίσημων ἐργασιῶν, παρεμβάλλεται κεφάλαιο μέ περιεχόμενο τόν ἐναρκτήριο λόγο τοῦ ἐξάρχου τῆς ἑλληνικῆς ἀποστολῆς, τοῦ Ἐφέσου Μάρκου, πού δόθηκε στόν ναό τοῦ *μεγάλου Γεωργίου*, τό ὁποῖο τιτλοφορεῖται «Πρακτικά τῆς ἁγίας καί οἰκουμενικῆς ὀγδόης συνόδου»[218]. Παραδόξως, τόν χαρακτηρισμό «Πρακτικά τῆς ὀγδόης ἐν Φλωρεντίᾳ γενομένης συνόδου» φέρουν στόν τίτλο τους καί κάποια ἀπό τά χειρόγραφα, πού περιέχουν τά *Ἀπομνημονεύματα* τοῦ Σίλβεστρου Συρόπουλου[219]. Ἕνα μάλιστα ἀπό αὐτά, τό Vindob. Hist. Graec. 75, τό ἀντέγραψε ὁ Θεοδόσιος Ζυγομαλᾶς κατά παραγγελία τοῦ γνω-

---

210-220. Mar. Philippides, "Patriarchal Chronicles of the Sixteenth Century", *Greek- Roman- and Byzantine Studies* 25(1984), 87-94.

214 «Καί συνάξεως γενομένης μετά τοῦ πατριάρχου κυρίου Ἰωσήφ, ὅς ἐν Φλωρεντίᾳ ἐτελεύτησε, καί λειτουργίας γενομένης ἐν τῷ μεγίστῳ ναῷ τῆς τοῦ Θεοῦ λόγου Σοφίας ἐμελέτησαν καί ἐκύρωσαν ἀποπλεῦσαι, χειροτονήσαντες ἔξαρχον τῆς συνόδου Μάρκον τόν Εὐγενικόν, τόν Ἐφέσου μητροπολίτην. κατελθόντες οὖν καί ἐκεῖ ἀπελθόντες καί συνελεύσεις ποιήσαντες καί διετίαν ὅλην ἐνδιατρίψαντες ἐποίησαν μέν ἕνωσιν, ὡς τά Π ρ α κ τ ι κ ά τῆς ἐν Φλωρεντίᾳ ταύτης λεγομένης ὀγδόης συνόδου λέγει, τέλος δέ χρηστόν οὐδέν, ὅλως τοῦ Ἐφέσου μή ὑπογράψαντος, ἀλλά καί λογομαχίας καί αὖθις κινησάντων πολλῶν, ὅτε εἰς τήν Κωνσταντίνου ἐπανῆλθον.», ὅ.π., σ. $8^{22}$ -$9^{10}$

215 «Τήν μέν ἀπό Κωνσταντινουπόλεως εἰς Ἰταλίαν περίοδον, ὡς περιττήν οὖσαν γραφῇ παραδοῦναι διά τό μῆκος ταύτην ἐάσω, τήν δέ εἰσέλευσιν ἡμῶν εἰς Βενετίαν, ὡς λαμπράν καί αἰδέσιμον, ἔτι γε καί ἀξίαν, ταύτην διηγήσομαι.», Ἡ ἐν Φλωρεντίᾳ γενομένη Σύνοδος ..., Ρώμη 1577, σ. 1, (= Gill, Quae supersunt..., σ. 1).

216 Βλ. σχετικά μέ τήν ἀρίθμηση τῶν Συνόδων, στό κεφ. «Ἡ λατινική Μετάφραση τοῦ Ἀβράμου».

217 Οἱ κωδ. Ottobonianus Gr. 171(ιε΄ αἰ.) καί 389 (ιστ΄ αἰ.) καί ὁ Palatinus gr. 285 (ιε΄ αἰ.), βλ. περισσότερα στόν Gill, Quae supersunt ..., VIII- IX.

218 Gill, Quae supersunt ..., σ.27.

219 Σύμφωνα μέ τόν V. Laurent, πού μελέτησε τήν χειρόγραφη παράδοση τοῦ ἔργου τοῦ Συρόπουλου καί ἐξέδωσε κριτικά τό κείμενό του, οἱ κωδ. Par. Graec. 428, Vindob. Hist. Graec. 75, ὁ κώδ. 22 τῆς μον. Βαζελῶνος καί ὁ κώδ. 19 τοῦ Μουσείου Μπενάκη, Les "Memoires"..., σ. 65-73.

*Η editio princeps τῶν Ἑλληνικῶν «Πρακτικῶν» (1577) τῆς Συνόδου Φερράρας-Φλωρεντίας*

στοῦ συλλέκτη χειρογράφων Johannes Sambuck[220]. Ἡ σχέση τοῦ Ζυγομαλᾶ μέ τήν Ἱστορίαν πολιτικήν δηλώνεται μέ τήν σημείωση στό τέλος της, σύμφωνα μέ τήν ὁποία «προσέθηκε Θεοδόσιος ὁ Ζυγομαλᾶς, πατριαρχικός ἐν τῇ Κωνσταντίνου πρωτονοτάριος, τό θεῷ χάρις. ὡς εὗρον, μετέγραψα, κυρίου Μαρτίνου τοῦ Κρουσίου χάριν, διορθώσας τό κατά δύναμιν, ͵ζαζ' ἀπό κτίσεως, ἀπό Χριστοῦ 1578, μηνί Μαΐῳ κ'.»[221]. Ἡ πιθανότητα, νά ὑπάρχουν ἀκόμα στό Πατριαρχεῖο αὐτήν τήν ἐποχή τά ἐπίσημα Πρακτικά πού ἔφερε μαζί της ἐπιστρέφοντας ἀπό τήν Φλωρεντία ἡ ἑλληνική ἀποστολή, εἶναι ἀνύπαρκτη, πολλῷ δέ μᾶλλον νά περιέχουν τόν χαρακτηρισμό «ὀγδόη». Συνεπῶς, ὁ σ. τῆς Ἱστορίας πολιτικῆς, ἄν εἶχε νά ἐπιλέξει μεταξύ δύο χειρογράφων, ἑνός μέ τά Ἑλληνικά «Πρακτικά», πού ἀποκαλεῖ τήν συγκεκριμένη Σύνοδο *ἁγιωτάτη*, καί τοῦ Συρόπουλου, πού ἀναφέρεται σ' αὐτήν ὡς *λεγομένη ὀγδόη*, δέν ὑπάρχει ἀμφιβολία ὅτι θά προτιμοῦσε τό δεύτερο, τόν Συρόπουλο.

### β) Βιβλίον ἱστορικόν (α΄ ἔκδοση 1631)

Τό μεγαλύτερο ἐνδιαφέρον γιά τήν ἀνίχνευση τῆς ἐπιβίωσης τῶν Ἑλληνικῶν «Πρακτικῶν» στόν ἑλληνικό κόσμο παρουσιάζει ἀναμφίβολα τό *Βιβλίον ἱστορικόν*[222]..., ὁ κοινῶς γνωστός *Χρονογράφος* ἤ *Ψευδο-Δωρόθεος*. Ἀνάμεσα στά πολυάριθμα, κάθε λογῆς ζητήματα πού συνδέονται μέ τήν δημιουργία καί τήν πορεία ἑνός ἀπό τά πιό πολυδιαβασμένα κείμενα τοῦ β΄ μισοῦ τῆς Τουρκοκρατίας, «πού συνέβαλε ὅσο κανένα ἄλλο βιβλίο στή συντήρηση τῆς ἱστορικῆς μνήμης τοῦ ἑλληνικοῦ λαοῦ»[223], εἶναι καί τό σχετικό μέ τήν Φλωρεντινή σύνοδο καί, κυρίως, μέ τά Ἑλληνικά «Πρακτικά» της. Ἡ συνέχεια θά συνδράμει μέν

---

220 «Ἀντεγράφη τό παρόν βιβλίον ἐκ πρωτοτύπου παλαιοῦ, διά χειρός ἐμοῦ Θεοδοσίου καί νοταρίου τῆς Μεγάλης Ἐκκλησίας, Ἐν ἔτει ἀποκτίσεως (sic) κόσμου, ͵ζοα΄, ἰνδικτιῶνος ζ[ης], μηνί φεβρουαρίῳ ζ[η], ἡμέρα δευτέρα», ὅ.π.,, σ. 68, ὅπου διορθώνει τό ἔτος σέ 1564.

221 Historia politica ..., σ. 77.

222 *Βιβλίον ἱστορικόν περιέχον ἐν συνόψει διαφόρους καί ἐξόχους ἱστορίας. Ἀρχόμενον ἀπό κτίσεως Κόσμου. Μέχρι τῆς ἀλώσεως Κωνσταντινουπόλεως, καί ἐπέκεινα. Συλλεχθέν μέν ἐκ διαφόρων ἀκριβῶν ἱστοριῶν καί εἰς τήν κοινήν γλῶτταν μεταγλωττισθέν παρά τοῦ Ἱερωτάτου Μητροπολίτου Μονεμβασίας κυρίου Δωροθέου. Νεωστί δέ τυπωθέν μετά ἐξόδων τοῦ εὐγενεστάτου κυρίου Ἀποστόλου Τζιγαρᾶ τοῦ ἐξ Ἰωαννήνων, καί Ἰωάννου Ἀντωνίου τοῦ Ἰουλιανοῦ, εἰς κοινήν ὠφέλειαν. Περιέχον καί πίνακα πλουσιώτατον πάντων τῶν ἀξιομνημονεύτων πραγμάτων, Ἐνετίησιν. Ἔτη κυρίου. ͵αχλα΄. Παρ' Ἰωάννῃ Ἀντωνίῳ τῷ Ἰουλιανῷ*. Στήν ἔκδοση τοῦ 1676 ὁ τίτλος ἀρχίζει: *Ὁ Χρονογράφος. Τουτέστι Βιβλίον ἱστορικόν...*, É. Legrand, *BH*, 17[e] s., Paris 1894, tom. 1[er], ἀρ. 211 σ. 290-299, ἀρ. 261 σ. 352-353· tom. 2[ème], ἀρ. 534 σ. 327-334, ἀρ. 546 σ. 390-391 κ.ἄ.. Σημειώνεται ὅτι, ὅπως ἄλλωστε ἀναφέρουν ὅλοι, ὅσοι ἀσχολήθηκαν μέ τό ἔργο αὐτό, οἱ ἐπανεκδόσεις του δέν εἶναι ὅλες πανομοιότυπες. Ἐγώ ἔχω στή διάθεσή μου τρεῖς, τήν α΄ (1631, μέ ἑλληνικά γράμματα στήν σελιδαρίθμηση), τοῦ 1798 (μέ ἀραβικούς ἀριθμούς στήν σελιδαρίθμηση) καί τοῦ 1814.

223 Χ. Γ. Πατρινέλης, *Πρώιμη Νεοελληνική Ἱστοριογραφία (1453-1821) Περιλήψεις μαθημάτων*, Θεσσαλονίκη 1990, σ. 71.

πρός τήν κατεύθυνση τοῦ ἐντοπισμοῦ τῶν πηγῶν τοῦ *Χρονογράφου* ὡς πρός τήν Σύνοδο, ἐνδέχεται ὅμως νά περιπλέξει, περισσότερο, τό πρόβλημα γύρω ἀπό τόν συγγραφέα του. Ἄς πάρουμε ὅμως τά πράγματα ἀπό τήν ἀρχή.

Ἀπό τήν προσεκτική ἀνάγνωση τοῦ *Χρονογράφου* διαπιστώνεται, πώς γιά τήν Σύνοδο τῆς Φλωρεντίας γίνεται δύο φορές λόγος, σέ δύο διαφορετικά σημεῖα. Ἡ πρώτη φορά εἶναι σύντομη καί περιέχεται στό κεφάλαιο μέ τίτλο: «Θάνατος Μανουήλ Βασιλέως τοῦ Παλαιολόγου. Βασιλεία Ἰωάννου τοῦ Παλαιολόγου υἱοῦ Μανουήλ»[224], ἐνῶ ἡ δεύτερη, ἑκατό περίπου σελίδες παρακάτω, στό κεφάλαιο μέ τίτλο «Περί τοῦ Ἰωάννου τοῦ Παλαιολόγου, πῶς ἔλαβε τήν βασιλείαν τῆς Κωνσταντινουπόλεως», ὅπου ἐπαναλαμβάνεται μέν grosso modo ἡ προηγηθεῖσα διήγηση, προστίθεται ὅμως, ὡς συνέχειά της, καί μία δεύτερη. Αὐτή, ἡ δεύτερη διήγηση, ἄν δέν εἶναι ἡ ἐκτενέστερη τοῦ Χρονογράφου, σίγουρα εἶναι ἀπό τίς μεγαλύτερες[225]. Μετά τά κοινά σημεῖα μέ τήν προηγούμενη, ὡς πρός τήν ἀρχή τῆς βασιλείας τοῦ Ἰωάννη Παλαιολόγου καί τήν ἀπόφασή του νά ταξιδέψει στήν Δύση γιά τήν ἕνωση τῶν Ἐκκλησιῶν, πού θά τοῦ ἐξασφάλιζε τήν ζωτική γιά τήν ἐπιβίωση τῆς αὐτοκρατορίας βοήθεια, ἡ διήγηση συνεχίζεται μέ τήν ἀναχώρηση τῆς ἀποστολῆς γιά τήν Σύνοδο στήν Φερράρα, γίνεται ἐξαιρετικά λεπτομερειακή στήν περιγραφή τῆς ὑποδοχῆς της στήν Βενετία, διατρέχει μέ ἐπιλεκτικά λεπτομερειακό τρόπο τήν Σύνοδο μέχρι τό τέλος της, παραθέτει περιληπτικά τόν Ὅρο της καί κλείνει τήν διήγηση μέ τήν ἀναφορά τῶν ὑπογραφῶν στό κείμενο τοῦ Ὅρου καί τά τῆς ἐπιστροφῆς τῆς ἀποστολῆς στήν Κωνσταντινούπολη. Ὁ συγγραφέας τοῦ *Χρονογράφου*, ἄν καί γενικά ἀγαπᾶ νά παραθέτει τίτλους -κατά τήν συνήθεια τῆς ἐποχῆς-, γιά νά φαίνεται ἡ ἐναλλαγή τῶν θεμάτων, στήν προκειμένη περίπτωση, τῆς διήγησης δηλαδή τῆς Συνόδου, δέν τό κάνει. Σέ κάποια σημεῖα, χωρίς ὅμως νά φαίνεται μέ τόν τρόπο πού γίνεται, διακόπτει τήν ροή τῆς διήγησης γιά νά παρενθέσει δύο ἄσχετες ἀναφορές: μία μέ τίτλο «Πότε ἐχτίσθη ἡ Βενετία», καί μία ἄλλη μέ τίτλο «Διά τό (sic!τί;) λέγεται τό πιστεύω σύμβολον»[226], ἤ γιά νά "ἀντιγράψει" ἐπακριβῶς τό πρωτότυπό του. Ὅμως τό κεφάλαιο «Ὅρος τῆς ἁγίας, καί οἰκουμενικῆς συνόδου, ὁποῦ ἐσυνάχθησαν δευτέραν φοράν, εἰς τήν νίκαιαν»[227] δέν ἀφορᾶ τήν Ζ' Οἰκουμενική (Β' Νικαίας) Σύνοδο, ὅπως θά περίμενε κανείς ἀπό τόν τίτλο του, ἀλλά εἶναι τμῆμα ἀποσπάσματος ἀπό τούς Ὅρους τῶν Οἰκουμενικῶν συνόδων, πού διαβάστηκαν κατά τήν διάρκεια τῶν ἐργασιῶν τῆς Συνόδου στήν Φερράρα (Πέμπτη 16 Ὀκτωβρίου, Συνέλευσις γ')[228]. Γι'αὐτό, ἄλλωστε, μετά τό

---

224    σ. φλγ'

225    Καταλαμβάνει τίς σελίδες χμη'-ψστ'.

226    Ἡ πρώτη, ἕνα "ἐπιγραμματικό" κεφάλαιο 7 μόνο στίχων, στίς σ. χνθ'-χξ', τό ὁποῖο μάλιστα δέν ὑπάρχει στήν συγκεκριμένη θέση στήν ἔκδοση τοῦ Χρονογράφου τοῦ 1794 πού ἔχω στήν διάθεσί μου, ἡ δεύτερη στίς σ. χοη'-χπ'.

227    Βρίσκεται στίς σ. χπ'-χπα'.

228    Πρβλ. editio princeps (1577), σ. 34-35 καί Gill, Quae supersunt ..., σ. 83-85.

τέλος αὐτοῦ κεφαλαίου συνεχίζεται ἡ ἐξιστόρηση τῆς Φλωρεντινῆς Συνόδου. Ἡ διήγηση ὁλοκληρώνεται μέ τό κεφάλαιο μέ τίτλο «Αἱ ὑπογραφαί τοῦ βασιλέως, καί τῶν ἀνατολικῶν ἀρχιερέων καί τῶν ἄλλων ἱερωμένων εἰς βεβαίωσιν τῆς ἁγιωτάτης ἑνώσεως τῶν ἐκκλησιῶν»[229], στό ὁποῖο περιέχονται ἐπιπλέον καί τά τῆς ἐπιστροφῆς τῆς ἀποστολῆς στήν Κωνσταντινούπολη.

Ὁ Χρονογράφος χρησιμοποίησε γιά τό συγκεκριμένο τμῆμα τοῦ ἔργου του δύο διαφορετικές πηγές, μία σύντομη καί μία συγκριτικά ἐκτενέστατη. Τήν μία δέ ἀπό αὐτές, τήν σύντομη, τήν ἔχει σέ δύο παραλλαγές της. Ἡ πρώτη πηγή πού ἀναγνωρίζεται εἶναι ἡ σχετική ἀναφορά τῆς Ἱστορίας Πολιτικῆς. Αὐτή βρίσκεται αὐτοτελής στήν πρώτη ἀπό τίς δύο διηγήσεις τοῦ Χρονογράφου γιά τήν Φλωρεντινή Σύνοδο, ἡ ἴδια δέ μέ παραλλαγές καί λίγο διαφορετικό γλωσσικό ὕφος βρίσκεται στήν ἀρχή καί τῆς δεύτερης, σχετικῆς διηγήσης[230], καί ἀποτελεῖ τόν "πρόλογο", τρόπον τινα, τῆς ἐκτενοῦς διηγήσης πού ἀκολουθεῖ. Ἄν παραμερισθῆ τό καθ' ἑαυτό περίεργο τῆς ἐπανάληψης, τό πιό ἀξιοσημείωτο ἀπό αὐτήν τήν διπλή ἀναφορά εἶναι τό γεγονός, ὅτι, παρά τήν ὁμοιότητά τους, οἱ διηγήσεις περιέχουν διαφορετικό ὄνομα γιά τόν πατριάρχη, πού μεταβαίνει στήν Ἰταλία: Ἰωσήφ ἡ πρώτη καί Ἰωάσαφ ἡ δεύτερη διήγηση. Τό ἐνδεχόμενο λάθους ἀποκλείεται ἀπό τήν κατ' ἐπανάληψη ἀναφορά τοῦ ἰδίου ὀνόματος στήν ἐκτενῆ διήγηση, πού ἀκολουθεῖ. Ἐπιπλέον, σέ ἕνα ἄλλο σημεῖο τοῦ Χρονογράφου, στό κεφάλαιο «Οἱ ἐνδοξότατοι δούκηδες ὅπου ἔγιναν ἀπαρχῆς εἰς τήν ἐκλαμπροτάτην Βενετίαν», ἀναφέρεται καί ἐκεῖ ὁ πατριάρχης μέ τόν ἴδιο τρόπο: *Μετά τοῦτον ἐγίνη ἄλλος τομάζος μοντενίγος, εἰς τούς χιλίους τετρακοσίους τριαντατεσσάρους. καί ἔζησεν χρόνους δέκα. καί μῆνας ὀκτώ, εἰς τάς ἡμέρας τούτου, τοῦ πρίντζηπου ἦλθεν ὁ γαληνότατος βασιλεύς κύριος Ἰωάννης ὁ παλαιολόγος, μετά τοῦ Πατριάρχου κυρίου Ἰωάσαφ, καί μετά τήν σύνοδον αὐτοῦ εἰς τήν Βενετίαν*[231]. Συνεπῶς, πιό πιθανό κατ' ἀρχήν φαντάζει, τό λάθος στό ὄνομα τοῦ πατριάρχη νά προέρχεται ἤ ἀπό τήν ἀρχική πηγή, ἤ ἀπό τήν λάθος ἀνάγνωση τοῦ ἀντιγραφέα τῆς πηγῆς[232].

---

229 Βρίσκεται στίς σ. ψ'- ψστ'.

230 Μία ἀκόμα διαφορά στίς δύο ὅμοιες διηγήσεις, πού προφανῶς προέρχονται ἀπό διαφορετικές πηγές, εἶναι ἡ σχετική μέ τήν κατάληψη τῆς Θεσσαλονίκης ἀπό τόν Μουράτ, τό 1440: ἡ μέν σύντομη περιγράφει τό γεγονός λιτά, σάν «σύντομο χρονικό», ἐνῶ ἡ δεύτερη, ἡ ἐκτενής, ἔχει μία ἐκτενῆ διήγηση γιά τήν πολιορκία τῆς πόλης καί τήν συνδρομή τῶν μοναχῶν τῆς μονῆς Βλατάδων στήν ἅλωσή της.

231 Βλ. σ. ψια'-χιβ' (sic), ἀντί ψιβ'. Στήν πρώτη ἔκδοση τοῦ Χρονογράφου διαπιστώνονται ἀρκετά λάθη στήν σελιδαρίθμηση. Ἐπίσης, σέ ἑπόμενες ἐκδόσεις τοῦ Χρονογράφου, τουλάχιστον σ' αὐτές τοῦ 1794 καί 1831 πού ἔχω 'δεῖ, δέν ἀναφέρονται οἱ μῆνες ἀπό τήν διοίκηση τοῦ δόγη, οὔτε ἡ παρουσία αὐτοκράτορα καί πατριάρχη πρίν καί μετά τήν σύνοδο τῆς Φλωρεντίας.

232 Ἡ ἀναζήτησή μου, στά «σύντομα χρονικά» καί στήν πιό γνωστή φιλολογική παραγωγή αὐτῆς τῆς περιόδου, δέν μέ βοήθησε -μέχρι στιγμῆς- νά ἐντοπίσω ἄλλη τέτοια ἀναφορά αὐτῆς τῆς ἐκδοχῆς τοῦ ὀνόματος τοῦ πατριάρχη.

*Ευαγγελία Αμοιρίδου*

Ἡ δεύτερη πηγή τοῦ *Χρονογράφου* γιά τήν ἐκτενῆ διήγηση πού περιέχει, εἶναι τά Ἑλληνικά «Πρακτικά». Μάλιστα, ἡ ἔκταση καί τό εἶδος τῆς διήγησης (περιγραφή πόλης καί τελετῶν, θεολογικές συζητήσεις σέ σύνοδο κ.ἄ.), καθώς καί ἡ ὁμοιότητα τῶν δύο κειμένων εἶναι τέτοια καί τόση, πού ἀποκλείει τό ἐνδεχόμενο τῆς ἀπό μνήμης ἤ ἐξ ἀκοῆς καταγραφῆς της ἀπό τόν *Χρονογράφο*. Αὐτός πρέπει νά εἶχε ὁπωσδήποτε πρό ὀφθαλμῶν κείμενο τῶν Ἑλληνικῶν «Πρακτικῶν», τό ὁποῖο στήν συνέχεια προσάρμοσε γλωσσικά στά δεδομένα τῆς ἐποχῆς του, καί στό ὁποῖο ἄφησε καί τήν «γλωσσική» σφραγίδα τῆς δικῆς του μητρικῆς γλώσσας ἤ διαλέκτου[233]. Βέβαια, ἡ ἀναγνώριση καί ἡ ταύτιση μίας πηγῆς τοῦ *Χρονογράφου* λύνει μέν ἕνα πρόβλημα, ἀλλά δημιουργεῖ καινούργια, ἐνδεχομένως σοβαρότερα ἤ τουλάχιστον πιό σύνθετα, πού ἀγγίζουν κυρίως τόν δημιουργό του.

Τό ἁπλούστερο ἀπό τά προβλήματα συνδέται μέ τό ὄνομα τοῦ πατριάρχη. Συγκεκριμένα, στά Ἑλληνικά «Πρακτικά», ἄν καί οἱ περισσότερες ἀναφορές γίνονται μέ τό ἀόριστο «ὁ πατριάρχης», δηλώνεται φυσικά τό ὀρθό ὄνομα, Ἰωσήφ[234]. Ἀπό τό κριτικό ὑπόμνημα τῆς σύγχρονης ἔκδοσής τους δέν φαίνεται νά ὑπῆρξε σέ κάποιο ἀπό τά χειρόγραφα ὁποιαδήποτε ἄλλη γραφή. Συνεπῶς, τό λάθος ὄνομα τοῦ πατριάρχη, πού ἔχει ὁ *Χρονογράφος*, δέν συνδέεται μέ τό κείμενο τῶν Ἑλληνικῶν «Πρακτικῶν». Ἰσχύει προφανῶς καί ἐδῶ ὅ,τι ἀναφέρθηκε προηγουμένως, δηλαδή, τό λάθος στό ὄνομα τοῦ πατριάρχη νά προέρχεται ἤ ἀπό τήν ἀρχική πηγή (κάποιο ἀντίγραφο τῶν «Πρακτικῶν» μέ τό λάθος) καί τόν Κατάλογο τῶν Δόγηδων, ἤ ἀπό τήν λάθος ἀνάγνωση τοῦ ἀντιγραφέα τῆς πηγῆς.

Τό δεύτερο πρόβλημα συνδέεται μέ τό κείμενο τῆς διήγησης καθαυτό. Συγκεκριμένα, ἀπό τήν σύγκριση τῶν δύο κειμένων, δηλαδή τῶν Ἑλληνικῶν «Πρακτικῶν» καί τῆς ἀντίστοιχης διήγησης τοῦ *Χρονογράφου*, διαπιστώνεται εὔκολα ὅτι ὁ δεύτερος ἀντέγραψε μέν ἀπό τά Ἑλληνικά «Πρακτικά», ἀλλά ἐπιλεκτικά: κάποια σημεῖα ἐξ ὁλοκλήρου (περιγραφές, τελετῶν, πόλεων, παρασκηνίου), ἀπό κάποια ἄλλα ἕνα μέρος τους (περιληπτική ἀναφορά σέ πολλές ἀπό τίς συζητήσεις) καί κάποια, τέλος, τά ἀγνόησε τελείως (ἀγορεύσεις τῶν ὁρισθέντων ἀπό κάθε πλευρά ἐπισήμων ὁμιλητῶν). Ἀπό τήν καινούργια διήγηση, πού ἔτσι προέκυψε, ὁ ἀναγνώστης τοῦ *Χρονογράφου* σχηματίζει πλήρη καί ἐξαιρετικά ζωντανή εἰκόνα γιά πολλά ἀπό τά ἐκτός ἐπίσημης συνόδου διαδραματισθέντα, ἐπίσης μία γενική εἰκόνα γιά πολλές ἀπό τίς διμερεῖς συζητήσεις, ἐνῶ δέν ἔχει εἰκόνα ἀπό τά ἐπιχειρήματα καί τίς ἀγορεύσεις τῶν ὁμιλητῶν. Συνεπῶς, ἀμέσως τίθεται τό ἐρώτημα, μέ ποιό κριτήριο ἔγινε ἡ ἐπιλογή καί ἐπεξεργασία ἑνός τόσο σημαντικοῦ -καί ἐκτε-

---

[233] Ὁ ἀντιγραφέας τῆς μορφῆς πού ὑπάρχει στήν πρώτη ἔκδοση τοῦ *Χρονογράφου* δείχνει ἐξοικειωμένος στήν ἰταλική ὁρολογία καθημερινότητας. Στίς ἑπόμενες ἐκδόσεις πού γνωρίζω κάποιες ἀπό αὐτές ἔχουν κάπως «ἐξελληνισθεῖ».

[234] Βλ. πρόχειρα Gill, Quae supersunt ..., σ.14[22], 16[31], 27[10] κ.ἄ..

*Ἡ editio princeps τῶν Ἑλληνικῶν «Πρακτικῶν» (1577) τῆς Συνόδου Φερράρας-Φλωρεντίας*

νέστατου- κειμένου, ὅπως εἶναι τά Πρακτικά μιᾶς συνόδου, μέ τέτοιο τρόπο μάλιστα, πού τό καινούργιο ἀποτέλεσμα νά δίνει τήν αἴσθηση τοῦ "δεμένου" κειμένου, μέ συνοχή καί αὐτοτέλεια. Ὅποιος δέ προέβη στήν συγκεκριμένη "ἐπεξεργασία", ὅπως ἐπίσης καί ὅποιος κατά καιρούς τήν ἀντέγραφε, εἶχε ὁπωσδήποτε ἐπίγνωση περί τίνος πρόκειται, διότι τό ἀποτέλεσμα ἔχει ξεκάθαρα φιλολατινικό χρῶμα. Τό ἀμέσως ἑπόμενο εὔλογο ἐρώτημα, πού ἀνακύπτει μέ βάση τίς ἀπόψεις πού διατυπώνονται ὡς πρός τόν πιθανό συγγραφέα τοῦ *Χρονογράφου*[235], εἶναι, ποιός στήν Κωνσταντινούπολη, καί μάλιστα στό στενό πατριαρχικό περιβάλλον, δέν θά γνώριζε τό σωστό ὄνομα τοῦ Πατριάρχη πού ἔλαβε μέρος στήν Σύνοδο τῆς Φλωρεντίας, ὥστε, ἐάν ἔπρεπε νά τό ἀντιγράψει, τουλάχιστον νά τό παραθέσει διορθωμένο. Ἐπιπλέον, ποιός στήν Κωνσταντινούπολη, ἀκόμα καί ἄν ἐργαζόταν ἤ λειτουργοῦσε ὡς ἁπλός ἀντιγραφέας, θά ἔβλεπε σέ κείμενο νά ἀποκαλεῖται «ἁγιωτάτη» καί «οἰκουμενική» ἡ *ψευδοσύνοδος καί ὁ ψευδοσύλλογος τῆς Φλωρεντίας* καί θά ἄφηνε αὐτούς τούς χαρακτηρισμούς γι' αὐτήν τήν Σύνοδο, αὐτήν τήν ἐποχή.

Τά παραπάνω προβλήματα παύουν νά ὑφίστανται, ἄν ἡ συγκεκριμένη διήγηση στόν *Χρονογράφο* προέρχεται ἀπό ἕνα ἀνεξάρτητο ἀρχικό ἔργο καί ὄχι

---

235 Ὁ "γόρδιος δεσμός", τόν ὁποῖο συνιστᾶ τό ζήτημα τοῦ «συγγραφέα» τοῦ Χρονογράφου ἀπέχει πάρα πολύ ἀκόμα ἀπό τό νά πλησιάζει στήν ἐπίλυσή του. Οἱ Δωρόθεος Μονεμβασίας, στόν τίτλο τοῦ ἔντυπου ἀλλά ἄγνωστος ἀπό ἀλλοῦ, Ἱερόθεος Μονεμβασίας, τοῦ κοντινοῦ περιβάλλοντος τοῦ πατριάρχη Ἱερεμία Β' τοῦ Τρανοῦ καί Μανουήλ Μαλαξός, τῆς γνωστῆς οἰκογενείας καί συγγραφέας κατά παραγγελία τῆς *Πατριαρχικῆς Κωνσταντινουπόλεως Ἐκκλησίας* (α' ἔκδοση: Turcograecia καί ἀπό ἐκεῖ στήν σειρά τῆς Βόννης) εἶναι αὐτοί πού περισσότερο συζητήθηκαν ὡς «συγγραφεῖς» του. Ἡ πιό πρόσφατη μελέτη, πού συνοψίζει καί ὁμαδοποιεῖ τίς προηγηθεῖσες εἶναι τοῦ Σταμ. Στανίτσα, «Τό "Χρονικό τοῦ 1570" καί οἱ παραλλαγές του: τά Χρονικά Ψευδο-Δωροθέου καί Μανουήλ Μαλαξοῦ», στό: *Φίλιον δώρημα εἰς τόν Τάσον Ἀθ. Γριτσόπουλον, Πελοποννησιακά* ΙΣΤ' (1985-1986), σ. 593-633. Ἡ συζήτησε ἄνοιξε ἤδη ἀπό τόν Κων. Ν. Σάθα, *Μεσαιωνική Βιβλιοθήκη*, τόμ. Γ', Ἐν Βενετίᾳ 1872, σ. ιε'-ιη'. Τοῦ ἴδιου, *Νεοελληνική Φιλολογία*, σ. 207-208 καί 222-224. Τοῦ ἴδιου, *Ἀνωνύμου Σύνοψις χρονική*, Ἐν Παρισίοις 1894, σ. σμθ'- σνβ'. Ἀπό τήν ὑπόλοιπη βιβλιογραφία βλ. ἐνδεικτικά: Phil. Meyer, *Die theologische Literatur*, ..., σ. 166-169.Th. Preger, "Die Chronik vom Jahr 1570", BZ 11(1902), σ. 4-15. Χρυσ. Παπαδόπουλος, *Ἡ ἐκκλησιαστική χρονογραφία* ..., σ. 427-436. F. H. Marshall, "The Chronicle of Manuel Malaxos", *Byz.Neugr. Jahrb.* 5(1927), σ. 10-24. Ἐλισ. Ζαχαριάδου, «Μία ἰταλική πηγή τοῦ Ψευδο-Δωροθέου γιά τήν ἱστορία τῶν Ὀθωμανῶν», *Πελοποννησιακά* 5(1962), 46-59. Τῆς ἴδιας, «Ἡ πατριαρχεία τοῦ Διονυσίου Β' σέ μία παραλλαγή τοῦ Ψευδο-Δωροθέου», *Θησαυρίσματα* 1(1962), σ. 142-161. Διον. Ζακυθηνός, «Μεταβυζαντινή καί Νεωτέρα ἑλληνική ἱστοριογραφία», *Πρακτικά τῆς Ἀκαδημίας Ἀθηνῶν* 45(1974), 58-103, ἐδῶ σ. 61-62. Χ. Γ. Πατρινέλης, Νεοελληνική Ἱστοριογραφία ..., σ. 71ἑξ. καί πρόσφατα Γιώργ. Κεχαγιόγλου, *Πεζογραφική Ἀνθολογία*, [Θεσσαλονίκη] 2011, σ. 227-233 [Α.Π.Θ. Ἰνστιτοῦτο Νεοελληνικῶν Σπουδῶν [Ἵδρυμα Μανώλη Τριανταφυλλίδη]]. Ἐπίσης, τήν πολύ διαφωτιστική γιά τήν «ἄλλη» πλευρά τοῦ Χρονογράφου διατριβή τῆς καλῆς συναδέλφου Σωτ. Σταυρακοπούλου, *Στοιχεῖα ποιητικῆς στήν Χρονογραφία τοῦ Ψευδοδωροθέου. Μία ἀφηγηματολογική καί ἑρμηνευτική προσέγγιση*, Θεσσαλονίκη 2003, ὅπου καί πλούσια βιβλιογραφία, τήν ὁποία καί εὐχαριστῶ θερμά γιά τίς κατευθύνσεις πού μοῦ ἔδωσε σ' αὐτά τά ἐντελῶς ἄγνωστα σέ μένα μονοπάτια.

ἀπό τά Ἑλληνικά «Πρακτικά» στήν δεδομένη μορφή τους. Ἡ ἀμέσως ἑπόμενη σκέψη ὁδηγεῖ φυσικά στήν *Περιγραφή, τό δεύτερον ἀντιβολαῖον*, πού ἐνσωματώθηκε -ὅπως διεξοδικά ἀναλύθηκε στό σημεῖο- στά Ἑλληνικά «Πρακτικά» καί τήν ὁποία μάλιστα ὁ Gill στήν κριτική ἔκδοση ὑποδηλώνει μέ λεπτή γραμμή στό πλάι τοῦ κειμένου[236]. Πράγματι, ἡ ἀντιπαραβολή ἐπιβεβαιώνει, ὅτι ὁ *Χρονογράφος* τοῦ Δωροθέου Μονεμβασίας ἀντιγράφει ὁλόκληρη τήν *Περιγραφή* τοῦ Δωροθέου (;) Μυτιλήνης καί μόνον, καθόλου ἀπό τά *Πρακτικά*[237].

Ἡ παραπάνω διαπίστωση ἐντοπίζει καί ταυτίζει τήν πηγή τοῦ *Χρονογράφου* τήν σχετική μέ τήν Σύνοδο τῆς Φλωρεντίας. Αὐτό σημαίνει κατ' ἀρχήν, ὅτι μηδενίζονται οἱ πιθανότητες δημιουργός αὐτοῦ τοῦ τμήματος τοῦ *Χρονογράφου* νά εἶναι ὁ Ἱερόθεος Μονεμβασίας[238], δεδομένης δέ τῆς ἄρχι τέλους καλῆς μαρτυρίας γιά τήν ὀρθοδοξία του, ἀλλά καί τοῦ λάθους στό ὄνομα τοῦ Πατριάρχη, ὅπως ἐπίσης καί γιά τούς ἴδιους λόγους καί ὁ Μανουήλ Μαλαξός. Διεκδικεῖ ὅμως ἡ διαπίστωση αὐτή τῆς πηγῆς μία ἐπιπλέον σπουδαιότητα: δεδομένου ὅτι ἡ «Περιγραφή» ἤ τό *δεύτερον ἀντιβολαῖον* μᾶς εἶναι γνωστή μόνον ἀπό τήν διακριτική ἀναφορά τοῦ «συγγραφέα» τῶν Ἑλληνικῶν «Πρακτικῶν». Ἡ ἴδιας ἔκτασης παρουσία της στό Χρονογράφο θά μποροῦσε μᾶλλον νά θεωρηθεῖ ὡς μαρτυρία - μαζί μέ αὐτήν τοῦ Φραντζῆ- γιά τήν ὕπαρξή της, κυρίως δέ γιά τήν ἔκτασή της. Ὁ δημιουργός τοῦ *Χρονογράφου* πρέπει - καί αὐτός- νά εἶδε χειρόγραφό της. Διαφορετικά, θά πρέπει νά ὑποτεθεῖ, ὅτι ἀπό ἕνα χειρόγραφο τῶν ἑλληνικῶν «Πρακτικῶν» ἤ ἀπό τήν editio princeps ἐπέλεξε μόνο τά τμήματα, τά προερχόμενα ἀπό τό *δεύτερον βιβλίον*, πρᾶγμα μᾶλλον ἀπίθανο.

Συνοψίζοντας, ὁ δημιουργός τοῦ *Χρονογράφου*, γιά τήν Σύνοδο τῆς Φλωρεντίας βασίστηκε στήν *Ἱστορία Πολιτική* (δύο παραλλαγές;) καί σέ χειρόγραφο -μᾶλλον- τῆς *Περιγραφῆς* τοῦ Δωροθέου (;) Μυτιλήνης, τό

---

236 Gill, Quae supersunt ..., LXXXIX, B3.

237 Γιά τίς ἐπιμέρους λεπτομέρειες τῆς «παρουσίας» τοῦ Δωροθέου στόν Ψευδο-Δωρόθεο θά ἐπανέλθω σέ ἰδιαίτερη μελέτη.

238 Ὁ Γ. Χ. Πατρινέλης, Νεοελληνική Ἱστοριογραφία ..., ἀναφέρει, ὅτι ἀνάλογα μέ τά ἐνδιαφέροντα τοῦ ἀναγνωστικοῦ κοινοῦ τῆς ἐποχῆς, ὁ *Χρονογράφος* συμπληρωνόταν μέ διάφορα κεφάλαια : «σέ τρία τουλάχιστον χειρόγραφα τῆς ὁμάδας α' προσαρτᾶται ἐκτενές κεφάλαιο περί τῆς ἑνωτικῆς Συνόδου τῆς Φλωρεντίας. Πιθανός συντάκτης του ὁ Ἱερόθεος Μονεμβασίας. Πιθανή πηγή ἡ ἱστορία τῆς συνόδου τῆς Φλωρεντίας Σίλβεστρου τοῦ Συρόπουλου ἤ ἡ ἐπιτομή της ἀπό τόν Δούκα Καταβολάνο», σ. 75-76. Ὡς ἐνισχυτικό τῆς πιθανότητας ἐπικαλεῖται τήν ἀναφορά στό κώδ, 92 τῆς Μονῆς Λειμῶνος, πού «συνδέει» μέ κάποιο τρόπο τόν Ἱερόθεο μέ τήν Σύνοδο τῆς Φλωρεντίας. Συγκεκριμένα ὁ κωδ. 92 περιέχει καί: «2. Ἱεροθέου Μονεμβασίας περί τῶν ἑπτά οἰκουμενικῶν συνόδων, τῆς Η' καλουμένης καί τῆς ἐν τῇ Φλωρεντίᾳ, ἐν δημοτικῇ νεοελληνικῇ φράσει» στό: Α. Παπαδόπουλος ὁ Κεραμεύς, *Μαυρογορδάτειος Βιβλιοθήκη ἤτοι Γενικός περιγραφικός Κατάλογος τῶν ἐν ταῖς ἀνά τήν Ἀνατολήν Βιβλιοθήκαις εὑρισκομένων ἑλληνικῶν χειρογράφων*, Ἐν Κωνσταντινουπόλει 1884, τόμ. Α', σ. 80 ἀριθμ. 92² [Ὁ ἐν Κωνσταντινουπόλει Ἑλληνικός Φιλολογικός Σύλλογος, Μαυρογορδάτειος Βιβλιοθήκη. Παράρτημα τοῦ ΙΕ' τόμου].

ὁποῖο ἐμπλούτισε καί διασκεύασε γλωσσικά. Στήν διήγηση τουλάχιστον τῆς Συνόδου τῆς Φλωρεντίας ἡ ὑπόθεση τοῦ Th. Preger γιά τόν συγγραφέα τοῦ «Χρονικοῦ τοῦ 1570», ὅτι ἦταν κάποιος Βενετός, ἤ, σέ κάθε περίπτωση κάποιος πού γνώριζε πολύ καλά τήν Βενετία[239], φαίνεται νά βρίσκει ἔρεισμα. Ἴσως αὐτό νά δικαιολογοῦσε, ἐν μέρει, καί τήν λαθεμένη ἀναγραφή τοῦ ὀνόματος τοῦ Πατριάρχη. Ὡστόσο, φαίνεται ἀπίθανο, ἤ τουλάχιστον ἐλάχιστα πιθανό, νά πέρασε ἡ συγκεκριμένη διήγηση στόν Χρονογράφο μέ πρωτοβουλία τοῦ Ἱεροθέου Μονεμβασίας ἤ ἀκόμη καί τοῦ Μανουήλ Μαλαξοῦ. Διότι ἡ προσωπικότητα καί ἡ θέση τοῦ καθενός στόν ἐκκλησιαστικό χῶρο δέν δικαιολογεῖ καί δέν ἐπιτρέπει ἄγνοια ἤ εὐθυκρισία. Ἄν τό ἔκαναν αὐτοί, τό ἔκαναν μέ σκοπιμότητα, γεγονός πού δέν ἐπιβεβαιώνεται ἀπό πουθενά.

Τό παραδοξότερο ὅλων εἶναι τό γεγονός, ὅτι δέν φαίνεται νά διατυπώθηκε καμία κριτική ἐναντίον τοῦ Χρονογράφου, ὁ ὁποῖος, ὅπως ἔχει ἤδη ἀναφερθεῖ, γνώρισε ἀσυνήθιστα μεγάλο ἀριθμό ἐπανεκδόσεων γιά τήν ἐποχή του, διέλαθε δέ τῆς προσοχῆς καί τοῦ Δοσιθέου Ἱεροσολύμων, ὁ ὁποῖος, ὡς γνωστόν, "ἀνέκρινε" ὅ,τιδήποτε σχετικό. Ἀπό τήν ἄποψη αὐτή ἴσως ὁ Χρονογράφος νά ὑπῆρξε, ἑκών ἄκων (;), ἡ ἐπιτυχέστερη «παθητική» προπαγάνδα ὑπέρ τῆς Συνόδου τῆς Φλωρεντίας. Ὁπότε, στόν «γόρδιο δεσμό» τῆς δημιουργίας τοῦ Χρονογράφου λύνεται μέν σέ ἕνα σημεῖο του ἕνας κόμπος του, δένοντας ὅμως ταυτόχρονα ἕναν καινούργιο: ποιός συμπεριέλαβε τήν συγκεκριμένη διήγηση γιά τήν Σύνοδο τῆς Φλωρεντίας στόν Χρονογράφο, ἀλλά πῶς αὐτή παρέμεινε, ἀφοῦ σίγουρα προσθαφαιρέθηκαν τμήματά του.

γ) *Δοσιθέου Ἱεροσολύμων, Δωδεκάβιβλος (1715)*

Ἡ ἐκτενέστερη κριτική στά Ἑλληνικά «Πρακτικά» καί μέ σαφῶς πολεμικό χαρακτήρα περιέχεται στήν Δωδεκάβιβλο τοῦ πατριάρχη Ἱεροσολύμων Δοσιθέου[240], (βιβλίο Ι΄, κεφάλαια Γ΄- Θ΄). Ἄν καί στίς σχετικές ἀναφορές του ὁ Δοσίθεος χρησιμοποιεῖ τήν γενικόλογη ρήση «τά πρακτικά», δέν ὑπάρχει

---

239 Th. Preger, Die Chronik ..., σ. 15, ὁ ὁποῖος δέν βασίζεται μόνο στήν ἀναφορά τῆς ἴδρυσης τῆς Βενετίας ἤ τόν κατάλογο τῶν δόγηδων, πού περιέχονται. Πράγματι, καί στήν διήγηση τῆς περιγραφῆς γίνεται αἰσθητή ἡ εὐκολία στήν χρήση ἰταλικῶν ὅρων. Βλ. Ἀκόμη τήν Ἐλισ. Ζαχαριάδου, Μία ἰταλική πηγή ...,

240 *Ἱστορία περί τῶν ἐν Ἱεροσολύμοις πατριαρχευσάντων, διηρημένη μέν ἐν δώδεκα βιβλίοις, ἀρχομένη δέ ἀπό Ἰακώβου τοῦ Ἀδελφοθέου καί πρώτου ἱεράρχου τῶν Ἱεροσολύμων ἕως τοῦ παρόντος ἔτους...*, Ἐν Βουκουρεστίῳ 1715 (ἀνατύπωση: Θεσσαλονίκη 1982). Ὁ Δοσίθεος (31 Μαΐου 1641- 7 Φεβρουαρίου 1707) ἐκόσμησε τόν πατριαρχικό θρόνο τῶν Ἱεροσολύμων γιά μεγάλο χρονικό διάστημα (1669-1707), συνδράμοντας παράλληλα τήν Ὀρθοδοξία ὅπου ἔδει. Ἐκτός τῶν πατριαρχικῶν του καθηκόντων, ταξίδεψε ἀρκετά, συνέγραψε δέ σημαντικό ἀριθμό ἔργων. Ἐξαιρετικά κατατοπιστικός γιά τόν βίο καί τά ἔργα του εἶναι ἡ ἐκτενής Εἰσαγωγή τοῦ ἀρχιμ. Εἰρηναίου Δεληδήμου, πού προτάσσεται τῆς σύγχρονης ἀνατύπωσης τῆς *Δωδεκάβιβλου*.

τό παραμικρό περιθώριο ἀμφιβολίας, ὅτι πρόκειται γιά τά Ἑλληνικά «Πρακτικά». Κατ' ἀρχήν, ὁ τίτλος τοῦ πρώτου ἀπό τά σχετικά κεφάλαια «Ὅτι ἡ ἐν Φλωρεντίᾳ Σύνοδος οὔτε οἰκουμενική ἐστιν, οὔτε ἁγία, ἀλλά δολία, τυραννική καί παράνομος»[241], ἀκόμα κι ἄν δέν δηλώνεται ρητά, ὑποβάλλει, τρόπον τινά, ὅτι ὑπαινίσσεται τήν ἀντίθεση ἤ τήν ἀναίρεση τοῦ κύριου τίτλου τῶν «Πρακτικῶν», πού εἶναι *Ἡ ἁγία καί οἰκουμενική ἐν Φλωρεντίᾳ γενομένη Σύνοδος*. Σέ ἑπόμενο κεφάλαιο μέ τίτλο «Ὅτι τά πρακτικά τῆς Φλωρεντινῆς Συνόδου ἐνοθεύθησαν, ἐν πολλοῖς, ὡς ἐνταῦθα ἑξαχῶς δείκνυται», ὁ Δοσίθεος ἐκθέτει τά ἐπιχειρήματά του[242], μέ τά ὁποῖα τεκμηριώνει τήν κρίση του, ὅτι στήν δεδομένη μορφή τους τά «Πρακτικά» ἐμβάλλουν ἀμφιβολίες ὡς πρός τήν αὐθεντικότητά τους. Ἀρκετή προσοχή κερδίζει ἀπό μέρους τοῦ Δοσιθέου τό ὅτι συγγραφέας τῶν δύο ἔργων, πού συνεκδόθηκαν μαζί μέ τά «Πρακτικά», ἀναφέρεται γιά τό μέν ἕνα *Γεώργιος* καί γιά τό ἄλλο *Γεννάδιος Σχολάριος*[243].

Ἀπό τά γραφόμενα τοῦ Δοσιθέου διαφαίνεται, ὅτι δέν ἀμφισβητεῖ τήν ὕπαρξη πρακτικῶν ἀπό τήν Σύνοδο τῆς Φλωρεντίας, δέν θά μποροῦσε ἄλλωστε, ἀφοῦ, ἐκτός ἀπό τήν πράξη τῆς ἐκκλησίας, αὐτό καταμαρτυρεῖται ἀπό τόν αὐτόπτη Σίλβεστρο Συρόπουλο. Ἀμφισβητεῖ ὅμως, καί μάλιστα

---

241 *Δωδεκάβιβλος*, σ. 154-158.

242 «Τά πρακτικά τῆς Συνόδου ταύτης ὅτι εἰσίν ἐν πολλοῖς νενοθευμένα, ἐστί φανερόν, πρῶτον, ὅτι μήτε πάντα εἰσίν ὅσα ὁ Ἐκκλησιάρχης καί οἱ ἄλλοι ἱστορικοί καί πολλοί τῶν πατέρων σποράδην λέγουσιν, μήτε μήν σύμφωνα ἐκείνοις, ὅτι δέ ἐκεῖνοι ἀληθέστατοι, ἀναντίρρητον πολλῶν ἕνεκεν. δεύτερον, ὅτι περιέχουσι λόγους τινάς, ἐπιγραφομένους ποτέ μέν Γεωργίῳ τῷ Σχολαρίῳ, ποτέ δέ Γενναδίῳ Κωνσταντινουπόλεως, ὅπέρ ἐστι ψεῦδος, ὡς δειχθήσεται. τρίτον, ὅτι ἑκουσίως ψεύδονται, λέγουσι γάρ, ὅτι ὁ Ἐφέσου ἐρωτηθείς, Τό χορηγούμενον Πνεῦμα παρά Υἱοῦ κτίστης ἐστίν ἤ κτίσμα, ἐσιώπα, ὅπερ οὐχ οὔτως ἔχει, οὐ γάρ ἐσιώπα, ἀλλ' ἔλεγε, ταῦτα εἰσί παρά τό προκείμενον. τέταρτον, ὅτι νοθεύουσι τό ρητόν τοῦ ἁγίου Μαξίμου, καθότι ἄλλα λέγει ἡ ἐπιστολή, καί ἄλλως αὐτήν προσέφερον οἱ Λατίνοι, καί ἴδε τούς τόπους. πέμπτον, ὅτι συκοφαντοῦσι τήν ἑβδόμην Σύνοδον, ὡς δῆθεν εἰποῦσαν ἐκείνην τό Σύμβολον τῆς δευτέρας Συνόδου μετά τῆς προσθήκης ἐκ τοῦ Υἱοῦ. ... ἕκτον, ὅτι παρήγαγον τό ρητόν τοῦ μεγάλου Βασιλείου νενοθευμένον καί ἀποκεκομμένον καί διεστραμμένον, ...», ὅ.π., σ. 161-162. Τό ζήτημα τῆς νοθείας τῶν Πρακτικῶν ἀπασχόλησε τίς Συνόδους ἤδη ἀπό τήν Ε' Οἰκουμενική (Κωνσταντινούπολη, 553). Καί στήν Φλωρεντία, ὅπως φαίνεται ἀπό τά «Πρακτικά», ἀρκετός χρόνος δαπανήθηκε στόν ἔλεγχο τῶν *χρήσεων*, μέ ἀντιπαραβολές καί διασταυρώσεις χειρογράφων.

243 Ἀφιερώνει τρεῖς *Παραγράφους* στό συγκεκριμένο θέμα: -Ὅτι *οἱ ἐν τῷ τέλει τῆς φλωρεντινῆς Συνόδου Γεωργίῳ τῷ Σχολαρίῳ ἐπιγραφόμενοι τρεῖς λόγοι, δείκνυνται ἐνταῦθα διά πολλῶν ἀντιφάσεων ψευδεπίπλαστοι,- Ὅτι οἱ Λατίνοι ἀπολογίαν Γεωργίου τοῦ Σχολαρίου εἰς τά κατά Λατίνων συλλογιστικά κεφάλαια Μάρκου τοῦ Ἐφέσου προσφέροντες, δείκνυνται ἐνταῦθα προφανεῖς ψευδολόγοι,- Περί ἀνθυποφορᾶς Λατίνων, δύο Γεωργίους Σχολαρίους, τόν μέν ὑπέρ Λατίνων, τόν δέ κατά Λατίνων λεγόντων, καί τῆς περί αὐτούς αὐτῶν διαφωνίας καί προφανοῦς ψεύδους, καί περί τῆς παρ' ἡμῶν ἐνταῦθα ἀποδείξεως, ὅτι Γεώργιος ὁ Σχολάριος ὁ καί Γεννάδιος καί Πατριάρχης εἷς καί ὁ αὐτός ἐστιν, ὁ καί Λατίνοις πολέμιος.*

Ή editio princeps τῶν Ἑλληνικῶν «Πρακτικῶν» (1577) τῆς Συνόδου Φερράρας-Φλωρεντίας

εὐθέως, τά Ἑλληνικά «Πρακτικά» ὡς τήν αὐθεντική ἐκδοχή τους. Τό παράξενο εἶναι ὅτι, ἄν καί τά καταγγέλει ὡς νοθευμένα, δέν τά ἀπορρίπτει στό σύνολό τους, ἀλλά ἀναδεικνύει τά σημεῖα ἐκεῖνα, πού -κατά τήν γνώμη του- ὑπέστησαν νοθεία. Γενικῶς ὅμως, ἔχει τό ἐκκλησιαστικό ἐκεῖνο κριτήριο, πού τοῦ ἐπιτρέπει νά κρίνει, ἄν αὐτό πού διαβάζει ταυτίζεται ἤ ὄχι μέ τήν παράδοσή του. Δέν θά ἦταν ὑπερβολή νά εἰπωθῆ, ὅτι ἡ γνώμη τοῦ πατριάρχη Δοσιθέου «σφράγισε» τήν ἑλληνική θέση ἔναντι τῶν Ἑλληνικῶν «Πρακτικῶν», ὅπως ἐξάλλου καί ὅλη τήν ἀντι-λατινική γραμματεία ἀπό τήν ἐποχή του καί ἐντεῦθεν.

### δ) Μελετίου Ἀθηνῶν, Ἐκκλησιαστική Ἱστορία (α' ἔκδοση 1784)

Ἡ Ἐκκλησιαστική Ἱστορία[244] τοῦ μητροπολίτη Μελετίου εἶναι ἡ πρώτη πού γράφεται ὕστερα ἀπό δέκα καί πλέον αἰῶνες, μετά, δηλαδή, τήν ἀρχική ἐμφάνιση καί ἄνθηση τῆς ἐκκλησιαστικῆς ἱστοριογραφίας, μέ ἰδιαίτερο - καί πρωτοποριακό γιά τό γραμματειακό εἶδος καί τήν ἐποχή - χαρακτηριστικό, τό ὅτι γράφεται ἐπί τῇ βάσει γενικότερης βιβλιογραφίας, σύμφωνα μέ τήν τρέχουσα κατά τήν ἐποχή δεοντολογία[245]. Ἔτσι, ὅταν ὁ Μελέτιος χρειάζεται νά ἐκθέσει τά «Περί τοῦ Ἰωάννου Ζ' τοῦ Παλαιολόγου υἱοῦ τοῦ Μανουήλ Αὐτοκράτορος Κωνσταντινουπόλεως, καί τῶν γενομένων ὑπ' αὐτοῦ ἐν τῇ Ἐκκλησίᾳ, ὁμοῦ καί τῆς ἐλεύσεως αὐτοῦ ἐν τῇ Φλωρεντίᾳ Συνόδῳ», ἀναφέρει καί τίς πηγές του: βασίζεται στόν Γεώργιο Φραντζῆ, στόν ἱστορικόν Λαόνικο καί στήν Ἱστορίαν Σιλβέστρου τοῦ Συροπούλου, τήν ὁποία γνωρίζει ἀπό

---

244 Ἐκκλησιαστική Ἱστορία Μελετίου Μητροπολίτου Ἀθηνῶν. Μετενεχθεῖσα ἐκ τῆς Ἑλληνικῆς εἰς τήν ἡμετέραν ἁπλοελληνικήν φράσιν, εἰς ΤΟΜΟΥΣ ΤΡΕΙΣ διαιρεθεῖσα· καί πλουτισθεῖσα μέ πολλάς χρησίμους, καί ἀναγκαίας ὑποσημειώσεις, καί ἀκριβεῖς πίνακας· παρά Γεωργίου Βενδότη τοῦ ἐκ Ζκύνθου, καί παρ' αὐτοῦ διορθωθεῖσα. ΝΥΝ ΠΡΩΤΟΝ Τύποις ἐκδοθεῖσα δι' ἐπιστασίας, καί ἀκριβοῦς ἐπιμελείας Πολυζώη Λαμπανιτσιώτη τοῦ ἐξ Ἰωαννίνων. Καί παρ' αὐτοῦ προσφωνηθεῖσα Τῷ Ὑψηλοτάτῳ, Ἐκλαμπροτάτῳ, καί Μεγαλοπρεπεστάτῳ Αὐθέντῃ, καί Ἡγεμόνι πάσης Οὐγγροβλαχίας ΚΥΡΙΩι ΚΥΡΙΩι ΙΩ. ΜΙΧΑΗΛ ΣΟΥΤΖΩι. ΤΟΜΟΣ Γ'. Περιέχων τῆς ΕΚΚΛΗΣΙΑΣΤΙΚΗΣ ΙΣΤΟΡΙΑΣ τήν ἀκολούθησιν ἀπό τούς χιλίους χρόνους τῆς τοῦ Χριστοῦ Γεννήσεως ἕως τούς χιλίους ἑπτακοσίους. αψπδ'. ΕΝ ΒΙΕΝΝΗι ΤΗΣ ΑΟΥΣΤΡΙΑΣ. 1784. Παρά ΙΩΣΗΠΩι ΒΑΟΥΜΕΙΣΤΕΡΩι, Νομοδιδασκάλου καί Τυπογράφου. Γιά τήν ἱστορία τῆς πολύπαθης αὐτῆς Ἐκκλησιαστικῆς Ἱστορίας βλ. τά Προλεγόμενα τοῦ Κ. Εὐθυβούλου στόν α' -καί μοναδικό- τόμο τῆς ἔκδοσης τῆς Ἐκκλησιαστικῆς Ἱστορίας ἀπό τόν Ν. Ἀδαμίδη στήν Κωνσταντινούπολη, τό 1855.

245 Γιά τόν βίο καί τά ἔργα τοῦ Μελετίου βλ. ἐνδεικτικά τήν (ἀνέκδοτη) διατριβή τοῦ Κων. Κυριακόπουλου, Μελέτιος (Μῆτρος) Ἀθηνῶν, ὁ γεωγράφος (1661-1714): συμβολή στη μελέτη του βίου και του έργου του και γενικότερα της εποχής του θρησκευτικού ουμανισμού, Αθήνα 1988, γιά τήν Ἐκκλησιαστική Ἱστορία τοῦ Μελετίου βλ. το ὁμότιτλο κεφάλαιο, σ. 93-161. Ἐνδιαφέρουσα ἡ θεματική προσέγγιση τῆς διατριβῆς τοῦ Κων. Σαρρῆ, Ἱερή Historia Οἱ ἀποκλίνουσες διαδρομές ἑνός εἴδους μεταξύ Δύσης καί Ἀνατολῆς ἀπό τή Δωδεκάβιβλο τοῦ Δοσιθέου Ἱεροσολύμων στήν Ἐκκλησιαστική Ἱστορία τοῦ Μελετίου Ἀθηνῶν, Θεσσαλονίκη 2010, τόμ. Α'- Β'.

τήν ἔκδοση τοῦ *Ροβέρτου Γρενγτόνου*²⁴⁶ . Τήν σχετική μέ τόν πάπα ἀναφορά του στήν ἐν λόγω συνάφεια τήν παίρνει ἀπό τόν Πλάτινα²⁴⁷.

Ὁ Μελέτιος γνωρίζει τά Ἑλληνικά «Πρακτικά» καί τά χρησιμοποιεῖ ὡς πηγή στήν Ἐκκλησιαστική Ἱστορία του. Συγκεκριμένα, τά ἀποκαλεῖ «πρακτικά τῆς συνόδου» καί τά ἐπικαλεῖται στίς ἀκόλουθες περιπτώσεις: α) ὅταν νά ἀναφέρει τήν μεταξύ τοῦ βυζαντινοῦ αὐτοκράτορα καί τοῦ πάπα διένεξη σχετικά μέ τό πρωτόκολλο τῶν θέσεων κατά τήν διάρκεια τῶν ἐργασιῶν τῆς Συνόδου τῆς Φλωρεντίας, β) ὅταν ἀναφέρει τήν ἄποψη τοῦ πάπα Εὐγένιου Δ΄, ὅτι αὐτή εἶναι οἰκουμενική, ἐφόσον παρίστανται, ἐκτός ἀπό τόν ἴδιο, καί ὁ αὐτοκράτορας ἀλλά καί ὁ πατριάρχης, γ) ὅταν δίνει - σέ πολύ γενικές γραμμές- τήν περιγραφή τῆς Συνόδου καί παραθέτει τόν Ὅρο της, καί δ) ὅταν μνημονεύει τήν ἕνωση τῶν Ἀρμενίων μέ τήν Ἐκκλησία τῆς Ῥώμης²⁴⁸. Ἀξίζει νά σημειωθεῖ, ὅτι τήν Σύνοδο τῆς Φλωρεντίας, τήν ὁποία μάλιστα χαρακτηρίζει ψευδοσύνοδον²⁴⁹, ὁ Μελέτιος τήν ἐντάσσει καί τήν ἀναπτύσσει στό κεφάλαιο «Περί τῶν γενομένων Δυτικῶν Συνόδων ἐν τούτοις τοῖς χρόνοις», ὅπου ἐκθέτει τίς συνόδους τῆς Πίζας, τῆς Κωνσταντίας, τῆς Σιέννας, τῆς Βασιλείας καί τῆς Φλωρεντίας. Ἀναφερόμενος στήν πρώτη ἀπό αὐτές, σχολιάζει ὅτι «τά πρακτικά ταύτης τῆς συνόδου, ἐν τοῖς τῶν συνόδων τόμοις τοῦ Σουρίου, τοῦ Βινίου καί τῆς Ῥωμαϊκῆς συλλογῆς οὐχ εὑρίσκονται, ἀλλά μόνον παρ' Ἐδμόνδῳ Ῥηχαρίῳ ἐν τῇ ἱστορίᾳ τῶν Οἰκουμενικῶν συνόδων βιβλ. β΄». Ἐπειδή ὅμως τά Ἑλληνικά «Πρακτικά» περιλήφθηκαν στίς συλλογές τοῦ *Σουρίου* καί τοῦ *Βινίου* ἀλλά καί τήν Ῥωμαϊκή συλλογή (editio romana)²⁵⁰ , ἡ γενική ἀναφορά σ' αὐτά ὡς

---

246 «Σιλβέστρος ὁ Συρόπουλος διάκονος τῆς ἐν Κωνσταντινουπόλει Ἐκκλησίας, ὅστις ὁμοῦ μέ τούς ἄλλους ἕλληνας, ἦν καί αὐτός εἰς τήν ἐν Φλωρεντίᾳ σύνοδον, καί γενναίως ὑπέρ τῆς ὀρθοδόξου πίστεως ἀντέστη τοῖς Λατίνοις, τῆς ὁποίας συνόδου τήν ἱστορίαν συνεγράψατο, τυπωθεῖσαν ὑπό Ῥοβέρτου Γρενγτόνου μέ σημειώματα, ἐν ἔτει αχε. ἐπιγραφήν προσθεικότος αὐτῇ τοιαύτην λατινικήν, ἀληθής ἱστορία τῆς οὐκ ἀληθοῦς ἑνώσεως», σ. 310. Ἐννοεῖ προφανῶς τήν γνωστή μας ἔκδοση τοῦ Robert Graython, *Historia vera unionis non vera*e...

247 Μελετίου, Ἐκκλησιαστική Ἱστορία..., τόμ. Γ΄, σ. 264-268. Σημειώνεται ἐδῶ, ὅτι δεδομένης τῆς «μεσολάβησης» στό κείμενο τοῦ Μελετίου τόσο τοῦ Γεωργίου Βενδότη, *μέ τήν μορφή τῆς μεταφορᾶς ἐκ τῆς Ἑλληνικῆς εἰς τήν ἡμετέραν ἀπλοελληνικήν φράσιν, ..., πλουτισθεῖσα μέ πολλάς χρησίμους καί ἀναγκαίας ὑποσημειώσεις, ..., καί παρ' αὐτοῦ διορθωθεῖσα*, καθώς ἐπίσης καί τοῦ Πολυζώη Λαμπανιτσιώτη, *μέ τήν μορφή τῆς ἐπιστασίας καί τῆς ἀκριβοῦς ἐπιμελείας*, ἡ ἀναφορά στόν Μελέτιο προφανῶς ἀφορᾶ τήν τελική ἔκδοση, ἀφοῦ δέν διευκρινίζεται σέ κάθε περίπτωση τό κάθε τι τοῦ καθενός. Ἐκτός ἀπό τίς περιπτώσεις ἐκεῖνες, πού γεννοῦν μία ὑποψία, ὅπως, γιά παράδειγμα, σ. 287, ὅπου στό κείμενο γίνεται λόγος γιά δεκαετή διάρκεια τῆς συνόδου τῆς Βασιλείας, καί ἡ ὑποσημείωση διορθώνει «οὐχί δέκα, ἀλλά δώδεκα χρόνους ἐπεκράτησεν αὕτη ἡ σύνοδος, διότι ἄρχισε τῷ αυλα΄ Μαΐου ιθ΄ καί ἔλαβε τέλος τῷ αμγ΄, τῷ αὐτῷ μηνί μαΐῳ».

248 Ὁ Συρόπουλος δέν παραθέτει τό κείμενο τοῦ Ὅρου, οὔτε τήν ἄφιξη τῶν πρέσβεων τῶν Ἀρμενίων.

249 Μελέτιος, ὅ.π., σ. 290

250 Βλ. σχετικά παραπάνω, στό κεφ. «Ἐκδόσεις-Μεταφράσεις».

*Ἡ editio princeps τῶν Ἑλληνικῶν «Πρακτικῶν» (1577) τῆς Συνόδου Φερράρας-Φλωρεντίας*

«πρακτικά τῆς συνόδου» δέν ἐπιτρέπει νά γίνει σαφές, ἄν τά χρησιμοποιεῖ μέσα ἀπό αὐτές τίς συλλογές ἤ ἀπό τήν αὐτελῆ editio princeps. Προξενεῖ πάντως ἐντύπωση τό ὅτι, ἐνῶ ἡ «τελευταία γνώμη» τοῦ πατριάρχη Ἰωσήφ Β΄ περιέχεται στά Ἑλληνικά «Πρακτικά»[251], ὁ Μελέτιος μνημονεύει τήν ὕπαρξή της καί παραθέτει μικρό ἀπόσπασμά της, παραπέμποντας ὅμως ἐπ' αὐτοῦ: «ἀνάγνωθι ταύτην τυπωθεῖσαν ἐν τῷ βιβλίῳ περί τῆς ἀρχῆς τοῦ Πάπα τοῦ κύρ Νεκταρίου Ἱεροσολύμων πατριάρχου»[252].

Δέν θά πρόκειται γιά καινούργια διαπίστωση, ὅτι ἡ Σύνοδος τῆς Φλωρεντίας δέν ὑπῆρξε ποτέ τό ἀντικείμενο ἰδιαιτέρου ἐνδιαφέροντος στήν Ἀνατολή, ἀκόμα καί σέ καθαρά ἀκαδημαϊκό ἐπίπεδο. Συνεπῶς, δέν ἀναμενόταν κάτι πολύ περισσότερο ἀπό αὐτό πού ἀπαντᾶται, ἡ -εὔγλωττη-σιωπή ἀπ' αὐτοῦ. Σάν τά πράγματα νά ξαναγύρισαν στήν φυσική τους πραγματικότητα μετά τήν Σύνοδο τοῦ 1483, ἡ ὁποία ἀποφάνθηκε «ἡ ἁγία αὕτη καί οἰκουμενική τῶν ἀρχιερέων καί πατριαρχῶν σύνοδος διά τοῦ παρόντος αὐτῆς ὅρου ἔγνωκε δεῖν τά κακῶς τε καί ἀπερισκέπτως ἐν τῇ Φλωρεντίᾳ συνοδικῶς πραχθέντα καί δογματισθέντα ὡς δόγματα νόθα τῆς καθολικῆς ἐκκλησίας ἀλλότρια, ταῦτα καταστρέψαι καί τό κατ' αὐτήν ἀφανείᾳ παραπέμψαι καί τήν τοῦ Χριστοῦ ἐκκλησίαν ταῖς οἰκουμενικαῖς ὁμονοῆσαι συνόδοις...»[253]. Στήν συνέχεια, ὅ,τι ἀφοροῦσε καθαυτή τήν Σύνοδο τῆς Φλωρεντίας στό θεολογικό της κομμάτι, πράγματι, παραπέμφθηκε στήν ἀφάνεια. Δέν φαίνεται ὅμως νά συνέβη τό ἴδιο καί μέ τό ταξεῖδι, τόν «Ὀδυσσέα» πού ταξίδεψε μέχρις ἐκεῖ καί *εἶδεν ἄστεα,* ἀφοῦ τό σχετικό μ' αὐτό κομμάτι ἐπιβίωσε, καί μάλιστα ὁλόκληρο, μέσα ἀπό στόν πολυδιαβασμένο Χρονογράφο.

---

251 Μελέτιος, ὅ.π., σ. 220, *Ἡ τελευταία γνώμη τοῦ πατριάρχου.* Ὁ Συρόπουλος δέν ἀναφέρει τίποτα σχετικά. Ἡ σιωπή του μάλιστα, μαζί μέ τήν διχογνωμία ὡς πρός τήν ἡμέρα καί τίς συνθῆκες θανάτου τοῦ Πατριάρχη ἀπετέλεσαν διαρκές ἐπιχείρημα κατά τῆς γνησιότητας τοῦ πατριαρχικοῦ *σημειώματος,* ἀλλά καί ἔνδειξη - κατ' ἄλλους ἀπόδειξη- τῆς νοθείας τῶν Ἑλληνικῶν «Πρακτικῶν».

252 Ὅ.π., σ. 290. Σημειωτέον ὅτι τό ἀπόσπασμα πού παραθέτει δέν ταυτίζεται μέ αὐτό τῶν Ἑλληνικῶν «Πρακτικῶν». Δέν κατάφερα μέχρι στιγμῆς νά βρῶ τό ἔργο τοῦ Νεκταρίου, γιά νά διαπιστώσω, ἄν ὁ Νεκτάριος εἶναι πού ἔχει διαφορετικό κείμενο τῆς «τελευταίας γνώμης» - καί ἀπό ποῦ - ἤ ἄν πρόκειται γιά «παρέμβαση» τοῦ Μελετίου στό σημεῖο.

253 Δημ. Ἀποστολόπουλος, Ὁ «ἱερός κῶδιξ»..., σ. $126^{46-50}$.

*Ευαγγελία Αμοιρίδου*

## Επίλογος

Ἡ ἱστορία τοῦ βιβλίου, γιά τό ὁποῖο ἔγινε λόγος στίς σελίδες πού προηγήθηκαν, ἄρχιζε νά γράφεται σχεδόν ἔναν αἰώνα προτοῦ αὐτό 'δεῖ, τό 1577, τό φῶς διά τοῦ τύπου.

Δεκάχρονος ὁ Ἰωάννης Πλουσιαδηνός ὅταν γινόταν ἡ Σύνοδος τῆς Φλωρεντίας καί γεμάτος θυμό γιά ὅλους τούς Ἀνατολικούς, πού πῆραν μέρος σ' αὐτήν καί μέ τήν ὑπογραφή τους πρόδωσαν τήν πίστη τῶν πατέρων τους Τόσο θυμό, πού δέν δίστασε νά «βλασφημήσει τό κουκούλιον τοῦ πατριάρχου», ὅπως ὁμολογεῖ ὁ ἴδιος. Ἄγνωστο πῶς, ἴσως κάποια παραγγελία, μιάς καί ἦταν καί καλλιγράφος, πάντως ἀπόκτησε γνώση τῶν Πρακτικῶν τῆς συνόδου. Ἡ μελέτη τους στάθηκε ἡ ἀφορμή, κατά τά λεγόμενά του, νά κηρύττει «οὐκ ἄλλα, ἤ ὅσα παρά τῆς ἱερᾶς συνόδου (ἔγνω), ἥτις ἔσωσε τάς ἡμετέρας ψυχάς γενομένη» (PG 159, 1020Β). Ἄγνωστο πότε, ἄλλαξε πλευρά καί πέρασε στούς ὑποστηρικτές τῆς ἕνωσης. Χειροτονήθηκε μάλιστα οὐνίτης ἱερέας, στόν Χάνδακα. Ἀντιγράφοντας ὁ Πλουσιαδηνός διά τοῦ πόνου του τά Πρακτικά, γιά νά τά ἔχει κτῆμα του, τά συνδύασε μαζί μέ ἀκόμη ἕνα ἔργο κάποιου, πού πῆρε μέρος στήν Σύνοδο καί ἔδινε λεπτομέρειες γιά τήν πλευρά τῆς ἀποστολῆς τῶν Ἀνατολικῶν. Δέν παρέλειψε νά σημειώνει στό κτῆμα του, ἀπό ποῦ μέχρι ποῦ ἦταν τά κομμάτια πού ἔπαιρνε ἀπό τό *δεύτερο βιβλίο*. Δέν εἶναι γνωστό, ἄν ὁ τίτλος *Ἡ ἁγία καί οἰκουμενική ἐν Φλωρεντίᾳ γενομένη σύνοδος*, ὑπῆρχε σέ κάποιο ἀπό τά βιβλία ἤ εἶναι καινούργιος, δικός του. Ἄν ὑπῆρχε πάντως, θά ἦταν *τοῦ δεύτερου βιβλίου*. Τό καινούργιο πλέον "ἔργο" τοῦ Πλουσιαδηνοῦ, τά «Πρακτικά» τῆς Συνόδου τῆς Φλωρεντίας, ἄρχισε τήν δική του διαδρομή. Ἕνα κομμάτι αὐτῆς τῆς διαδρομῆς ἔγινε στήν Κρήτη, ὅπου πρέπει νά γνώρισε ἀρκετή ἀποδοχή -κατά τά λεγόμενα τοῦ Viviani- καί ἕνα ἄλλο στήν ἠπειρωτική Εὐρώπη. Στήν Κρήτη ἔμεινε χειρόγραφο, καί πρέπει νά ἦταν αὐτό, ἤ ἕνα ἀπό τά κείμενα, πού δίδασκε ὁ εἰδικός δάσκαλος τῆς Ἕνωσης. Στήν Ἰταλία, ἀπ' ὅπου ξεκίνησε ἡ ἄλλη διαδρομή, ὁ «Πλουσιαδηνός» ἔγινε περιζήτητος, εἰδικά ἀφοῦ διαπιστώθηκε, ὅτι τά ἐπίσημα Πρακτικά τῆς Συνόδου χάθηκαν.

Ἡ εὐφορία μετά τήν νίκη ἐπί τῶν τουρκικῶν δυνάμεων στήν ναυμαχία τῆς Ναυπάκτου, καθώς καί ἡ ἐπιτακτική ἀνάγκη γιά τόν περιορισμό τῆς ἐπέκτασης τῆς Μεταρρύθμισης, διαμόρφωσαν τήν καινούργια «ἀμυντικά ἐπιθετική» πολιτική τῆς Ἐκκλησίας τῆς Ρώμης, τήν *προπαγάνδα*, ἡ ὁποία λίγο ἀργότερα συνδέθηκε μέ τήν ὁμολογία καί πῆρε ἐπίσημη καί περίοπτη θέση, μέ τήν ἵδρυση τῆς Congregatio de Propaganda fide. Ἡ χειμαζόμενη Ἀνατολή πληροῦσε ὅλες τίς προϋποθέσεις, τυπικές καί οὐσιαστικές, γιά τήν ἐφαρμογή της. Ἡ ἵδρυση κολλεγίου γιά τήν μόρφωση τῶν ἑλληνοπαίδων, καθώς καί τυπογραφείου γιά τήν παραγωγή βιβλίων στά ἑλληνικά, πού θά προωθοῦν τίς ἀπόψεις τῆς Ρκαθολικῆς Ἐκκλησίας, ἦταν οἱ πρῶτοι πόλοι τῆς σχετικῆς πολιτικῆς. Ἡ προπαγανδιστική ἀποτελεσματικότητα τῆς Φλωρεντινῆς Συνόδου εἶχε ἤδη διαπιστωθεῖ στήν Κρήτη καί προοιώνιζε ἀνάλογη συνέχεια. Γι' αὐτό, σύμφωνα μέ τήν παπική βούλλα, καί προκειμένου «ἡ ἀξία τῶν Γραικῶν Πατέρων σοφία πᾶσι ἀεί μαρτυρουμένη φαίνοιτο, οἵτινες οὔτε κόπου φείσαντες, οὔτε τούς τοῦ πελάγου κινδύνους δειλιάσαντες..., εὐσεβῶς καί σοφῶς... τήν ἱεράν συνετέθησαν ἕνωσιν», ἀλλά καί ἐπειδή «ἡ ἀνάγνωσις ταύτης (τῆς Συνόδου) ἔτι γε τοῖς ὀρθοδοξίας σπουδαίοις λίαν μέλλει συνοίσειν» (Peri, σ. 176), ὁ πάπας Γρηγόριος ΙΓ' προσέταξε ἰδίοις ἀναλώμασι νά τυπωθεῖ *Ἡ ἁγία καί οἰκουμενική ἐν Φλωρεντίᾳ γενομένη σύνοδος*. Ἔτσι, στήν Ρώμη, τό 1577, χρονιά πού ἀρχίζει τήν λειτουργία του τό Ἑλληνικό Κολλέγιο τοῦ ἁγίου Ἀθανασίου, τυπώνεται ἡ editio princeps τῶν Ἑλληνικῶν «Πρακτικῶν» τῆς Συνόδου τῆς Φλωρεντίας, μαζί καί ἡ Ψευδο-Γεννάδειος πραγματεία, *Ὑπεράσπισις τῶν πέντε κεφαλαίων*... . Ἀπό ἐκεῖ, τότε, ἄρχισε ἕνα ἄλλο κομμάτι τῆς πορείας, συνάμα καί τῆς ἱστορίας τοῦ βιβλίου πού ἐξετάσαμε.

Πρίν καλά - καλά χρονίσει, ἴσως ἀκόμα καί πρίν φθάσει καί στόν ἀρχικά σχεδιασμένο προορισμό του, στήν Ἑλλάδα, ἔφθανε στήν Μόσχα στίς ἀποσκευές τοῦ παπικοῦ ἀπεσταλμένου Antonio Possevino, ἰησουίτη. Μετά τήν ἀδιαφορία τοῦ Μεγάλου Δούκα Ἰβάν τοῦ Τρομεροῦ γιά ὅ,τι πρέσβευε καί προσκόμιζε ὁ παπικός ἀπεσταλμένος, ὁ Possevino στράφηκε στούς ὑπόλοιπους τοῦ Ἀνατολικοῦ ρυθμοῦ, στήν περιοχή τῆς Ρουθηνίας. Ἐκεῖ ἡ editio princeps *ἔγινε σημεῖον ἀντιλεγόμενον*: ὡς τό κατ' ἐξοχήν προπαγανδιστικό κείμενο τῶν οὐνιτῶν, ἀλλά ἀκριβῶς γι' αὐτό καί πεδίο ἄντλησης ἐπιχειρημάτων γιά τούς ἀντιπάλους τῆς ἕνωσης μέ τήν Ρώμη, ἔγινε ἀποδεκτή ὡς μάνα ἐξ οὐρανοῦ, ἀλλά καί ἀπορρίφθηκε ὡς χαλκευμένη, μεταφράστηκε στίς τοπικές γλῶσσες, ἐπιμερίσθηκε καί ἐκδόθηκαν μεμονωμένα τά περιεχόμενά της, ἐπανεκδόθηκε. Καί ὅλα αὐτά συνέβησαν μέσα σέ τρεῖς δεκαετίες, μέχρι τήν δίγλωσση ἔκδοσή της στήν Συλλογή Πρακτικῶν editio romana (1608-1612).

Ἡ editio princeps τῶν Ἑλληνικῶν «Πρακτικῶν» τῆς Συνόδου τῆς Φλωρεντίας - μαζί μέ τήν λατινική της μετάφραση ἀπό τόν Ματθαῖο Καρυόφυλλο-, μέσῳ τῆς ἔνταξής της στήν ἐπίσημη ἔκδοση τῆς Ἐκκλησίας τῆς Ρώμης (editio

*Η editio princeps τῶν Ἑλληνικῶν «Πρακτικῶν» (1577) τῆς Συνόδου Φερράρας-Φλωρεντίας*

romana) καθιερώθηκε καί ὡς ἐπισήμως ἀποδεκτό κείμενο. Ἔκτοτε ἔγινε σημεῖο ἀναφορᾶς καί συμπεριλήφθηκε καί κάθε σοβαρή Συλλογή Πρακτικῶν Συνόδων, πού ἐκδόθηκε στόν δυτικό κόσμο.

Στήν Ἀνατολή, ἡ πορεία τῶν Πρακτικῶν τῆς Συνόδου τῆς Φλωρεντίας, ὅπως εὔκολα μπορεῖ νά ὑποτεθεῖ, ἦταν ἐντελῶς διαφορετική. Τά ἐπίσημα καί διασταυρωμένα ἀντίγραφα τῶν Πρακτικῶν, ἅμα τῇ ἐπιστροφῇ στήν Κωνσταντινούπολη, κατατέθηκαν στά ἀρχεῖα (αὐτοκρατορικό καί τοῦ πατριαρχείου), ὅπου, σύμφωνα μέ τόν Συρόπουλο, βρίσκονταν στήν διάθεση κάθε ἐνδιαφερόμενου. Χάθηκαν μέ τήν Ἅλωση -προφανῶς- καί δέν φαίνεται νά τά ἀναζήτησε κανείς ἰδιαίτερα. Ἔκτοτε στήν γραμματειακή παραγωγή, ὡς πρός τά «Πρακτικά», ἐμφανίζονται δύο μονοπάτια. Τό ἕνα - χρονολογικά δεύτερο - συνδέεται εὐθέως μέ τήν editio princeps, καί τήν στάση ἀπέναντί της: κατονομάζεται ρητά καί τήν ἐπικαλοῦνται ἁπλῶς ὡς στοιχεῖο (Μελέτιος Ἀθηνῶν) ἤ ἀσκοῦν κριτική σέ σημεῖα της, καί μάλιστα ἔντονη (Δοσίθεος Ἱεροσολύμων). Τό ἄλλο μονοπάτι εἶναι μέν πιό ἄμεσα συνδεμένο μέ τήν ἴδια τήν Σύνοδο, ἐπειδή ὅμως δέν εἶχε συγκεκριμένη ταυτότητα, προσαρτίσθηκε ἀνωνύμως σέ διάφορα ἐπώνυμα κείμενα. Ἔτσι ἐπιβίωσε μέν, ἀλλά λάθρα. Ὁ λόγος γιά τήν ἀποκαλούμενη Περιγραφή, τό ἔργο κάποιου φιλενωτικοῦ μέλους τῆς ἑλληνικῆς ἀποστολῆς, ἴσως τοῦ Δωροθέου Μιτυλήνης, τῆς ὁποίας ἡ συγγραφή στήν ὑπάρχουσα μορφή κατά τά φαινόμενα ὁλοκληρώθηκε στό ἰταλικό ἔδαφος, πρίν τό ταξεῖδι τῆς ἐπιστροφῆς στήν Κωνσταντινούπολη. Εἶναι τό περιεχόμενο τοῦ δευτέρου βιβλίου, πού ἀντέγραψε καί ἐνσωμάτωσε ὁ Πλουσιαδηνός στά Πρακτικά τῆς Συνόδου, δημιουργώντας ἔτσι τά «Πρακτικά», μέ τήν γνωστή τους μορφή. Ὅμως, ὁ Πλουσιαδηνός δέν εἶναι τελικά ὁ μόνος μάρτυρας τοῦ ἀγνώστου αὐτοῦ ἔργου. Ἕνα τμῆμα του συμπεριλαμβάνεται στό ἐπ' ὀνόματι τοῦ (Σ)Φραντζῆ Chronicon Maius, - ἀπό ἐκεῖ καί στήν Βυζαντίδα τοῦ Στάνου- ἐνῶ ὁλόκληρο, καί μάλιστα μέ λάθος τό ὄνομα τοῦ πατριάρχη, περιέχεται στόν Χρονογράφο τοῦ Ψευδο-Δωροθέου Μονεμβασίας. Ἡ ἐπιβίωση καί διάδοση τῆς Περιγραφῆς δέν πρέπει νά συνδέεται μέ τήν editio princeps τῶν Ἑλληνικῶν «Πρακτικῶν», ἡ ὁποία ἔπεται, ἀλλά οὔτε καί μέ τήν χειρόγραφη παράδοση «τύπου Πλουσιαδηνοῦ» τῶν «Πρακτικῶν» τῆς Συνόδου, ἀλλά μᾶλλον μέ δική της χειρόγραφη παράδοση. Λόγω τῆς editio princeps, ὡστόσο, εἴμαστε σέ θέση νά γνωρίζουμε τήν ὕπαρξή της καί νά τήν ἀναγνωρίζουμε, ὅπου ὑπάρχει.

*Ευαγγελία Αμοιρίδου*

*Ἡ editio princeps τῶν Ἑλληνικῶν «Πρακτικῶν» (1577) τῆς Συνόδου Φερράρας-Φλωρεντίας*

## Βιβλιογραφία

-Mansi, *Sacrorum Conciliorum nova et amplissima Collectio*, Paris 1901,

-C.-J. Hefele - H. Leclercq, *Histoire des Conciles d' après les documents originaux*, Paris 1902, tom. VII[2]

-J. Gill, *Konstanz und Basel-Florenz*, Mainz 1967, χαρακτηριστικά τίς σ. 251-256 [Geschichte der ökumenischen Konzilien, Band IX].

-Io. Leontiades, «Die griechische Delegation von Ferrara-Florenz. Eine prosopographische Skizze», *Annuarium Historiae Conciliorum*, 21(1989)

-J. Gill, «Greeks and Latins in a Common Council», *OCP* 25(1959), σ. 265-287.

-Bern. Schultze «Das letzte ökumenische Einigungskonzil theologisch gesehen», *OCP* 25(1959), σ. 288-309

-Βλ. Φειδᾶς, *Μεθοδολογικά προβλήματα τῆς Συνόδου Φερράρας-Φλωρεντίας*, Ἀθῆναι 1990.

-Εὐ. Χρυσός, «Ἡ Ἀνατολή συναντᾶ τήν Δύση. Πρβλήματα ἐπικοινωνίας καί προκαθεδρίας στή Σύνοδο τῆς Φλωρεντίας», *Κλητόριον εἰς μνήμην Νίκου Οἰκονομίδη*, (ἐπιμ. Φλ. Εὐαγγελάτου-Νοταρᾶ, Τρ. Μανιάτη-Κοκκίνη), Ἀθήνα-Θεσσαλονίκη 2005, σ. 49-61.

-Παρ. Γουναρίδης, «Πολιτικές διαστάσεις τῆς Συνόδου Φερράρας-Φλωρεντίας», *Θησαυρίσματα* 31(2001), σ. 107-109.

-Π. Δ. Μαστροδημήτρης, *Νικόλαος Σεκουνδινός (1402-1464) Βίος καί ἔργον. Συμβολή εἰς τήν μελέτην τῶν Ἑλλήνων λογίων τῆς διασπορᾶς*, Ἐν Ἀθήναις 1970 [ΕΚΠΑ, Φιλοσοφική Σχολή, Βιβλιοθήκη Σοφίας Ν. Σαριπόλου, 9].

-A. Dain, «Le concile de Florence et la philologie», *Irénikon*, 16(1939), σ. 232-236.

-Ἄννα Κόλτσιου-Νικήτα, *Μεταφραστικά ζητήματα στήν ἑλληνόφωνη καί λατινόφωνη Χριστιανική Γραμματεία Ἀπό τούς Ἑβδομήκοντα ὥς τόν Νικόλαο Σεκουνδινό*, Θεσσαλονίκη 2009.

-G. Hofmann, «Charakter der Sitzungen im Konzil von Florenz», *OCP* 16(1950), 359-376.

-Fantinus Vallaresso, *Libellus de ordinĕ generalium conciliorum et unione Florentina*, (ed. B. Schultze), Romae 1944, [Series B, vol.II, fasc.II].

*Ευαγγελία Αμοιρίδου*

- Π. Καλλιγᾶ, *Μελέται καί Λόγοι*, Ἐν Ἀθήναις 1882, («Περί τῆς ἐν Φλωρεντίᾳ Συνόδου», σ. 3-180).
- V. Laurent, *Les "Memoires" du Grand Ecclésiarque de l' Église de Constantinople Sylvestre Syropoulos sur le concile de Florence (1438-1439)*, Roma 1971, σ. 22-24 [Concilium Florentinum Documenta et Scriptores, Series B].
- J. Gill, *Personalities of the Council of Florence and other Essays*, Oxford 1964.
- Robertus Creyghton, *Vera historia unionis non verae inter Graecos et Latinos, sive Concilii Florentini exactissima naratio, graece scripta per Sylvesrtun Sguropulum Magnum Ecclesiarcham atque unum è quinque Crucigeris et intimis Conciliariis Patriarchae Constantinipolitani qui concilio interfuit*. Transtulit in sermonem latinum, notasque ad calcem libri adjecit... Sacelannus domesticus seu ordinarius Robertus Creyghton s. Th. doctor et S. Burianae decanus,..., Hagae-Comitis M.DX.LX.
- Leo Allatius, *In Roberti Creytoni Apparatum, Versionem et notas ad historiam Concilii Florentini a Silvestro Syporulo de unione inter Graecos et Latinos Exercitationes*, Romae 1674.
- Hugo Laemmer, *De Leonis Allatii Codicibus, qui Romae in Bibliotheca Valliceliana asservatur Schediasma*, Friburgi Briscoviae MDCCCLXIV.
- Νικ. Δ. Σαββόπουλος, *Ἀνατολή καί Δύση στήν τελευταία τους συνάντηση. Ἡ σύγκληση τῆς Συνόδου Φερράρας- Φλωρεντίας, Ἱστορική προσέγγιση*, Ἀθῆνα 2009.
- J. Décarreaux, *Les Grecs au Concile de l' Union de Ferrare-Florence 1438-1439*, Paris 1970 (Publications de la Société des Études Italiennes 6).
- D. Geanakoplos, «A reading of the *Acta*, especially Syropoulos», *Christian Unity The Council of Ferrara-Florence 1438/39-1989*, (G. Alberigo, ed.), Leuven 1991, σ. 325-351 [Bibliotheca Ephemeridum Theologicarum Lovaniensium XCVII].
- *Andreas de Sactacroce, advocatus consistorialis, Acta Latina Concilii Florentini*, (G. Hofmman ed.), Romae 1955 [Concilium Florentinum Documenta et Scriptores, (Series B, vol. VI)].
- Βασ. Σταυρίδης, «Σύνοδος Φερράρας-Φλωρεντίας», *ΘΗΕ* τόμ. 11, Ἀθῆναι 1967, στ. 1015-1020.
- A. Vogt, «Concile de Florence», *DTC*, tom. 6[1], Paris 1915, 24-50.
- Basil Popoff (trans.), *The History of the Council of Florence*, London MDCCCLXI.
- P. Graffin- F.Nau, *Documents relatifs au Concile de Florence, I. Question du Purgatoire à Ferrare*, (texts édités et traduit, Mgr L. Petit), Paris 1920, [ PO 15, fasc. I, no 72].
- Κάλλιστος Βλαστός, *Δοκίμιον ἱστορικόν περί τοῦ σχίσματος τῆς Δυτικῆς Ἐκκλησίας ἀπό τήν Ἀνατολικήν, τῶν πρός ἕνωσιν ἀποπειρῶν ἐπί Μιχαήλ Παλαιολόγου καί Γρηγορίου Ι΄ πάπα Ρώμης, τοῦ βίου τοῦ ἐν ἁγίοις πατρός ἡμῶν Μάρκου ἀρχιεπισκόπου Ἐφέσου τοῦ Εὐγενικοῦ καί τῶν ἐν τῇ ἐν Φλωρεντίᾳ Συνόδῳ γενομένων*, Ἐν Ἀθήναις 1896.
- Deno J. Geanakkkoplos, The Council of Florence (1438-1439) and the problem of the Union between the Byzantine and the Latin Churches, Church History 24(1955), σ. 324-346. Τό ἴδιο καί στό: *Byzantine East and Latin West: Two Worlds of Christendom in Mmiddle Ages and Renaissance*, Oxford MCMLXVI, σ. 84-111.

*Ἡ editio princeps τῶν Ἑλληνικῶν «Πρακτικῶν» (1577) τῆς Συνόδου Φερράρας-Φλωρεντίας*

-J. Gill, *Quae surepsunt Actorum Graecorum Concilii Florentini necnon Descriptionis cuiusdam eiusdem. Pars I. Res Ferrariae gestae*, Roma 1953. Pars II. *Res Florentiae gestae*, Roma 1953 [Concilium Florentinum Documenta et Scriptores, Series B, vol. V, fasc. I-II].

-G. Hoffmann, «Die Konzilsarbeit in Ferrara 8. Jan. 1438 bis 9. Jan. 1439», *OCP* 3(1937), 110-140, 403-455.

-G. Hoffmann, . «Die Konzilsarbeit in Florenz 26. Febr.-26 Febr. 1443», *OCP* 4(1938), 157-188, 372-422.

-G. Hoffmann, «Das Konziel von Florenz in Rom», *OCP* 15(1949), 71-84.

-V. Peri, *Ricerche sull' editio princeps degli atti greci del Concilio di Firenze*, Città del Vaticano 1975 [Studi e Testi 275].

-Paolo Viti (ed.), *Firenze e il Concilio del 1439*. Convegno di Studi Firenze, 29 novembre-2 dicembre 1898, Firenze 1994.

-Giuseppe Alberigo (ed.), *Christian Unity The Council of Ferrara-Florence 1438/9-1989*, Leuven 1991 [Bibliotheca Ephemeridum Theologicarum Lovaniensium XCVII].

-J. Gill, «The Printed Editions of the Practica of the Council of Florence», *Miscellanea Guillaume de Jerphanion* OCP 13(1947), I, σ. 486-494.

-J. Gill, «The Sources of the "Acta" of the Council of Florence», *OCP* 14(1948), σ. 43-79.

-J. Gill, του «A New Manuscript of the Council of Florence», *OCP*, 30(1964), σ.526-533.

-E. Legrand, Bibliographie *Hellenique ou Description raisonnée des ouvrages publiés par les Grecs aux XVe et XVIe siécles*, tom. II, Paris 1885

-Δ. Γ. Ἀποστολόπουλος - Π. Δ. Μιχαηλαρης, *Ἡ Νομική Συναγωγή τοῦ Δοσιθέου Μία πηγή καί ἕνα τεκμήριο*, Α', Ἀθήνα 1987.

Evro Layton

-L. F. Hartman, "Guiglielme Sirleto", *New Catholic Encyclopedia*, tom. 13, σ. 167 [²2002].

-Ant. Pagi, *Breviarium historico-chronologico-criticum illustiora Pontificum Romanorum gesta conciliorum genaralium acta*, Antverpiae, M DCC LIII.

-Ant. Sardini, *Vitae Pontificum Romanorum ex antiquis monumentis descriptae*, Ferrariae MDCCXLVIII.

-D. R. Campbell, «Gregorius XIII», New Catholic Encycopedia, tom. 6, [²2002], σ. 501-503.

-Ζαχ. Τσιρπανλῆς, *Τό Ἑλληνικό Κολλέγιο Ρώμης καί οἱ μαθητές του (1576-1700)Συμβολή στή μελέτη τῆς μορφωτικῆς πολιτικῆς τοῦ Βατικανοῦ*, Θεσσαλονίκη 1980 [Ἀνάλεκτα Βλατάδων 35].

-Ζαχ. Τσιρπανλῆς, *Τό κληροδότημα τοῦ καρδιναλίου Βησσαρίωνος γιά τούς φιλενωτικούς τῆς βενετοκρατούμενης Κρήτης (1439-17ος αἰ.)*, Θεσσαλονίκη 1967 (Ἀριστοτέλειο Πανεπιστήμιο Θεσσαλονίκης, ''ἐπιστημονική Ἐπετηρίδα Φιλοσοφικῆς Σχολῆς, Παράρτημα ἀρ. 12].

-Flaminius Cornelius, *Creta Sacra sive de episcopis utriusque ritus, graeci et latini, in insula Cretae*, Venetiis 1755, I-II.

-Rodotà, Dell' origine

-Β. Σφυρόερα, «Ματθαῖος Δεβαρῆς», *ΘΗΕ*, τόμ 4, Ἀθῆναι 1964, στ. 989.

- V. Laurent, «L' édition princeps des Actes du Concile de Florence (1577) Auteurs et circomstances», *Miscellanea Georg Hofmann S.J.*, OCP 21(1955), σ. 165-189.
- J. Gill, «The 'editio princeps' of the Greek Acts of the Council of Florence», *OCP* 22(1956), 223-225.
- Spyr. Lambros (ed), *Ecthesis Chronica and Chronicon Athenarum*, Amsterdam ²1969 [London 1902].
- B. G. Niebuhrii (ed), Historia politica et patriarchica Constantinopoleos, Bonnae MDCCCXLIL, (CSHB)
- Κ. Σάθας, *Νεοελληνική φιλολογία. Βιογραφίαι τῶν ἐν τοῖς γράμμασι διαλαμψάντων ἑλλήνων, ἀπό τῆς καταλύσεως τῆς βυζαντινῆς αὐτοκρατορίας μέχρι τῆς ἑλληνικῆς ἐθνεγερσίας (1453-1821)*, Ἐν Ἀθήναις 1868.
- Ph. Meyer, *Die theologische Literatur der griechischen Kirche im 16. Jahrhundert*, Leipzig 1899 [Studien zur Geschichte der Theologie und der Kirche, Band III Heft 6].
- Χρ. Παπαδόπουλος, «Περί τῆς ἑλληνικῆς ἐκκλησιαστικῆς χρονογραφίας τοῦ ιστ᾿ αἰῶνος», *Ἐκκλησιαστικός Φάρος* 9(1912), σ. 410-454.
- Mar. Philippides, "Patriarchal Chronicles of the Sixteenth Century", *Greek- Roman- and Byzantine Studies* 25(1984), σ. 87-94.
- V. Laurent, Les "Memoires" du Grand Ecclésiarque de l' Église de Constantinople Silvestre Syropoulos sur le concile de Florence (1438-1439), Roma 1971, σ. 65-73, [Concilium Florentinum Documenta et Scriptores, Series B, vol. IX].
- Σταμ. Στανίτσας, «Τό "Χρονικό τοῦ 1570" καί οἱ παραλλαγές του: τά Χρονικά Ψευδο-Δωροθέου καί Μανουήλ Μαλαξοῦ», στό: *Φίλιον δώρημα εἰς τόν Τάσον Ἀθ. Γριτσόπουλον, Πελοποννησιακά* ΙΣΤ᾿ (1985-1986), σ. 593-633.
- Κων. Ν. Σάθας, *Μεσαιωνική Βιβλιοθήκη*, τόμ. Γ᾿, Ἐν Βενετίᾳ 1872.
- Th. Preger, "Die Chronik vom Jahr 1570", *BZ* 11(1902), σ. 4-15.
- F. H. Marshall, "The Chronicle of Manuel Malaxos", *Byz.Neugr. Jahrb.* 5(1927), σ. 10-24.
- Ἐλισ. Ζαχαριάδου, «Μία ἰταλική πηγή τοῦ Ψευδο-Δωρόθεου γιά τήν ἱστορία τῶν Ὀθωμανῶν», *Πελοποννησιακά* 5(1962), 46-59.
- Ἐλισ. Ζαχαριάδου, «Ἡ πατριαρχεία τοῦ Διονυσίου Β᾿ σέ μία παραλλαγή τοῦ Ψευδο-Δωρόθεου», *Θησαυρίσματα* 1(1962), σ. 142-161.
- Χ. Γ. Πατρινέλη, *Πρώιμη Νεοελληνική Ἱστοριογραφία*, Θεσσαλονίκη 1989.
- Γιώργ. Κεχαγιόγλου, *Πεζογραφική Ἀνθολογία*, [Θεσσαλονίκη] 2011, σ. 227-233 [Α.Π.Θ. Ἰνστιτοῦτο Νεοελληνικῶν Σπουδῶν [Ἵδρυμα Μανώλη Τριανταφυλλίδη]].
- Σωτ. Σταυρακοπούλου, *Στοιχεῖα ποιητικῆς στήν Χρονογραφία τοῦ Ψευδοδωροθέου. Μία ἀφηγηματολογική καί ἑρμηνευτική προσέγγιση*, Θεσσαλονίκη 2003 (ἀνέκδ. διατρ,).
- Δοσίθεος, πατρ. Ἱεροσολύμων, *Ἱστορία περί τῶν ἐν Ἱεροσολύμοις πατριαρχευσάντων, διηρημένη μέν ἐν δώδεκα βιβλίοις, ἀρχομένη δέ ἀπό Ἰακώβου τοῦ Ἀδελφοθέου καί πρώτου ἱεράρχου τῶν Ἱεροσολύμων ἕως τοῦ παρόντος ἔτους...*, Ἐν Βουκουρεστίῳ 1715 (ἀνατύπωση: Θεσσαλονίκη 1982, Εἰσαγωγή: Εἰρ. Δεληδῆμος).
- Μελέτιος (Μήτρου), *Ἐκκλησιαστική Ἱστορία Μελετίου Μητροπολίτου Ἀθηνῶν. Μετενεχθεῖσα ἐκ τῆς Ἑλληνικῆς εἰς τήν ἡμετέραν ἁπλοελληνικήν φράσιν, εἰς*

*Ἡ editio princeps τῶν Ἑλληνικῶν «Πρακτικῶν» (1577) τῆς Συνόδου Φερράρας-Φλωρεντίας*

> ΤΟΜΟΥΣ ΤΡΕΙΣ διαιρεθεῖσα· καί πλουτισθεῖσα μέ πολλάς χρησίμους, καί ἀναγκαίας ὑποσημειώσεις, καί ἀκριβεῖς πίνακας· παρά Γεωργίου Βενδότη τοῦ ἐκ Ζκύνθου, καί παρ' αὐτοῦ διορθωθεῖσα. ΝΥΝ ΠΡΩΤΟΝ Τύποις ἐκδοθεῖσα δι' ἐπιστασίας, καί ἀκριβοῦς ἐπιμελείας Πολυζώη Λαμπανιτσιώτη τοῦ ἐξ Ἰωαννίνων. Καί παρ' αὐτοῦ προσφωνηθεῖσα Τῷ Ὑψηλοτάτῳ, Ἐκλαμπροτάτῳ, καί Μεγαλοπρεπεστάτῳ Αὐθέντῃ, καί Ἡγεμόνι πάσης Οὑγγροβλαχίας ΚΥΡΙΩι ΚΥΡΙΩι ΙΩ. ΜΙΧΑΗΛ ΣΟΥΤΖΩι. ΤΟΜΟΣ Γ'. Περιέχων τῆς ἘΚΚΛΗΣΙΑΣΤΙ-ΚΗΣ ἹΣΤΟΡΙΑΣ τήν ἀκολούθησιν ἀπό τούς χιλίους χρόνους τῆς τοῦ Χριστοῦ Γεννήσεως ἕως τούς χιλίους ἑπτακοσίους. αψπδ'. ΕΝ ΒΙΕΝΝΗι ΤΗΣ ΑΟΥΣ-ΤΡΙΑΣ. 1784. Παρά ἸΩΣΗΠΩι ΒΑΟΥΜΕΙΣΤΕΡΩι, Νομοδιδασκάλου καί Τυπογράφου.

-Νικ. Β. Τωμαδάκης, «Μιχαήλ Καλοφερνᾶς Κρής, Μητροφάνης Β' καί ἡ πρός τήν ἕνωσιν τῆς Φλωρεντίας ἀντίθεσις τῶν Κρητῶν», *ΕΕΒΣ* 21(1951), σ. 110-144.

-M. Manoussakas, «Recherches sur la vie de Jean Plousiadenos (Joseph de Methone) (1429?-1500)», *REB* 17(1959), σ. 28-51.

-M. Μανούσακας, «Ἀρχιερεῖς Μεθώνης, Κορώνης καί Μονεμβασίας γύρω στά 1500», *Πελοποννησιακά* 3-4(1958-1959), σ. 95-146.

-M. Candal, «La "Apologia" del Plusiadeno a favor del Concilio de Florencia», *OCP* 21(1955), σ. 36-57.

-Κωνστ. Χ. Καραγκούνη, *Ἡ παράδοση καί ἐξήγηση τοῦ μέλους τῶν χερουβικῶν τῆς βυζαντινῆς καί μεταβυζαντινῆς μελοποιΐας*, Ἀθῆναι 2003, [Ἴδρυμα Βυζαντινῆς Μουσικολογίας, Μελέται 7].

-Leo Allatius, *De Ecclesiae occidentalis atque orientalis perpetua consensione libri tres*, Coloniae 1648 (φωτοστατική ἀνατύπωση μέ Εἰσαγωγή τοῦ Kall. T. Ware, 1970).

-Ἰωάννου πρωτοϊερέως τοῦ Πλουσιαδηνοῦ, *Διάλεξις Περί διαφορᾶς τῆς οὔσης μέσον γραικῶν καί λατίνων ἔτι καί περί τῆς ἱερᾶς καί ἁγίας συνόδου τῆς ἐν Φλωρεντίᾳ γενομένης*, PG 159 959-1023.

-Ἰωσήφ ἐπισκόπου Μεθώνης, *Ἀπολογία εἰς τό γραμμάτιον κύρ Μάρκου τοῦ Εὐγενικοῦ μητροπολίτου Ἐφέσου, ἐν ᾧ ἐκτίθεται τήν ἑαυτοῦ δόξαν, ἥν εἶχε περί τῆς ἐν Φλωρεντίᾳ ἁγίας καί ἱερᾶς συνόδου*, PG 159, 1023-1094.

-[Ἰωάννου πρωτοϊερέως τοῦ Πλουσιαδηνοῦ], *Ἑρμηνεία Γενναδίου τοῦ Σχολαρίου πατριάρχου Κωνσταντινουπόλεως, Ὑπέρ τῆς ἁγίας καί οἰκουμενικῆς ἐν Φλωρεντίᾳ συνόδου, ὅτι ὀρθῶς ἐγένετο, ὑπεραπολογουμένου τῶν ἐν τῷ ὅρῳ αὐτῆς πέντε κεφαλαίων*, PG 159, 1109-1394,

-V. Laurent, «A propos de Dorothée, métropolite de Mitylène (+ 1444)», *REB* 9(1951), 163-169.

-Mercati G., *Scritti d' Isidoro, il cardinale Ruteno, e codici a lui appartenuti, che conservavano nella Biblioteca Apostolica Vaticana*, Roma 1926 [ Studi e Testi 46].

-O. Kresten, *Eine Sammlung von Konzilsakten aus dem Bezitze des Kardinals Isidoros von Kiev*, Wien 1976 [Österreichische Akademie der Wissenschaften, Philosophisch-Historische Klasse Denkschriften, 123.Band].

*Ευαγγελία Αμοιρίδου*

-V. Borovoy, «The Destiny of the Union of Florence in Poland and the Great Lithuanian Principality (Byelorussia and the Ukraine)», στό: Giuseppe Alberigo (ed.), *Christian Unity. The Council of Ferrara- Florence 1438/39- 1989*, Leuven 1991, σ. 565 [Bibbliotheca Ephemeridum Theologicarum Lovaniensium, XCVII].

-B. Waczyński, "Nachklänge der Florentiner Union in der polemischen Literatur zur Zeit der Weidervereinigung der Ruthener im 16. und am Anfang des 17. Jahrhunderts", *OCP* 4(1938), σ. 441-472.

-Κ. Ν. Σάθας, *Βιογραφικόν σχεδίασμα περί τοῦ πατριάρχου Ἱερεμίου (1572-1594)*, Ἐν Ἀθήναις 1870.

-O. Halecki, "Rome, Constantinople, Moscou", *1054-1954 L' Église et les Églises neuf siècles de douloureuse separation entre l' Orient et l' Occident*, Chevetogne [1954], 441-474 (Collection Irénikon).

-Mich. Harasiewicz, *Annales Ecclesiae Ruthenae*, Leopoli 1863.

-Adalb. de Starczewski, *Historiae Ruthenicae Scriptores exteri saeculi XVI*, vol. secundum, Berolini MDCCCXLII.

-A. M. Amann, «Die Aufenthalt der ruthenischen Bischöfe Hypatius Pociej und Cyrillus Terlecki in Rom im Dezember und Januar 1595-1596», *OCP* 11(1945), σ. 103-140.

-W. Hryniewicz, "The Florentine Union Reception and Rejection. Some Reflectionw on Unionist Tendencies among Ruthenians", στό: Giuseppe Alberigo (ed.), *Christian Unity. The Council of Ferrara- Florence 1438/39- 1989*, Leuven 1991, σ. 521-554, [Bibbliotheca Ephemeridum Theologicarum Lovaniensium, XCVII].

-G. Hofmann, *Ruthenica I. Die Wiedervereinigung der Ruthenen*, Roma 1925 [Orientalia Christiana, vol. III, H.2].

-O. Halecki, *From Florence to Brest (1439-1596)*, Rome 1958 [Sacrum Poloniae Milleniun, vol.5].

-O. Hakecki, «Sixte IV et la Chrétienté Orientale», *Mélanges Eugène Tisserant*, vol. II, *Orient Chrétien*, Città del Vaticano 1964, 241-264 [Studi e Testi 232].

-Γεδεών Μ., *Πατριαρχικοί πίνακες. Εἰδήσεις ἱστορικαί βιογραφικαί περί τῶν Πατριαρχῶν Κωνσταντινουπόλεως ἀπό Ἀνδρέου τοῦ Πρωτοκλήτου μέχρις Ἰωακείμ Γ' τοῦ ἀπό Θεσσαλονίκης. 36-1884*. Ἀθῆναι ²1996 [1885-1890].

-Ἱερά Μονή Διονυσίου, *Ὁ Ἅγιος Νήφων Πατριάρχης Κωνσταντινουπόλεως. (1508-2008) Τόμος Ἐπετειακός ἐπί τῇ συμπληρώσει πεντακοσίων ἐτῶν ἀπό τῆς κοιμήσεως αὐτοῦ*, Ἅγιον Ὄρος 2008.

-Guil. Cuperus, «Historia chronologica Patriarcharum Constantinopolitanorum, ab inchoato seculo quarto, usque ad initium decimi octavi», *Acta Sanctorum Augusti*, tom. I, Antverpiae MDCCXXXIII.

-Henricus Spondanus, *Annalium card. Caes. Baronii Continuatio, ab anno M.C. XCVII ad finem M.DC.XLVI*, Lutetiae Parisiorum, M.DC.XLVII, tom. II.

-Dim. Apostolopoulos, «Une lettre du patriarcat de Constantinople du XVe siècle, «made in Poland» au XVIIe siècle», *Literatura, Historia, Dziedzictwo. Prace ofiarowane professor Teresie Kostkiewiczowej*, Warszawa 2006, σ. 110-116.

*Ἡ editio princeps τῶν Ἑλληνικῶν «Πρακτικῶν» (1577) τῆς Συνόδου Φερράρας-Φλωρεντίας*

-Ἀπ. Γλαβίνας, «Ὁ ἀγῶνας τοῦ ἁγίου Νήφωνα μητροπολίτη Θεσσαλονίκης καί πατριάρχη Κωνσταντινουπόλεως γιά τήν προάσπιση τῆς ὀρθοδοξίας στήν Βαλκανική», στά Πρακτικά: *Ἱερά Μονή Βλατάδων - Δῆμος Θεσσαλονίκης, Μ΄ δημήτρια, ΙΘ΄ Διεθνές Συμπόσιο, Χριστιανική Θεσσαλονίκη, «Θεσσαλονίκη καί ἡ Χερσόνησος τοῦ Αἵμου»*, Ἱ. Μ. Βλατάδων 3-5 Νοεμβρίου 2004, Θεσσαλονίκη 2011, σ. 207-224.

-V. Crumel, *Traité d' études byzantines. I. La chronologie*, Paris 1958.

-A. Mercati, «Il decreto del 6 Iuglio 1439 nell' Archivio Segreto Vaticano», OCP 11(1945), σ. 5-44.

-Mattheus Raderus, *Acta sacrosancti et oecumenici concilii octavi, Constantinopolitani quarti, nunc primum ex mss. codicibus …*, Ingolstadii, Anno M. DCIV,

-Leonis Allatii, *De Octava Synodo Photiana,…*, Anno 1662.

-Severinus Bibius, *Concilia generalia et proninciavia, quaecunque rwperiri, potuerunt omnia. Item epistolae decretales, et Romanorum Pontif. vitae*, Coloniae Agrippinae, Anno M.DC. VI, tomi tertij pars altera.

-Ch. -Jos. Hefele- H. Leclercq, *Histoire des Conciles d' après les documents originaux*, tom. VII², Paris 1916, σ. 1044-1046 ( ἀνατύπωση: Hildesheim- New York 1973).

-Ἀ. Διομήδης Κυριακός, «Ὁ Δελλίγγερος», *Ἀντιπαπικά*, τόμ. Α΄, Ἐν Ἀθήναις 1893, σ. 145-150 [Βιβλιοθήκη τοῦ Συλλόγου τῶν Μικρασιατῶν «Ἀνατολή»].

Franc. Salmonio, *Tractatus de studio Conciliorum eorumque collectionibus, Editio prima Latina: Cui nunc primum accessit Epitome Vit. Pontificum Romanorum, et Series Cronologica, per Centurias Disposita, Conciliorum*, Venetiis MDCCLXIV.

--Paolo Pastori, «Le edizioni a stampa degli Atti del Concilio di Firenze del 1439», *Firenze e il Concilio del 1439* Convegno di Studi Firenze, 29 novembre - 2 decembre 1989 (ed. P. Viti), Firenze 1994, I-II [Biblioteca Storica Toscana XXIX],

-*Acta Sacri Oecumenici Concilii Florentini* ab Horatio Iustiniano … Collecta, Disposita, Illustrata. Romae MDCXXXVIII.

-*Conciliorum Generalium ac Provincialium Collectio Regia*, Parisiis, ex Typographia regia, anno 1644.

-Eu. Cecconi, *Studi storici sul Concilio di Firenze, con Documenti inediti o nuovamente dati alla luce sui manoscritti di Firenze e di Roma*, Roma 1869.

-Philip. Labbei, et Gabr. Cossartii, *Sacrosancta Concilia ad Regiam editionem exacta …*, Lutetiae Parisiorum 1672.

-Harduin *Acta Conciliorum et Epistolae Decretales , ac Constitutiones Summorum Pontificum*. Tomus nonus. Ab anno MCCCCXXXVIII. ad annum MDXLIX. Parisiis, ex typographia regia. MDCCXIV.

-Johannes Dominicus Mansi, *Sacrorum Conciliorum Nova et amplissima Collectioin qua praeter ea, quae Phil. Labbaeus, et Gabr. Cossartius. Et novissime Nicolaus Coleti in lucem edidere, et omnia insuper in suis locis optime disposita exhibentur, …, tomus trigesimus primus, Ab anno MCCCCXL usque ad orationem Scholarii ad Synodum de pace*. Venetiis 1798, in folio.

*Ευαγγελία Αμοιρίδου*

[Petit- Jugie] *Sacrorum Conciliorum Nova et amplissima Collectio cujus Johannes Dominicus Mansi et post ipsius mortem Florentinus et Venetianus editors, Ab anno 1758 ad annum 1798, priores triginta unum tomos ediderunt nunc autem continuata et, Deo favente, absoluta.* [Paris 1901]

-Stephanus Paulinus (excudebat), *Sancta generalis Florentina Synodus. Tomus primus..*

-Leonis Allatii, *Apes Urbanae, sive De viris illustribus, qui ad anno MDCXXX, per totum MDCXXXII, Romae adfuerunt, ac Typis aliquid evulgarunt.* Romae MDCXXXIII.

-P. P. Rodotá, *Dell' origine progresso, e stato presente del rito greco in Italia.* libro terzo, Degli Albanesi, Chiese Greche moderne, e Collegio Greco in Roma, in Roma MDCCLXIII.

-Γ. Ζαβίρας, *Νέα Ἑλλάς, ἤ Ἑλληνικόν Θέατρον*, Θεσσαλονίκη 1972, σ. 354-355 (ἀνατύπωση α' ἔκδοσης, Ἑταιρεία Μακεδονικῶν Σπουδῶν, Ἐπιστημονικαί Πραγματεῖαι, Σειρά Φιλολογική καί Θεολογική, 11].

-Fabio Benevolentio, *Gennadii Scholarii Patriarchae Constantinopolitani Defensio quinque capitum, quae in Sncta et oecumenica Florentina Synodo continentur, Fabio Benevolentio Snensi interprete. Ad Sanctissimum D. N. Gregorium Papam XIII.* Romae, in aedibus Populi Romani M.D.LXXIX.

-V. Laurent, «La nouvelle edition des actes du Concile de Florence», *REB* 12(1954), σ. 198-209.

-Im. Bekkeri (ed.), *Georgius Phrantzes. Ioannes Cananus. Ioannes Anagnostes.* Bonnae MDCCCXXXVIII. [CSHB]

-Ι. Ε. Καραγιαννόπουλος, *Πηγαί τῆς Βυζαντινῆς Ἱστορίας*, Θεσσαλονίκη 1987.

-H. Hunger, *Βυζαντινή Λογοτεχνία Ἡ λόγια κοσμική γραμματεία τῶν βυζαντινῶν*, τόμ. Β', Ἱστοριογραφία, Φιλολογία, Ποίηση, (μεταφρ. Τ. Κόλιας, Κ. Συνέλλη, Γ.Χ. Μακρῆς, Ἰ. Βάσσης), Ἀθήνα ²1997 [ΜΙΕΤ].

-*Βίβλος χρονική περιέχουσα τήν ἱστορίαν τῆς Βυζαντίδος, μεταφρασθεῖσα ἐκ τοῦ Ἑλληνικοῦ εἰς τό Κοινόν ἡμέτερον Ἰδίωμα, παρά Ἰωάννου Στάνου, τοῦ ἐξ Ἰωαννίνων.* Ἐνετίῃσι 1767, τόμ. 4ος.

-Κ. Κρουμπάχερ, *Ἱστορία τῆς Βυζαντινῆς λογοτεχνίας*, (μεταφρ. Γ. Σωτηριάδου), Ἀθῆναι 1939.

-Ric. Maisano (ed.), *Georgii Sphrantae Chronicon*, Roma 1990 [CFHB vol. XXIX, series italica]

*Στις επόμενες σελίδες παρατιθονται τα δύο κείμενα σε αντιπαραβολή ωστε να είναι ευκολότερη η σύγκριση των δύο εγγράφων.*

*Ευαγγελία Αμοιρίδου*

[ΠΕΡΙ ΤΗΣ ΕΙΣΕΛΕΥΣΕΩΣ ΤΟΥ ΒΑΣΙΛΕΩΣ ΕΙΣ ΒΕΝΕΤΙΑΝ]

[1]Μηνὶ φεβρουαρίῳ ζ' ἐσηκώθημεν ἀπό τό Παρέντζον ὅλα τά κάτεργα ὁμοῦ· τό δέ βασιλικόν γοργότερον ὂν προέδραμε τῶν ἄλλων ἔμπροσθεν εἰς Βενετίαν καὶ ἔσωσεν εἰς τόν ἅγιον Νικόλαον τε Λίδο τῇ η' τοῦ μηνός περί ὥραν β' τῆς ἡμέρας, καὶ τά ἄλλα κάτεργα περί τετάρτην ὥραν τῆς ἡμέρας, ἐξέβησαν γοῦν ἀπό τήν Βενετίαν βάρκες πολλές εἰς ὑπαντήν τοῦ βασιλέως, καὶ τόσον ἦν πλῆθος, ὡς σχεδόν εἰπεῖν μή φαίνεσθαι τήν θάλασσαν ἐν τῷ πλήθει τῶν ὁλκάδων. ἦλθε δέ ὁρισμός ἀπό τῆς αὐθεντίας, μή ἐξελθεῖν τόν βασιλέα ἕως πρωΐ, ὅπως ἔλθη ὁ δούξ μετά πάσης τῆς αὐθεντίας, καὶ ποιήσῃ τήν πρέπουσαν τιμήν τῷ βασιλεῖ· καὶ ἐγένετο οὕτος. καὶ μετ' ὀλίγην ὥραν ἦλθεν ὁ δούξ μὲ [2]τούς ἄρχοντας αὐτοῦ. καὶ προσεκύνησε τόν βασιλέα καθήμενον, ὁμοίως καὶ οἱ ἄρχοντες καὶ πάντες ἀσκεπεῖς, ἐκάθητο δέ ἐκ δεξιῶν αὐτοῦ ὁ ἀδελφός αὐτοῦ, ὁ δεσπότης ὁ κύρις Δημήτριος, ὀλίγον κατώτερον τοῦ βασιλικοῦ θρόνου τότε ἐκάθισε καὶ ὁ δούξ ἐξ ἀριστερῶν τοῦ βασιλέως, καὶ ἐλάλησαν ἀσπασίως λόγους τοῦ χαιρετισμοῦ καὶ ἕτερα μυστήρια* εἶτα εἶπεν ὁ δούξ τῷ βασιλεῖ, ὅτι τῷ πρωΐ μέλλομεν ἐλθεῖν, τοῦ ποιῆσαι τήν πρέπουσαν καὶ ὀφειλομένην τιμήν τῆς ἁγίας σου βασιλείας, καὶ ἀπαντῆσαί σοι μετά παρρησίας, καὶ ἐλεύσῃ ἐντός Βενετίας· καὶ ἀπῆλθεν ὁ δούξ μετά τούς ἄρχοντας αὐτοῦ.

Ἐν δέ τῷ πρωΐ, ἡμέρα κυριακῆ, φεβρουαρίῳ θ', ὥρα ε τῆς ἡμέρας, ἦλθεν ὁ δούξ μετά τιμῆς μεγάλης μετά ἀρχόντων καὶ συμβούλων αὐτοῦ καὶ ἑτέρων ἀρχόντων πλείστων ἐντός τοῦ εὐτρεπισμένου πουτζιδόρου, ὅς ἦν σκεπασμένος ἐρυθρά σκεπάσματα καὶ χρυσᾶ λεοντάρια ἐν τῇ πρύμνῃ καὶ χρυσᾶ περιπλέματα, καὶ ὅλον ζωγραφισμένον ποικίλον καὶ ὡραιότατον. ἦλθον δέ μετ' αὐτοῦ καὶ ἕτερα μεσοκάτεργα, ἅ ὀνομάζουσι γαλιόνια, ὡσεί δώδεκα, καὶ αὐτά εὐτρεπισμένα καὶ ζωγραφισμένα ἐντός καὶ ἐκτός, κατά πάντα ὅμοια τῷ τοῦ δουκός, εἰς ἅ ἦσαν ἄρχοντες πλεῖστοι· καὶ γύρωθεν γύρω σημαίας εἶχον χρυσᾶς, καὶ σάλπιγγας ἀμετρήτους, καὶ πᾶν εἶδος ὀργάνων. εἶχον δέ καὶ ἓν γαλιόνιον ἐξαίρετον καὶ πάνυ θαυμαστόν, εἰς ὄνομα τάχα τῆς βασιλικῆς τριήρεως, ἐποίησαν δέ αὐτό ὡραιότατον καὶ ποικίλον· κάτωθεν γάρ οἱ ναυτικοί ἐκούπιζον, ἔχοντες φορέματα χρυσοπετάλυνα, ἐπί τάς κεφάλας αὐτῶν ἔχοντα καὶ σημεῖον τόν ἅγιον Μάρκον καὶ ὀπισθέν τούτου τό βασιλικόν σημεῖον· εἶτα τούς τζαγράτορας ἄλλης θέας φορέματα φοροῦντας καὶ σή-[3]μαίας· καὶ γύρωθεν ὅλον τό μεσοκάτεργον ἐκεῖνο σημαίας βασιλικᾶς, εἰς δέ τήν πρύμνην χρυσᾶς σημαίας καὶ πλείστας, καὶ ἀνθρώπους δ' ἐστολισμένους ἱμάτια χρυσοζωγράφιστα καὶ τρίχας λευκοχρυσᾶς

*Ἡ editio princeps τῶν Ἑλληνικῶν «Πρακτικῶν» (1577) τῆς Συνόδου Φερράρας-Φλωρεντίας*

**(χνγ´)** ὅ,τε Βασιλεύς, καί ὁ Πατριάρχης, καί οἱ Ἀρχιερεῖς, καί ἡ Σύνοδος. ὡσάν ἐσυνάχθησαν εἰς τά κάτεργα, ἐμίσευσαν ἀπό τήν Κωνσταντινούπολιν, καί ἐπέρασαν μεγάλαις φουρτούναις, ἔστωντας ὁποῦ ἧτον χειμῶνας, ὅμως, Θεοῦ βοηθοῦντος, ἔφθασαν εἰς τό Παρέντζο, πλησίον τῆς Βενετίας μίλια ἑκατόν, τόν Φευρουάριον (sic) Μῆνα. καί εἰς τά ἑπτά τοῦ αὐτοῦ Μηνός ἐσηκώθησαν ὅλα τά κάτεργα ὁμοῦ ἀπό τό Παρέντζο, τό δέ Βασιλικόν κάτεργον ἔδραμεν ὀμπρός ἀπό τά ἄλλα κάτεργα, ὅτι ἦτον γληγορότερον, καί ἔσωσεν εἰς τήν Βενετίαν, ἔξω εἰς τόν Ἅγιον Νικόλαον εἰς τό Λεῖον, καί εἰς τάς ὀκτώ τοῦ αὐτοῦ Φευρουαρίου, ἡμέρα δευτέρα, καί τά ἄλλα κάτεργα μέ τόν Πατριάρχην καί μέ τούς Ἀρχιερεῖς, ἦλθαν ἡμέρα τετάρτη. καί ὡς ἠκούσθη εἰς τήν Βενετίαν, ὅτι ἔφθασεν ὁ Βασιλεύς εἰς τόν Ἅγιον Νικόλαον, εὐγῆκαν πλῆθος Λαοῦ ἀμέτρητον μέ βάρκαις μεγάλαις καί μικραῖς νά ὑπαντήσουν, καί νά προσκυνήσουν τόν Βασιλέα. καί τόσον πλῆθος ἦτον τῶν Βαρκῶν, ὅτι ἡ θάλασσα δέν ἐφαίνετο. ἔστειλαν δέ μήνυμα τοῦ Βασιλέως ἡ Ἀφεντία τῆς Βενετίας ἐκεῖ ἔξω, παρακαλῶντας αὐτόν νά μή συκωθῆ ἀπ᾽ ἐκεῖθεν ἕως αὔριον τό πουρνόν, διά νά εὐγῆ ὁ Πρίγκηπας μέ ὅλην τήν Ἀφεντίαν νά κάμουν τήν πρέπουσαν τιμήν τοῦ Βασιλέως, καί ἔτζι ἔγινε. καί ὡς ἐμήνυσεν ἡ Ἀφεντία τοῦ Βασιλέως, εἰς ὀλίγην ὥραν ἐπῆγε καί ὁ Πρίγκηπος μέ τούς Ἄρχοντας αὐτοῦ, καί ἐπροσκύνησαν τόν Βασιλέα ἐκεῖ ὁποῦ ἐκαθέζετο εἰς τόν Βασιλικόν θρόνον, καί ἦσαν ὅλοι ξέσκεποι, βαστῶντας ταῖς μπερέταις αὐτῶν εἰς τά χέρια. καί ἐκεῖ ὁποῦ ἐκάθετο ὁ // **(500)** Βασιλεύς, εἰς τό δεξιόν μέρος αὐτοῦ, ὀλίγον κάτω ἀπό τόν Βασιλικόν θρόνον, ἐκαθέζετο τοῦ Βασιλέως ὁ ἀδελφός κύριος Δημήτριος ὁ Δεσπότης. τότε ὥρισεν ὁ Βασιλεύς, καί ἐκάθησεν ὁ Πρίγκηπος ἀπό τήν ζερβήν του μερέαν, καί ὡμίλησαν μετά παντός θάρρους καί πληροφορίας λόγους τοῦ χαιρετισμοῦ, καί ἄλλα μηστήρια· ὅταν δέ ἔμελλεν ὁ Πρίγκηπος νά συκωθῆ νά ὑπαγένη, ἐπροσκύνησε τόν Βασιλέα, καί εἶπέ του, ὅτι αὔριον τό πουρνόν ἐρχόμεσθεν εἰς τήν Βασιλείαν σου, νά κάμωμεν τό χρέος καί τήν τιμήν τῆς ἁγίας σου Βασιλείας, νά σέ ὑπαντῆ **(χνδ´)** σωμεν μετά μεγάλης παρρησίας, νά ἔμπης μέσα εἰς τήν Βενετίαν. καί ἔτζι ἦλθεν ὁ Πρίγκηπος μετά τῶν Ἀρχόντων αὐτοῦ. ἦτον δέ τότε Πρίγκηπος Θωμᾶς ὁ Μοτζενίγος, τόν ὁποῖον ἔχουν γλυπτόν ἀπάνωθεν τῆς πόρτας τοῦ Παλατίου τῆς Ἀφεντίας τῆς δυσικῆς, καί στέκεται ἕως τήν σήμερον. τό δέ πουρνόν, ἡμέρᾳ Κυριακῇ, ὥρᾳ πέμπτῃ τῆς ἡμέρας, ἦλθεν ὁ Πρίγκηπος μετά τῶν Κονσεγέρων αὐτοῦ καί ἄλλων Ἀρχόντων πολλῶν, καί ἦτον μέσα εἰς τόν Μπουτζινῶρο μέ ὅλην τήν Ἀφεντίαν, καί ἦτον σκαπασμένον μέ κόκκινα σκεπάσματα, καί χρυσᾶ λεοντάρια ἦσαν εἰς τήν πρύμνην. ἦσαν δέ μετ᾽ αὐτό τό Μπουτζινῶρο καί ἄλλα μισοκάτεργα δώδεκα, τά ὁποῖα ἔλεγαν Γαλιώνια, καί ἦσαν στολισμένα καί ζωγραφισμένα, ὅτι μέσα Γεντιλουόμινοι ἦσαν πολλοί. εἶχαν δέ αὐτά τά Γαλιῶνα (sic) μπαντιέραις χρυσαῖς γύρωθεν, καί τρουμπέταις πολλαῖς ὁποῦ ἐβαροῦσαν, καί ἄλλα ὄργανα διάφορα. εἶχαν δέ καί ἕνα Γαλιώνι πολλά θαυμαστόν, εἰς ὄνομα τάχα τοῦ Βασιλικοῦ κατέργου, καί ἔκαμαν αὐτό πολλά εὐμορφώτατον, μέ τέχναις διάφοραις πολλά ἐστολισμένον. κάτωθεν δέ ἦσαν οἱ κωπηλάται καί ἔλαμναν, φορῶντες φορέματα χρυσοπετάλινα, καί ἀπάνω εἰς τό κεφάλι ἐφοροῦσαν ὡσάν μπερέταις, καί εἶχαν τό σημεῖον τοῦ Ἁγίου Μάρκου. καί ὀπίσω εἰς τήν πρύμνην ἦτον ἡ Βασιλική μπαντιέρα ἡ μεγάλη, καί ἄλλαις πολλαῖς μπαντιέραις βασιλικαῖς, καί γύρωθεν ὅλον ἐκεῖνο τό Γαλιώνι ἦτον γεμάτον μπα-

123

ἐπί τάς κεφάλας αὐτῶν· μέσον δέ τούτων τῶν δ', ἀνήρ τίς εὐειδής ποτέ μέν ἐκαθέζετο, ποτέ δέ ἵστατο, φορῶν ἱμάτια χρυσοῦφαντά καί λαμπρά, καί κρατῶν ἐν τῇ χειρί σκῆπτρον ὥσπερ κατεργοκύριος καί ἕτεροι ἄρχοντες ὡς ἔξ ἀλλοδαπῆς χώρας ὑπάρχοντες ἑωρῶντο, φοροῦντες ἄλλης ἰδέας φορέματα πάνυ ποικίλα, λατρεύοντες αὐτόν μετ' εὐλαβείας τάχα. ἔμπροσθεν δέ τῆς πρύμνης ἵστατο ὄρθιος τίς ὡς στύλος ὑψηλός· ἄνωθεν δέ τοῦ στύλου ἐκείνου, ὡς τράπεζα τετράγωνος ὀλιγώτερον οὐργίας· ἐπάνω δέ τῆς τραπέζης ἐκείνης ἀνήρ τις ἵστατο ἁρματωμένος ἀπό ποδῶν ἕως κεφαλῆς, ἀστράπτων ὡς ἥλιος, κρατῶν ἐν τῇ χειρί αὐτοῦ ἅρμα φοβερόν δεξιᾷ δέ καί ἀριστερᾷ αὐτοῦ ἐκάθηντο δύο παῖδες ἀγγελικά φοροῦντες, καί πτερωτοί ἦσαν ὡς ἄγγελοι· καί οὗτοι οὐκ ἐν φαντασίᾳ, ἀλλ' ἀληθείᾳ ἄνθρωποι ἦσαν κινούμενοι, καί ὡς δύο λέοντας εἶχεν ἐν τῇ πρύμνῃ χρυσοῦς, καί μέσον αὐτῶν χρυσόν ἀετόν δικέφαλον· καί ἄλλα πλεῖστα φαντάσματα εἶχεν, ἅ οὐ δύναταί τις γραφῇ παραδοῦναι. ἦν δέ ἐγρήγορον πάνυ. ὡς ποτέ μέν ἔμπροσθέν του βασιλικοῦ κάτεργου, ποτέ δέ πλαγίως καί γύρωθεν ἐπορεύετο μετά ἀλαλαγμοῦ καί σαλπίγγων πολλῶν· ἕτερα δέ πλοιάρια καί ὁλκάδες ἦλθον, ὧν οὐκ ἦν ἀριθμός· ὥσπερ γάρ οὐ δύναταί τις ἀριθμῆσαι ἄστρα οὐρανοῦ ἤ φύλλα δένδρων ἤ ἄμμου θαλάσσης ἤ ψεκάδας δέ ὑετοῦ, οὕτως οὐδέ τά πλοιάρια ἐκεῖνα τότε ἦν ἀριθμῆσαι.[4]

Ἐλθών δέ ὁ δούξ, ἵνα μή πολλά λέγω, ἐπλησίασε τῇ βασιλικῇ τριήρῃ μετά τῶν ἀρχόντων τῆς βουλῆς αὐτοῦ, καί ἀνῆλθε καί προσεκύνησε τόν βασιλέα καθήμενον, ἔχοντα ἐκ δεξιῶν, ὡς προείρηται, τόν ἀδελφόν αὐτοῦ καθήμενον κατώτερον τοῦ βασιλικοῦ θρόνου· ἐκάθισε δέ [ὁ βασιλεύς] καί τόν δούκα ἐξ ἀριστερῶν αὐτοῦ, παρομοίως τῷ σκάμνῳ τοῦ δεσπότου· καί κρατῶν αὐτόν τῇ χειρί ὡμίλουν ἀσπασίως.

Μετά μικρόν δέ εἰσήρχοντο μετά παρρησίας μεγάλης, μετά σαλπίγγων καί παντός γένους μουσικοῦ, ἐν τῇ λαμπρᾷ καί θαυμαστῇ Βενετίᾳ· καί ὄντως θαυμαστῇ καί θαυμαστοτάτῃ, καί πλουσίᾳ καί ποικιλοειδής καί χρυσοειδής καί τετορνευμένῃ καί πεποικιλμένῃ καί μυρίων ἐπαίνων ἀξία ἐστί ἡ σοφή καί σοφωτάτη Βενετία. ἐάν δέ καί γῆν τῆς ἐπαγγελίας δευτέραν αὐτήν ὀνομάσῃ τις, οὐκ ἄν ἁμαρτήσῃ· περί αὐτῆς οἶμαι καί ὁ προφήτης λέγει ἐν κγ' ψαλμῷ. Ὁ θεός ἐπί θαλασσῶν ἐθεμελίωσεν αὐτήν, καί ἐπί ποταμῶν ἡτοίμασεν αὐτήν. τί γάρ ἄν ζήτηση τις καί οὐχ εἰρήσει ἐν αὐτῇ; διά τοῦτο πολλῶν ἐπαίνων καί μεγάλων τιμῶν ἀξία ὑπάρχει καί ἔστι. ἦν δέ ὡσεί ὥρα ε' τῆς ἡμέρας ὅτε ἠρξάμεθα εἰσέρχεσθαι ἐντός Βενετίας, καί ἐπλεοποροῦμεν ἕως δύσεως ἡλίου καί ἐκατεντήσαμεν ἐν τοῖς οἴκοις τοῦ μαρκέζε τῆς Φερραρίας.

ντιέρες τοῦ Βασιλέως. καὶ ἐκεῖ ὀπίσω εἰς τήν πρύμνην ἦσαν ἄνθρωποι τέσσαρες στολισμένοι μέ φορέματα χρυσᾶ ζωγραφιστά, καί εἰς τά κεφάλια εἶχαν τρίχες ἀσπρόχρυσαις, καί οἱ ναῦται ἐφοροῦσαν ἄλλης γενεᾶς φορέματα παράξενα. καί μέσα εἰς τούτους, ὁποῦ ἦσαν ὀπίσω εἰς τήν πρύμνην, ἦτον ἕνας ἄνδρας εὐμορφώτατος, καί ποτέ μέν ἐκαθέζετο, ποτέ δέ ἐστέκετο. καί ἐφόρειε φορέματα ὀλόχρυσα, ὑφαντά καί λαμπρά, καί ἐκράτειαν (sic) εἰς τό χέρι του σκῆπτρον, ὥσπερ κατέργου Κύρις. καί ἐκεῖ μέσα ἦσαν καί ἄλλοι Ἄρχοντες, καί ἐφαίνουνταν ὅτι ἦσαν ἀπό ἄλλον τόπον, καί ἐφοροῦσαν καί τά φορέματα ἄλλης λογῆς, καί ἐλάτρευαν αὐτόν ὅπου ἐκράτειε τό σκῆπτρον τάχα μετά εὐλαβείας. ὀμπρός δέ εἰς τήν πρύμνην ἐστέκετο ἕνας ὀρθός, ὡσάν στύλος ὑψηλός, καί ἐπάνωθεν τοῦ στύλου ἐκείνου ἦτον ὡσάν τράπεζα, καί ἐκεῖ ἦτον ἕνας ἄνδρας ἅρμα (**χνε´**) τωμένος ἀπό τήν κεφαλήν ἕως τά ποδάρια, καί ἄστραπτεν ὡσάν τόν ἥλιον, καί ἐκράτειεν εἰς τό χέρι του ἅρμα φοβερόν· εἰς τήν δεξιάν του μερέαν καί εἰς τήν ζερβήν ἐκάθουνταν δύο παιδία, καί ἐφοροῦσαν ἀγγελικά φορέματα, καί πτερούγαις ὡσάν ἄγγελοι. καί δέν ἦσαν // **(501)** τίποταις φαντασία, ἤ μέ τέχνην καμωμένα, ἀλλά ἦσαν ἀληθινά ἄνθρωποι καί ἐπερπατοῦσαν. καί ὡσάν δύο λεοντάρια εἶχεν εἰς τῇ πρύμην χρυπᾶ (sic), καί εἰς τήν μέσην αὐτοῦ εἶχε χρυσόν ἀετόν δικέφαλον, καί ἄλλα πολλά εὔμορφα πράγματα, τά ὁποῖα δέν δύνεται τινάς νά τά γράψῃ καί νά τά ἐξηγηθῇ. ἦτον δέ τοῦτο τό Γαλιῶνι πολλά ὀγλήγορον, καί εὑρίσκετο, πότε ὀμπρός ἀπό τό Βασιλικόν κάτεργον, πότε δέ ὀπίσω, πότε δέ γύρωθεν, βαρῶντας ταῖς τρουμπέταις καί τά ὄργανα, καί τά ἄλλα διάφορα παιγνίδια. ἦλθαν δέ γούντουλαις μεγάλαις καί μικραῖς, κάι βάρκαις μεγάλαις, καί κάτεργα, καί φούσταις, ὅλαις στολισμέναις, καί δέν εἶχεν μετρημόν. δέν δύνεται τινάς νά τά γράψῃ, ὅτι ἦτον τόσον τό πλῆθος πολύ, ὡς τήν ἄμμον τῆς θαλάσσης. διά νά μή λέγωμεν πολλά, ἦλθεν ὁ Πρίγκηπος, καί ἐσύμωσεν (sic) εἰς τό Βασιλικόν κάτεργον μετά τῶν Κονσεγέρων αὐτοῦ, καί μέ ὅλην τήν ἀφεντίαν. καί ἀνέβη καί ἐπροσκύνησε τόν Βασιλέα, καί τόν ἀδελφόν αὐτοῦ τόν Δεσπότην, καί ἐκάθετο παρακάτω ἀπό τόν Βασιλικόν θρόνον. ἐκάθισε καί τόν Πρίγκηπον ἀπό τό ἀριστερόν μέρος αὐτοῦ εἰς σκαμνί ὅμοιον ὥσπερ καί τοῦ ἀδελφοῦ του τοῦ Δεσπότου, καί ἐκράτησεν ὁ Βασιλεύς τόν Πρίγκηπον ἀπό τό χέρι, καί ὡμίλουν μετά πάσης ἀγάπης ἀσπασίως. καί ὡσάν ἔσμιξεν ὁ Πρίγκηπος μέ τόν Βασιλέα, ἄρχησαν καί ἤρχουνταν τά κάτεργα καί ὅλα τά πλευσίματα μετά μεγάλης δόξης, καί παῤῥησίας, καί βαροῦν ἡ τρομπέταις (sic), καί πάσης γενεᾶς ὄργανον μέσα εἰς τά πλευσίματα, καί ἔξω εἰς τήν Βενετίαν. καί ἦσαν τά ὡραιότατα ἐκεῖνα σπῆτια τῆς Βενετίας Ὅλα ἐστολισμένα, καί ἦσαν ἡ Ἀρχόντισσαις καί τά παιδία τους τά μικρά ἀρσενικά καί θηλυκά, καί ἄλλαις πολλαῖς γυναῖκες εὔμορφα ἐσολισμέναις, καί ἐκάθουνταν εἰς τά παραθύρια, καί ἦσαν ὅλα γεμᾶτα, ἐμβλέποντας τόν Βασιλέα, μέ πόσην τιμήν καί παῤῥησίαν ὅπου τόν ἔμπαζαν μέσα ε ἰς τήν Βενετίαν. καί κατά ἀλήθειαν ὅτι νά εἰπῇ τινάς θαυμαστή καί θαυμασιωτάτη εἶναι, πλουσία χρυσοειδής τετορνεμένη μέ διάφορα (**χνστ´**) πράγματα, κἄν στολισμένη ὥσπερ νύμφη μεγάλη. ἡ ὁποία Βενετία εἶναι ἐπαινεμένη, καί ἀξία νά τήν ἐπαινέσῃ τινάς, μυρίου ἐπαίνου. ἡ Ὁποία εἶναι σοφή καί σοφωτάτη, καί καθημερινῶς γεννᾷ σοφούς φρονίμους καί συνετούς ἀνθρώπους. καί ἐάν καί τήν ἐπαινέσῃ τινάς, δεύτερη εἶναι Γῆ τῆς ἐπαγγελίας, ἡ ὁποία ῥέει μέλι καί γάλα. καί δεύτερον ἐπίγειον Παράδεισον δέν ἁμαρτάνει νά τήν

Ἡ δέ πόλις πᾶσα ἐσείσθη καί ἐξῆλθεν εἰς ὑπάντησιν τοῦ βασιλέως, καί κρότος καί ἀλαλαγμός μέγας ἐγένετο· καί ἦν ἰδεῖν ἔκστασιν φοβεράν τῇ ἡμέρᾳ ἐκείνῃ, τόν πολυθαύμαστον ἐκεῖνον ναόν τοῦ ἁγίου Μάρκου, τά παλάτια τοῦ δουκός τά ἐξαίσια, καί τούς ἄλλους τῶν ἀρχόντων οἴκους παμμεγέθεις ὄντας, ἐρυθρούς καί χρυσίῳ πολύ[5] κεκοσμημένους, ὡραίους καί ὡραίων ὡραιοτέρους· οἱ μή ἰδόντες ἴσως οἱ πιστεύσουσιν, ἡμεῖς δέ οἱ ἰδόντες οὐ δυνάμεθα γραφῇ παραδοῦναι τήν καλλονήν αὐτῆς, τήν θέσιν, τήν τάξιν, τήν σύνεσιν τῶν ἀνδρῶν ἐμοῦ τε καί γυναικῶν, τό παμπληθές τοῦ λαοῦ, ἑστώτων πάντων καί βλεπόντων καί χαιρόντων ἐμοῦ καί εὐφραινομένων ἐπί τῇ εἰσελεύσει τοῦ βασιλέως· ἐξέστη γάρ ἡ ψυχή ὑμῶν βλεπόντων τήν τοιαύτην παρρησίαν, ὥστε λέγειν ὑμᾶς ἐν ἐκστάσει· Οὐρανός σήμερον ἡ γῆ καί ἡ θάλασσα γέγονεν δῆλον ὥσπερ τά ἐν τῷ οὐρανῷ κτίσματα καί ποιήματα τοῦ θεοῦ οὐ δύναταί τις καταλαβεῖν, ἀλλά μόνον ἐκπλήττεται, οὕτω καί τά τῆς ἡμέρας ἐκείνης ἐκπληττόμεθα θεάματα βλέποντες, ἀλλά πολλή τῶν μεταξύ τῷ ἑτέρῳ διαφορά. ὅταν οὖν ἤλθομεν εἰς τήν μεγάλην γέφυράν, ἥν καλοῦσι Ῥεάλτον, ἐσήκωσαν αὐτήν ἄνω, καί ἐπέρασε κάτωθεν τό κάτεργον· ἦν δέ κἀκεῖσε πλῆθος λαοῦ πολύ, καί σημαῖαι χρυσοειδεῖς καί σάλπιγγες καί κρότοι καί ἀλαλαγμοί, καί ἁπλῶς εἰπεῖν ἀτονεῖ μου ὁ νοῦς γράφειν καί λέγειν τά τῆς ἡμέρας ἐκείνης θεάματα καί τούς ἐπαίνους καί τήν σχέσιν καί τήν τιμήν, ἥν ἔδειξαν τότε τῷ βασιλεῖ. καί ἀπήλθομεν, ὡς προεῖπον ἐν τοῖς οἴκοις τοῦ μαρκέζε τῆς Φερραρίας· ἐκεῖσε γοῦν ἔστησαν τήν τριήρην· ἦν δέ ὥρα δύσεως ἡλίου· καί ἀποχαιρετίσας ὁ δούξ καί οἱ ἄρχοντες αὐτοῦ ἀπῆλθον οἴκαδε, ἡμέρᾳ κυριακῇ, φεβρουαρίῳ θ' εἰς αυλζ'. /[6]

[ΠΕΡΙΟΔΟΣ ΑΠΟ ΒΕΝΕΤΙΑΣ ΕΙΣ ΦΕΡΡΑΡΙΑΝ]

Φεβρουαρίῳ κη' ἐξέβημεν ἀπό Βενετίας ὅ τε βασιλεύς, ὁ δεσπότης καί πᾶς ὁ κλῆρος καί ἡ συνοδία αὐτῶν, καί ἐπλέομεν τήν εἰς Φερραρίαν ὁδόν· ὁ δέ πατριάρχης ἀπέμεινεν εἰς Βενετίαν δι' ἔνδειαν τῶν πλοιαρίων. ἡμεῖς δέ ἤλθομεν, ἵνα τά διά μέσου ὡς μή πάνυ ἀναγκαῖα ἐάσω, εἰς τό καστέλλι Φραγγουλῆ, ἔνθα πεζεύωσι πάντα τά πλοῖα τά ἐκ τῆς Βενετίας εἰς Φερραρίαν ἐρχόμενα. Ἦλθον οὖν τῆς γῆς καβαλλάριοι ὡσεί πεντήκοντα, καί προσεκύνησαν τόν βασιλέα· καί ὁ λεγάτος ἦλθε μετ' αὐτῶν, ὅστις ἦλθε μέ τό κάτεργον τοῦ πάπα καί ἐν Κρήτῃ καί ἐν Κωνσταντινουπόλει· αὐτόν γάρ ἀπέστειλεν ὁ πάπας ἰδεῖν τήν βουλήν τοῦ βασιλέως. καί ὥρισεν ὁ βασιλεύς, ἵνα φέρωσι τό πρωί ἄλογα ρν', ὅπως πορευθῇ διά ξηρᾶς εἰς Φερραρίαν εἰς τόν μακαριώτατον πάπαν. ἐμείναμεν οὖν ἐν ἐκείνῳ τῷ τόπῳ τῇ νυκτί ἐκείνῃ· τό πρωῒ ὥρισεν ὁ βασιλεύς, ἵνα ἀπέλθωσι τά πλοῖα διά τοῦ

*Η editio princeps τῶν Ἑλληνικῶν «Πρακτικῶν» (1577) τῆς Συνόδου Φερράρας-Φλωρεντίας*

εἰπῆ τινάς. περί αὐτῆς λέγει καί ὁ Προφήτης Θεῖος Δαβίδ εἰς τόν οἶκον τοῦ τρίτου ψαλμοῦ. Ἐπί θαλασσῶν ἐθεμελίωσεν αὐτήν, καί ἐπί ποταμόν ἡτοίμασεν αὐτήν. τί πρᾶγμα νά γυρεύσῃ τινάς, καί νά μή δέν τό εὕρῃ εἰς αὐτήν; διά τούτων τῶν πολλῶν ἐπαίνων καί μεγάλων ἀξιῶν, ἦτον, καί εἶναι αὐτή ἡ περιβόητος Βενετία. ἦτον δέ ἕως πέντε ὦραι τῆς ἡμέρας ἀφ' οὗ ἄρχησαν νά ἔρχωνται εἰς τήν Βενετίαν μέσα, καί ἐρχόμενοι μετά τῶν πλευσίμων, οἱ κωπηλάται ἔσυρναν τά κωπία, καί ἀπό // **(502)** τά πλήθη τῶν πλευσίμων, καί ὁποῦ ἐπήγαιναν ἀπό τόπου εἰς τόπον, ἐκατήντησαν εἰς τά ὀσπίτια τοῦ Μαρκέζε τῆς Φερράρα, ὅταν ἐβασίλευεν ὁ Ἥλιος. ἡ δέ Βενετία ὅλη ἐσείσθη, καί ἄνθρωπος δέν ἀπέμεινε, μόνον ὅλοι ἔδραμαν εἰς συναπάντησιν τοῦ Βασιλέως. καί κτύποι, καί φωναῖς, καί ὁμιλίαις μεγάλαις ἔγιναν, καί ἦτον νά εἰδῇ τινάς τήν ἡμέραν ἐκείνην ἔκστασιν φοβεράν, τόν πολυθαύμαστον Ναόν τοῦ ἁγίου Μάρκου, τά παλάτια τοῦ Πρίγκηπου τά θαυμαστά, καί τά ἄλλα ὀσπίτια τῶν ἀρχόντων, μεγάλα καί ὑψηλά καί εὔμορφα, καί μέ χρυσάφι φτιασμένα. ἐκεῖνοι ὁποῦ εἶδαν, ἴσως νά μή τά πιστεύσουν, ἀληθινά ἔτζι εἶναι. καί ἡμεῖς ὁποῦ τά εἴδαμεν, δέν δυνόμεσθεν ἐγγράφως νά τά παραδώσωμεν. τήν πολλά εὔμορφην τάξιν τῆς αὐτῆς Βενετίας τήν φρονιμότητα καί τῶν ἀνδρῶν, καί τῶν γυναικῶν, στέκωντας, καί προσκυνῶντας, ὅταν ἔβλεπαν καί ἔμπαιναν ὁ βασιλεύς μέ τόν Πρίγκηπον καί μέ τούς Ἄρχοντας εἰς τήν Βενετίαν. ἐξέστη γάρ ἡ ψυχή παντός τοῦ Λαοῦ, βλέπωντας ταύτην τήν παῤῥησίαν, καί τούς ἐφαίνονταν τήν ἡμέραν ἐκείνην, ὅτι ὁ οὐρανός καί ἡ γῆ καί ἡ θάλασσα ἔγιναν ἕνα. καί καθώς καί τά τοῦ Θεοῦ κτίσματα δέν δύνεται τινάς νά τά καταλάβῃ, μόνον ἐκπλήττεται καί θαυμάζεται, ὁμοίως καί τῆς ἡμέρας ἐκείνης τήν εὐπρέπειαν ἐκπλήττομαι νά λέγω. ἀλλά πολλή εἶναι ἡ διαφορά ἀπό ἕνα εἰς ἄλλο. ὅταν δέ ἤλθαμεν εἰς τό μεγά **(χνζ΄)** λο γεφύρι, τό ὁποῖον καλοῦν Ῥεάλτο, ἐσύκωσαν ἀπάνω τό γεφύρι καί ἐπέρασεν τό βασιλικόν κάτεργον καί τά ἄλλα. ἦτον δέ καί ἐκεῖ πλῆθος πολύ μέ μπαντιέραις χρυσαῖς, καί τρουμπέταις, καί ἄλλα ὄργανα πολλά. καί πῶς νά εἰπῇ τινάς καί νά θαυμάσῃ τί πράγματα καί στολίδια εἶχαν, καί τί ἔπαινον καί τιμήν ἔδειξαν τότε τοῦ βασιλέως; καί ἐπῆγαν καθώς ἐπροεγράψαμεν, εἰς τό σπῆτι τοῦ Μαρκέζου, καί ἐκεῖ ἐσταμάτησεν τό κάτεργον τοῦ βασιλέως καί τά ἄλλα, καί ἦτον, ὡς εἴπαμεν, ὅταν ἐβασίλευσεν ὁ Ἥλιος. καί ἀποχαιρετίσας ὁ Πρίγκηπος καί οἱ Ἄρχοντες τόν βασιλέα, ἐγύρισαν καί ἦλθαν εἰς τό Παλάτι τοῦ Πριγκήπου, καί ἔκαμαν αὐτόν συνοδίαν ἕως ἐκεῖ. τότε οἱ ἄρχοντες ἀποχαιρέτησαν τόν Πρίγκηπον, καί ἐπῆγε καθ' ἕνας εἰς τό σπῆτι αὐτοῦ, χρόνοι ἀπό Χριστοῦ Γεννήσεως αυλζ΄. ἡμέρα Κυριακῇ, Φευρουαρίῳ ἐννάτῃ. τό δέ πουρνόν τῆς δευτέρας, εἰς ταῖς δέκα τοῦ αὐτοῦ Μηνός, ἐπῆγεν ὁ Πρίγκηπος καί ἡ Ἀφεντία εἰς τόν βασιλέα, καί πολλά ὡμίλησαν. τότες ἀνέφεραν περί τῆς Συνόδου, πῶς μέλλει νά γένῃ, καί πῶς διά ταύτην ἦλθε νά γένῃ ἕνωσις εἰς τήν Ἐκκλησίαν. ἀκούσας δέ ὁ Πρίγκηπος καί ἡ Ἀφεντία ἔλαβαν χαράν μεγάλην, καί ἐδεήθησαν πολλά τόν βασιλέα νά γένῃ ἡ Σύνοδος εἰς τήν Βενετίαν, καί τάς ἐξόδους αὐτοῦ, καί πᾶσαν βοήθειαν ὁποῦ χρειάζεται, να' τόν βοηθήσουν. ἀλλά ὁ Βασιλεύς δέν ἠθέλησε, μόνον ἔλεγε μέσα εἰς τόν ἑαυτόν του, ὅτι ὅσον θέλει πάγει μέσα πρός τόν Πάπαν, τόσον θέλει λάβει περισσοτέραν βοήθειαν ἐξ αὐτοῦ τοῦ Πάπα. καί ὡς εἶδεν // **(503)** ὁ Πρίγκηπος καί οἱ ἄρχοντες τόν Βασιλέα, ὅτι δέν τό δέχεται νά γένῃ ἡ Σύνοδος εἰς τήν Βενετίαν, ἐλυπήθησαν πολλά. καί ἔτζι ἐπαρακάλεσαν καί ἐλειτούργησαν ὁ

ποταμοῦ εἰς Φερραρίαν, αὐτός δέ τῆς γῆς, ὡς εἴρηται, πορευθῇ. καί οὕτως ἐπορεύθησαν τά πλοῖα διά τοῦ ποταμοῦ, ὁ δέ βασιλεύς ἦλθε διά ξηρᾶς ὥρᾳ ς' τῆς ἡμέρας, καί εἰσῆλθεν ἔφιππος εἰς Φερραρίαν μετά τιμῆς καί παρρησίας μεγάλης· ἦσαν γάρ μετ' αὐτοῦ ἄρχοντες πολλοί, καί μητροπολῖται καί ἐπίσκοποι τοῦ πάπα, καί ὁ αὐθέντης τῆς χώρας ὁ μαρκέζες· ἔτι δέ καί ἱερεῖς τοῦ βασιλέως, καί ὁ πνευματικός αὐτοῦ ὁ μέγας πρωτοσύγγελλος κύρις Γρηγόριος, καί ἕτεροι ὡσεί σ' τόν ἀριθμόν, μετά σαλπίγγων καί παντός γένους μουσικοῦ.

[7] Ἡ δέ πόλις πᾶσα τῆς Φερραρίας συνέδραμεν ἰδεῖν τήν εἰσέλευσιν τοῦ ἁγίου ἡμῶν βασιλέως μετά αἰδοῦς καί τιμῆς καί εὐλαβείας. καί ὁ μέν βασιλεύς ἐκαθέζετο ἐφ' ἵππου ὡραιοτάτου μέλανος καί εὐτρεπισμένου μετά ἐρυθροῦ καί χρυσοϋφάντου χασδίου. ἄρχοντες δέ καί τινες ἄλλοι συνυπήγοντο μετ' αὐτοῦ, μετά οὐρανίας λευκοειδοῦς σκεπάζοντες αὐτόν, καί αὕτη ἐπιμελανίζουσα ὡς ἰδέα οὐρανοῦ• καί ἕτερος ἵππος λευκός ὡραιότατος, εὐτρεπισμένος καί αὐτός τά αὐτά καί χρυσοῦς ἀετούς ἔχων ἐπί τοῦ χασδίου καί ἕτερα πλέματα χρυσᾶ, ἐπορεύετο ἔμπροσθεν τοῦ βασιλέως, μή ἔχων ἀναβάτην.

Ὁ δέ ἁγιώτατος πάπας ἦν καθήμενος ἐπί τοῦ παλατίου αὐτοῦ μετά παντός τοῦ κλήρου — καρδιναλίων δηλαδή, μητροπολιτῶν, ἐπισκόπων, ἱερέων καί ἄλλου ἱερατικοῦ καταλόγου — καί ἀρχόντων καί αὐθεντῶν πολλῶν, ἐκδεχόμενος τόν βασιλέα* καί ἐλθόντες οἱ ἔμπροσθεν καβαλλάριοι, τινές μέν τῶν ἀρχόντων ἐπέζευσαν καί αὐτός ὁ δεσπότης, καί εἰσῆλθον διά τῆς μεγάλης πύλης ἐντός τοῦ παλατίου οὗ ἦν ὁ πάπας• τόν δέ βασιλέα εἰσήγαγον ἔφιππον δι' ἑτέρας πύλης• γνούς οὖν ὁ πάπας ὅτι ἐγγύς ἐστι τῆς πύλης ὁ βασιλεύς, ἀνέστη καί περιεπάτει• διό καί εὗρεν αὐτόν ὁ βασιλεύς ὄρθιον καί θέλων. γονυπετῆσαι οὐκ ἄφηκεν αὐτόν, ἀλλ' ἐδέξατο αὐτόν εἰς τόν κόλπον αὐτοῦ • καί δούς τῇ χειρί, ἠσπάσατο ὁ βασιλεύς, καί ἐκάθισεν αὐτόν ἐξ ἀριστερῶν αὐτοῦ* οἱ δέ καρδινάλεις παρά τούς πόδας αὐτῶν καί ἐποίησαν τόν ἐν Χριστῷ ἀσπασμόν, ὡς εἶδον αὐτοί ὅ τε πάπας καί ὁ βασιλεύς* καί ὁμιλήσαντες λόγους μυστικούς τῆς εἰρήνης, ἀνεχώρησαν ἀπ' ἀλλήλων, καί ὁ μέν πάπας ἔμεινεν ἐν τῷ παλατίῳ αὐτοῦ, τόν δέ βασιλέα ἔφερον ἔφιππον οἱ αὐτοί καβαλλάριοι μετά σαλπίγγων ἐν ἑτέρῳ παλατίῳ εὐτρεπισμένῳ πάνυ καλῶς• κἀκεῖ ἀνεπαύθη μετά τῶν ἀρχόντων καί τῶν ὑπηρετῶν κατά τάξιν βασιλικήν, μηνί μαρτίῳ δ' ἡμέρᾳ γ'.

[ΠΕΡΙ ΤΗΣ ΕΙΣΕΛΕΥΣΕΩΣ ΤΟΥ ΠΑΤΡΙΑΡΧΟΥ ΕΙΣ ΦΕΡΡΑΡΙΑΝ]

[8] Πλησιάσαντος τοίνυν τοῦ ἁγίου πατριάρχου ἡμῶν ἐν τῷ καστέλλι Φραγγουλῆ, ἔτι αὐτοῦ μακράν ἀπέχοντος, ἰδού πρός ὑπαντήν αὐτοῦ ἦλθε μία ναῦς κατάχρυσος συρομένη ἐν τῷ ποταμῷ παρά τῆς σκάφης αὐτῆς, καί ἐζήτει τόν πατριάρχην εἰσελθεῖν ἐν αὐτῇ• ἦν γάρ

*Ἡ editio princeps τῶν Ἑλληνικῶν «Πρακτικῶν» (1577) τῆς Συνόδου Φερράρας-Φλωρεντίας*

Πατριάρχης μετά τῶν Ἀρχιερέων καί Κληρικῶν αὐτοῦ καί Διακόνων εἰς τόν Ναόν τοῦ Ἁγίου Μάρκου, εἰς τάς δέκα ἕξη τοῦ αὐτοῦ Φευρουαρίου ἡμέρᾳ Κυριακῇ, καί εὐρισκομένων ἐκεῖ τοῦ Βασιλέως καί τοῦ Πριγκήπου καί τῶν Ἀρχόντων, καί παντός τοῦ Λαοῦ, Ἱερέων καί Λαϊκῶν. καί τίς δύναται νά εἰπῇ τήν τάξιν καί τήν εὐπρέπειαν, καί τήν δοξολογίαν αὐτῆς τῆς Λειτουργίας ὁποῦ ἔγινεν; ὅταν ἐκάθησεν ὁ Πατριάρχης εἰς τό μέσον τοῦ Ναοῦ, καί ἐμπροσθεν αὐτοῦ σκάμνος ἐνδεδυμένος μέ βελοῦδον κόκκινον, καί εἶχεν ἀπάνω τήν πύλην αὐτοῦ μετά τῶν Ἱερῶν φορεμάτων τοῦ Πα **(χνη΄)** τριαρχικοῦ θρόνου, ἤγουν σεντοῦκι, καί ὁ Ὑποδιάκων ἔστεκεν ἔμπροσθεν μετά λαμπάδος μεγάλης ἀναμμένης βαστῶντας αὐτήν ὁ Εὐταξίας. τῆς ὁποίας λαμπάδος τό φῶς δηλοῖ τήν Ἀρχιερατικήν χάριν, ὁποῦ μεταδίδει αὐτήν εἰς τούς Χριστιανούς, εἰς ἱερεωμένους καί κοσμικούς, τό ὁποῖον προεικονίζει τόν Χριστόν, καί τούς θείους Ἀποστόλους. οἱ ὁποῖοι Ἀπόστολοι ὠνομάσθησαν φῶς τοῦ Κόσμου, ἐπειδή ὁ Ἀρχιερεύς εἶναι διάδοχος τοῦ Χριστοῦ, ὁποῦ εἶπεν. Ἐγώ εἰμι τό φῶς τοῦ Κόσμου, καί τῶν Ἀποστόλων, διά τοῦτο ἀνάφθουν λαμπάδας ἔμπροσθεν αὐτοῦ. ὅμως ἤρχετο ὁ χορός τῶν Ἀρχιερέων, καί ἔπερναν καιρόν κατά τήν τάξιν, νά φορέσουν τά ἱερά τους. ὁ καθένας ἤρχετο κατά τόν βαθμόν τοῦ θρόνου. καί μετά τούς Ἀρχιερεῖς οἱ Σταυροφόροι, κατά τό ὀφφίκιον αὐτῶν, ὁμοίως καί οἱ Ἡγούμενοι καί οἱ Ἱερομόναχοι καί οἱ Διάκονοι. καί ὅταν ἐφόρεσαν ὅλοι τάς ἱεράς στολάς αὐτῶν μέσα εἰς τό βῆμα, ὁ Πατριάρχης ἐκάθητο ἔξω εἰς σκαμνί μέγα καί ὑψηλότατον, καί οἱ Ψάλται μετά τῶν Νοταρίων ἄλλων κοσμικῶν καί κληρικῶν ἔστεκαν ὀρθοί. ἦλθαν δέ καί οἱ Διάκονοι ὅλοι φορεμένοι, καί ἐπροσκύνησαν τόν Πατριάρχην, καί ἐστάμοσαν (sic) δεξιά καί ἀριστερά αὐτοῦ. καί ἄρχησαν ἐν τῷ ἅμα οἱ Ψάλται καί ἔψαλλαν τῆς Παναγίας, τό, Ἄνωθεν οἱ Προφῆται σέ προκατήγγειλαν, Κόρη, καί τά ἑξῆς. ὤ τοῦ θαύματος, τῶν γλυκυτάτων φωνῶν τῶν ἀγγελικῶν, τίς νά μή ἤθελε θαυμάση καί μή φρίξη; τότε ὁ Πατριάρχης ἔδωκε τοῦ Ἀναγνώστου τό δεκανίκιον αὐτοῦ, καί τό καμιλαύχιον· οἱ δέ Διάκονοι εὔγαλαν τό Μανδύον αὐτοῦ, καί τό ἀπανωφόριον, καί ἄνοιξαν τήν πυλήν καί εὔγαλαν ἀρχή τό στοιχάριον καί τοῦ τό ἐφόρεσαν, ἔπειτα τό ἐπιτραχήλιον, τήν ζώνην, τά ἐπιμανίκια, τό ἐπιγονάτιον, τόν σάκκον, καί τό ὠμόφορον. καί ὡς ἐνδύθη αὐτά τά ἱερά, ἔλαβε τό καμιλαύχιον αὐτοῦ καί τό ἐφόρεσε καί τό δεκανίκιον ἐπῆρεν ἐπί χεῖρας. καί οἱ Ψάλται, ὡσάν ἐτελείωσαν τό τροπάριον, ἔψαλλαν, τόν Δεσπότην καί Ἀρχιερέα, καί ἔτζι εὐλόγησε τόν Λαόν. τότε ἐξεφώνησεν ἕνας τῶν Ἱερέων τήν Λειτουργίαν κατά τήν συνήθειαν. τό, Εὐλογημένη ἡ Βασιλεία τοῦ Πατρός, καί τά ἑξῆς, καί ὁ Ἀρχιδιάκων τά εἰ // **(504)** ρηνικά. καί ὡσάν ἦλθαν εἰς τήν πρώτην Εἴσοδον, εὐγῆκαν ἔμπροσθεν τά ἀργυρᾶ μανουάλια μετά λαμπάδων, καί τό διβάμπουλον τοῦ Πατριάρχου, καί τό δεκανίκιον, ἔπειτα οἱ Διάκονοι, καί ὁ Ἀρχιδιάκων **(χνθ΄)** ἐβάστα τό Εὐαγγέλιον. τότε οἱ Ἀρχιερεῖς καί ὅλοι ἦλθαν ἔξω εἰς τόν Πατριάρχην νά κάμουν τήν Εἴσοδον. καί ἐσταμάτησαν κατά τήν τάξιν ὅλοι εἰς μέν τό δεξιόν μέρος οἱ Διάκονοι, εἰς δέ τό ἀριστερόν οἱ Ἀρχιερεῖς, καί Ἱερεῖς, καί ἔτζι ἔσκυψαν τάς κεφαλάς, λέγοντας τήν εὐχήν τῆς Εἰσόδου. καί ὡς ἐσύκωσαν τάς κεφαλάς αὐτῶν, ἤφερεν ὁ Ἀρχιδιάκων τό Εὐαγγέλιον, καί ἠσπάσθη αὐτό ὁ Πατριάρχης, καί εὐλόγησε τήν Εἴσοδον. τότε ἐξεφώνησε ὁ Ἀρχιδιάκων τό, Σοφία ὀρθή (sic). καί οἱ κληρικοί ψάλλοντες τό, Δεῦτε προσκυνήσωμεν καί προσπέσομεν Χριστῷ, καί τά ἑξῆς, ὤ τοῦ θαύματος, ποῖος

διόροφος καί τριό-ροφος, ώς ή παλαιά ἐκείνη τοῦ Νώε κιβωτός, ἀλλ' ἐκείνη ἀσφάλτῳ ἦν περισφαλισμένη τά ἔσωθεν καί τά ἔξωθεν αὕτη δέ, ὅσον μέν ἦν ἐν τῷ ὕδατι, πίσσῃ ὑπῆρχε κεχρισμένη, ὅσον δέ τό φαινόμενον, ἐν χρώμασι διαφόροις ἦν καλλωπι-σμένον καί τά μέν ἀνωτέρω τοῦ ποταμοῦ ζωγραφισμένα ὑπῆρχον, μικρόν δέ ἀνωτέρω παραθυρίδαι τετορνευμέναι, ὡς ἂν τις εἰκάσαι μετά κιόνων λεπτῶν εἶναι αὐτάς καί μετά μαρμάρων κοκκίνων* καί ἄνωθεν τούτων πρό-σκηψις ὡραιότατη* ὑπεράνω δέ πάσης τῆς νηός κύκλωθεν πολεμικά, καί ἐν μέσῳ μαγειρεῖον διά τό ἄνωθεν εἶναι τοῦ καπνοῦ καί σκάλα μία τᾖ πρύμνῃ καί μία τᾖ πρώρᾳ, τοῦ ἀνέρχεσθαι καί κατέρχε-σθαι οἱ ὑπηρέται αὐτῆς. ἔσωθεν δέ παλάτιον ἄλλον, ὡς ἂν τις εἴποι ναόν περικαλλῆ, καί κοιτῶναι διάφοροι περικεκαλυμμένοι βήλοις χρυσοῖς* κύκλωθεν δέ ἀναβάθραι καί προβαθμίδαι καί θρόνοι καί καταπετάσματα κατεστρωμένοι τάποις μακροῖς* καί κύκλωθεν θεω-ρία λαμπρότατη καί ἀξιέπαινος. κάτωθεν δέ τοῦ παλατίου ὡς κατώ-γαιον αὐτοῦ, ὑποθῆκαι ὑπῆρχον πολλοί, αἱ μέν οἴνου, αἱ δέ ἰχθύων, αἱ δέ τροφῶν ἄλλων* τί δέ ἡ καλάθωσις[9] τοῦ ὀρόφου αὐτοῦ, καί ἡ θαυμαστή ἀνάπαυσις τῶν οἰκούντων ἐν αὐτῷ* ἐκαλεῖτο δέ Ὀρω-μπούρ-κιον.

Τοῦτο ἐλθόν καί τόν πατριάρχην ἡμῶν εὐφήμησαν, παρακλη-θείς ἐκεῖνος εἰσῆλθεν ἐν αὐτῷ μετά τῶν ἀρχιερέων καί τοῦ κλήρου παντός, καί ἦν ἰδεῖν πλέοντας ἡμᾶς τόν ποταμόν ὡς εἰς παλάτιον ἄλλον καί σέκρετον, μηδ' ὅλως εἰκάζοντας εἶναι ἐν ὕδασι, ἀλλ' ἐν τᾖ ξηρᾷ. πλεύσαντες οὖν διά τοῦ ποταμοῦ, ἤλθομεν καί ἡμεῖς εἰς Φερραρίαν προπέμψαντες ἀπό Βενετίας εἰς τόν πάπαν πρέσβεις, τόν Ἡρακλείας κύριν Ἀντώνιον, καί τόν Μονεμβασίας κύριν Δοσίθεον. ἐν τῷ λιμένι οὖν τῆς Φερραρίας καταντήσαντες ἐν ὥρᾳ τῆς ἡμέρας, τῃ ζ' τοῦ μαρτίου μηνός, ἐμηνύσαμεν τῷ μακαριωτάτῳ πάπα, ἄρα πῶς γενήσεται ἡ τοῦ πατριάρχου συνέλευσις καί πῶς δέξεται πά-πας αὐτόν, τούτων οὖν ἐξεταζομένων, ἐμείναμεν ἐν τῷ χρυσῷ πλοίῳ ἐκείνῳ τήν νύκτα ἐκείνην.

Τῷ πρωΐ δέ ὥρᾳ α' τῆς ἡμέρας μαρτίῳ η', ἦλθον καρδινάλιοι δ', καί ἐπίσκοποι ὡσεί εἴκοσι πέντε, καί ὁ μαρκέσιος τῆς χώρας ὁ αὐθέν-της, καί σύν αὐτῷ πλῆθος ἀρχόντων πολύ, καί ἵπποι καί ἡμίονες* οἷς ἐποχηθέντες εἰσήλθομεν τήν Φερραρίαν ἦν δέ ὁ πατριάρχης ἔφιππος, καί ᾤχετο ἐν μέσῳ δύο καρδιναλίων μετά τιμῆς μεγάλης* καί πρός τό παλάτιον τοῦ πάπα εὐθύς ἀνήλθομεν. καί τόν πάπαν ὁ πατριάρχης ἠσπάσατο ἱστάμενον ἐν τῇ παρειᾷ. ἡμεῖς δέ καθη-μένῳ τήν δεξιάν αὐτοῦ καί τήν παρειάν, σύν τοῖς ἐξωκατακήλοις* οἱ δ' ἄλλοι μόνον τήν χεῖρα, ἤ καί[10] μόνῳ τῷ προσκυνήματι. τοῦ ἀσπασμοῦ τοιγαροῦν γενομένου καί τοῦ παλατίου ἐξελθόντες, τοῖς

δύνεται νά γράψη τό δάκρυον, ὁποῦ ἐχύθη τήν ἡμέραν ἐκείνην εἰς τήν Λειτουργίαν, ἀφ' οὗ ἄρχησεν ἡ Λειτουργία ἕως ὁποῦ ἐτελείωσεν, ὑπό Πριγκήπου, καί τῆς Ἀφεντίας, καί παντός τοῦ Λαοῦ, ἀνδρῶν, καί γυναικῶν; οἱ ἄνδρες μέν ἐστέκουνταν εἰς τόν Ναόν, ἡ δέ Ἀρχόντισσαις ἐστέκουνταν ἀπάνω εἰς τά κατηχούμενα τῆς Ἐκκλησίας. καί ὁ Βασιλεύς μετά τοῦ Πριγκήπου καί τῆς Ἀφεντίας ἦσαν εἰς ἀναβάθραν, τοὐτέστιν εἰς τόπον ὑψηλόν. καί ὡσάν ἐτελείωσεν ἡ Λειτουργία, ἔδωκεν ὁ Πατριάρχης τό ἀντίδωρον, καί ἔκαμεν ἀπόλυσιν κατά τήν τάξιν. εἶχε δέ ὁ Πρίγκηπος εἰς τό Παλάτιον αὐτοῦ τράπεζαν εὐτρεπισμένην, καί εἶχε τόν Βασιλέα, καί τόν Πατριάρχην, καί ὅλην τήν συνοδίαν αὐτοῦ καλεσμένους εἰς τήν τράπεζαν, καί ὅλην τήν Ἀφεντίαν. καί ὅταν εὐγῆκαν ἀπό τήν Λειτουργίαν, ὑπῆγαν καί ἐκάθισαν εἰς τήν τράπεζαν, ἦτον δέ εἰκοσιδύω ὥραις τῆς ἡμέρας, δηλαδή δέκα ὥραις. καί ὡσάν ἐκάθισαν, ἔφαγαν, καί τόν Θεόν ἐδόξασαν, καί τόν Πρίγκηπον καί τήν Ἀφεντίαν εὐχαρίστησαν. καί ἔτζι ἐπῆγεν ὁ Βασιλεύς, καί ὁ Πατριάρχης καί ἡ συνοδία αὐτῶν, καθ' ἕνας εἰς τό σπῆτι του. ἔκαμε δέ ὁ Βασιλεύς μετά τοῦ Πατριάρχου ἐκεῖ εἰς τήν Βενετίαν ἕως ταῖς, κη΄. τοῦ αὐτοῦ Μηνός, λέγω, Φευρουαρίου. **(χξ΄)**

Ὅμως ὁ Βασιλεύς ἔστωντας καί νά μή θέλη νά προσμείνη εἰς τήν Βενετίαν νά κάμη τήν Σύνοδον, εὐγῆκεν ἀπό τήν Βενετίαν εἰς τάς εἰκοσιοκτώ τοῦ αὐτοῦ Φευρουαρίου μετά τῆς συνοδίας αὐτοῦ, καί ἐμπῆκαν εἰς τά πλευσίματα, καί ἐπῆγαν τήν στράταν τῆς Φεῤῥάρας. ὁ δέ Πατριάρχης ἔμεινεν εἰς τήν Βενετίαν, ἔστωντας ὁποῦ διά τήν ὥραν δέν εὕρισκε πλευσίματα νά περάση. ὁ Βασιλεύς δέ ἐπῆγεν εἰς τό Καστέλλι Φραγγουλί, ὅτι ἐκεῖ ἀράσουν ὅλα τά πλευσίματα, ὁποῦ εὐγένουν ἀπό τήν Βενετίαν, καί ὑπαγένουν εἰς τήν Φεῤῥάραν. ἦλθαν δέ ἐκεῖ ἄνθρωποι τῆς στερεᾶς, Ἄρχοντες καβαλαρέοι πενῆντα, καί ἐπροσκύνησαν τόν Βασιλέα, καί ἐκεῖ ἦτον καί ὁ Λεγᾶτος τοῦ Πάπα μετ' αὐτῶν. ὁ ὁποῖος ἐπῆγε μέ τό κάτεργον τοῦ Πάπα εἰς τήν Κωνσταντινούπολιν, ὅτι αὐτόν ἔστειλεν ὁ Πάπας νά εἰδῆ τήν βουλήν τοῦ Βασιλέως, τί λέ // **(505)** γει διά τήν Σύνοδον. ἐτοῦτος ἠνάγκασε τόν Βασιλέα καί ἦλθεν εἰς τήν Φραγγίαν. καί ὡσάν ἐπῆγεν ὁ Βασιλεύς εἰς τό Καστέλλι Φραγγουλί, ὥρισε τό πουρνόν νά τοῦ φέρουν ἄλογα ἑκατόν πεν[νῆντα, ὅτι θέλει νά καβαλικεύση νά ὑπάγη στερεᾶς μετά τῆς συνοδίας αὐτοῦ εἰς τήν Φεῤῥάραν πρός τόν Μακαριώτατον Πάπαν, ὅτι ἀπό τήν Ῥώμην ἦλθεν ὁ Πάπας μετά παῤῥησίας μεγάλης μετά τῶν Καρδιναλέων αὐτοῦ καί μετά τῶν Κληρικῶν διά νά σμίξη μετά τοῦ Βασιλέως. ἔμεινε δέ ὁ Βασιλεύς τήν νύκτα ἐκείνην εἰς τό Καστέλλι, τό δέ πουρνόν ἦλθαν τά ἄλογα, καί ἐκαβαλίκευσεν ὁ Βασιλεύς, καί τά πλευσίματα ἐπῆγαν εἰς τήν Φεῤῥάραν ἀπό τόν ποταμόν. ὁ δέ Βασιλεύς ἦλθε καβαλάρης μέ ὅλην του τήν συνοδίαν εἰς τήν Φεῤῥάραν μετά τιμῆς καί μεγάλης παῤῥησίας, ἦσαν δέ ἕξη ὥραις τῆς ἡμέρας. καί μετά τοῦ Βασιλέως ἦσνα καί πολλοί Μητροπολῖται καί Ἐπίσκοποι τοῦ Πάπα, καί ὁ Ἀφέντης τοῦ Κάστρου ὁ Μαρκέζος, καί Ἱερεῖς τοῦ Βασιλέως, καί ὁ Πνευματικός αὐτοῦ ὁ μέγας Πρωτοσύγκελλος κύριος Γρηγόριος, καί ἄλλοι ὡς διακόσιοι ἄνδρες μέ τρουμπέταις, καί μέ ὄργανα, καί μέ ἄλλα παιχνίδια. **(χξα΄)** τό δέ Κάστρον ὅλον τῆς Φεῤῥάρας, ἤγουν ὅλος ὁ Λαός, ἔδραμαν νά προϋπαντήσουν τόν Βασιλέα, καί μετά πάσης τιμῆς καί εὐλαβείας νά τόν προσκυνήσουν. ἦτον δέ ὁ Βασιλεύς καβαλάρης εἰς ἕνα μαῦρον ἄλογον πολλά εὐμορφότατον, στολισμένον μέ κόκκινον χρυσοχάσδιον, καί ἀπάνωθεν τῆς κεφαλῆς τοῦ Βασιλέως ἐβαστοῦσαν ἄσπρον σκέπα-

ἵππους πάλιν ἐπιβάντες, τῷ πατριάρχῃ ἀπήλθομεν ὀψικεύοντες ἕως τόν ἠτοιμασμένον οἶκον αὐτοῦ* ὅν ἐκεῖσε καταλιπόντες ἀπήλθομεν ἕκαστος, ὅπου ἄν ἠτοιμάσθη ἡμῖν* αὗταί εἰσιν τοῦ πάπα αἱ προπομπαί, καί τούτῳ τῷ τρόπῳ εἰσήλθομεν εἰς Φερραρίαν τῇ δέ κυριακῇ τῷ πρωί ὥρισεν ὁ πατριάρχης, καί ἐλειτούργησαν ὡσεί ιε' ἱερεῖς ἐν τῷ παλατίῳ αὐτοῦ* καί εἱστήκεισαν ἀρχιερεῖς κατά τάξιν, ὁμοίως καί οἱ σταυροφόροι καί οἱ ψάλται, καί ὁ αὐθέντης τῆς χώρας ὁ μαρκέσιος καί οἱ ἄρχοντες αὐτοῦ, καί πάντες μετ' εὐλαβείας* εἰς δέ τό τέλος ἔλαβον πάντες ἀντίδωρον παρά τῶν χειρῶν τοῦ πατριάρχου. Διαγενομένων τοίνυν ἡμερῶν τινων, ἐζήτει τόν πάπαν ὁ βασιλεύς σύνοδον οἰκουμενικήν γενέσθαι, οὐ μόνον τῶν ἐπισκόπων, ἀλλά καί τῶν δουκῶν καί ἁπλῶς πάσης τῆς Ἰταλίας, ἤ δι' ἑαυτῶν ἤ διά τοποτηρητῶν, ὁ δέ ἀδυνάτως ἔχων τοῦτο διά τάς διχονοίας καί τάς ἀλληλομαχίας, ὁ βασιλεύς καί ἔτι ὡς συμπεφωνημένον τοῦτο ἐζήτει ἀεί. μή ἔχοντος οὖν τοῦ πάπα πῶς ἄλλως ποιῆσαι, ἐζήτησε διωρίαν μηνῶν δ', ἕως οὗ σύναξη τά γένη αὐτοῦ, ὁ καί γέγονε* τῆς οὖν διωρίας δοθείσης, καί ἁπανταχοῦ γράμματα καί πρέσβεις ἀποστείλας ὁ πάπας, καί τοῦ καιροῦ τῆς διωρίας τρέχοντος, κἀκείνων μή ἐρχομένων, ἐβουλευσάμεθα μέθοδόν τινα εἰς τό πρόθυμους ποιῆσαι αὐτούς ἐλθεῖν καί δή ἅπασιν ἀνεφάνη καλόν ἀνακηρυχθῆναι σύνοδον οἰκουμενικήν ἐν τῇ Φερραρίᾳ, καί οὐκ ἀλλαχοῦ ὅπως γνόντες οἱ ἁπανταχοῦ ὅτι κατά πᾶσαν ἀνάγκην ἐν τῇ Φερραρίᾳ γίνεται ἡ σύνοδος, ἔλθωσιν ἀπαραιτήτως χωρίς προφάσεως. ὁμογνωμονήσαντες οὖν ἀνεκηρύξαμεν[11] τήν σύνοδον μηνί ἀπριλλίῳ θ', τῇ ἁγίᾳ καί μεγάλῃ δ' τῆς τεσσαρακοστῆς, μετά συμφωνίας τοιαύτης* ὅτι ἐάν πλημμελῇ ὁ καιρός [καί] ἡ σύνοδος οὐ συνέρχεται, ἀλλά μᾶλλον μαίνεται καθ' ἡμῶν, καί μή ἐχόντων ἡμῶν ἄλλως πῶς ποιῆσαι, γνώμῃ κοινῇ ἵνα διαλεχθῶμεν περί τῶν δογμάτων καί εἰ μέν ἑνωθῶμεν, δόξα τῷ θεῷ εἰ δ' οὖν, πάλιν δόξα τῷ θεῷ, ἵνα μετ' εἰρήνης ἀπ' ἀλλήλων ἀπελθεῖν κατά τήν δύναμιν τοῦ δεκρέτου γενήσηται ἡμῖν.

Μέσον δέ τῶν ἡμερῶν τούτων ζήτησις καί φιλονεικία ἐγένετο περί τῶν θρόνων τῆς τε δυτικῆς ἐκκλησίας καί τῆς ἀνατολικῆς• ἐζήτει γάρ ὁ πάπας, ὅτι τό ἕν μέρος τῆς ἐκκλησίας ἵνα καθίσωσιν οἱ αὐτοῦ ἐκκλησιαστικοί πάντες, καί ἐν τῷ ἄλλῳ μέρει ὁ βασιλεύς, ὁ πατριάρχης καί οἱ μετ' αὐτῶν πάντες, ἐν τῷ μέσῳ δέ καί ἀπό κεφαλῆς ὁ πάπας• ὁ δέ βασιλεύς πάλιν ἔλεγε• τοῦτο τοῦ βασιλέως ἐστί μᾶλλον, οὐ τοῦ πάπα. καί πολύς ἐγένετο περί τούτου λόγος, ἕως οὗ ἀνέγνωσαν τά πρακτικά τῶν συνόδων. τέλος συνεφώνησαν οὕτως* ὅτι τό ἕν μέρος τοῦ ναοῦ εἰσιόντα ἀριστερά ἐδόθη τοῦ πάπα καί τῶν αὐτοῦ* τό δέ ἄλλον μέρος, τό δεξιόν δηλονότι, τοῦ βασιλέως καί τῶν αὐτοῦ, καί ἔστησαν τούς θρόνους οὕτως* τοῦ πάπα τόν θρόνον ἐν τῷ μέ-

σμα, ώσάν ούρανόν, καί εσκέπαζαν αυτόν. καί έμπροσθεν αυτού τού Βασιλέως έσυρναν ένα άλογον άσπρον συρτόν χωρίς καβαλάρην, καί ήτον καί αυτό εστολισμένον μέ χάσδια, καί είς τό χάσδιον είχε χρυσόν αετόν, καί άλλα στολίδια χρυσά. ό δέ άγιώτατος Πάπας έκαθέζετο είς τό Παλάτι αυτού μετά παντός τού Κλήρου, Καρδιναλίων, καί Μητροπολιτών, καί Επισκόπων, καί άλλων τού Ιερατικού καταλόγου, καί Αρχόντων, καί Άφεντών πολλών, καί εκδέχετο νά έλθη ό Βασιλεύς. καί έτζι ήλθαν οί Άρχοντες οί καβαλαρέοι, όπού ήσαν όμπρός από τόν Βασιλέα όμού μετά τού Δεσπότου αδελφού τού Βασιλέως, καί έμπήκαν από τήν μεγάλην πόρταν μέσα είς τό Παλάτι όπού ήτον ό Πάπας, τόν δέ Βασιλέα έμπασαν καβαλάρην από άλλην πόρτα τού Παλατίου. έγνώρισε λοιπόν ό Πάπας, ότι ό Βασιλεύς είναι συμά είς τήν πόρταν, καί εσυκώθη από τόν θρόνον αυτού, καί επερπάτησε νά έλθη νά σμίξη μετά τού Βασιλέως. καί ό Βασιλεύς, ώσάν επέζευσεν από τό άλογον, καί ανέβη είς τό Παλάτι, καί ηύρε τόν Πάπαν ορθόν, ήθελε νά γονατίση νά τόν προσκυνήση, καί ό Πάπας δέν τόν άφηκε, μόνον τόν ηγγαλιάσθη, καί τού έδωκε τό χέρι του, καί τό εφίλησε. καί έτζι εκάθισεν ό Πάπας, καί τόν Βασιλέα εκάθισεν είς τήν ζερβήν του μεριάν, οί δέ Καρδιναλέοι κάτω είς τά ποδάρια αυτών εκάθισαν, έκαμαν δέ τόν έν Χριστώ ασπασμόν όλοι. καί ό Πάπας μετά τού Βασιλέως ωμίλησαν λόγους μυστικούς καί είρηνικούς, καί έτζι εσυκώθησαν. καί ό μέν Πάπας έμεινεν είς τό Παλάτι αυτού. ό δέ Βασιλεύς εύγήκεν άπ' εκεί καί εκαβαλίκευσε, καί επήγαν μετ' αυτού τρουμπέταις καί όργανα όλα είς τό Παλάτιον, όπού τού είχαν εστολισμένον εύμορφότατον, // **(506)** καί εκεί επέζευσε μετά τών Αρχόντων αυτού, καί υπηρέτουν κατά τήν τάξιν ενός Βασιλέως. όμως καί ό Πατριάρχης εύγήκεν από τήν Βενετίαν μετά τών Αρχιερέων καί Σταυροφόρων καί μετά παντός τού Κλήρου αυτού, καί ήρχετο μέ τά πλευσίματα είς **(χξβ´)** τό Καστέλλι Φραγγουλί, καί προτήτερα παρά νά σώση εκεί, όπού έλειπεν ακόμη μακριάν, ήλθεν είς συναπάντησιν αυτού ένα μεγάλον πλεύσιμον καταχρυσωτών, τό όποίον έλεγαν Ρεμπούρκιον, καί τό έστειλαν μέσα είς τόν ποταμόν. καί ώσάν έσμιξε μετά πλευσίματα όμού ό Πατριάρχης μετά τής συνοδίας αυτού, έζήτησε τόν Πατριάρχην μέ τήν συνοδίαν του, νά ύπάγη είς αυτό τό Ρεμπούρκιον, καί έτζι επήγεν. ήτον δέ διόροφον καί τριόροφον ώσάν τήν παλαιάν Κιβωτόν τού Νώε, αμή εκείνη ή Κιβωτός ήτον σφαλισμένη καί τά μέσα καί τά έξω. καί τούτο τό Ρεμπούρκιον, όσον μέν ήτον χωσμένον είς τό νερόν, ήτον μέ πίσσαν φτιασμένον, καί χρυσωμένον τό δέ άλλον όπού εφαίνετο από τό νερόν απάνω, ήτον φτιασμένον εύμορφότατον μέ διάφορα χρώματα. καί είχε παραθύρια γλυπτά καμωμένα μέ τέχνην μεγάλην, μέ κολόναις ξύλιναις ζωγραφισταίς, καί εφαίνουνταν ώς πέτριναις πορφυραίς. καί απάνω από τό Ρεμπούρκιον είχε τόν καπνόν απάνω, νά μήν καπνίζουν τούς ανθρώπους. καί είχε μίαν σκάλαν είς τήν πρύμνην, καί άλλην είς τήν πλώρην, καί μέσα είς τήν μέσην τού αυτού Ρεμπουρκίου είχε παλάτι μεγάλον εύμορφότατον μέ κάμεραις διάφοραις, καί είχεν αυταίς μέ κορτίαις χρυσαίς, καί γύρωθεν τού παλατίου ήσαν θρονία χρυσά, καί καθίσματα υψηλά καί χαμηλά, στρωμένα μέ πεύκια διάφορα, καί κάτωθεν τού παλατίου είχεν αποθήκαις πολλαίς. καί ώς εμπήκεν ό Πατριάρχης, μετά τών Αρχιερέων αυτού, καί τών κληρικών, ήρχετο τό Ρεμπούρκιον, πλέοντας τό ποταμόν νά έλθη είς τήν Φερράραν. καί εκεί όπού έπλεε τό Ρεμπούρκιον είς τόν ποτα-

ρει αὐτοῦ ἐγγύς τῆς ἁγίας τραπέζης ὡς ὀργυιάς δ'* κατώτερον δέ τοῦ θρόνου τοῦ πάπα ὡς ὀργυιάν μίαν, τόν θρόνον τοῦ βασιλέως τῆς Ἀλαμανίας• εἰστήκετο δέ κενός, μόνον εἰς ὄνομα• ἐγγύς δέ τούτου ἐκάθισαν οἱ καρδινάλεις καί καθεξῆς μητροπολῖται καί ἐπίσκοποι, τόν ἀριθμόν ὡσεί ρν'• ἱερεῖς δέ καί διάκονοι καί ἕτεροι πρωτονοτάριοι ἀμέτρητοι, ὁμοίως ἐπί τό ἕτερον μέρος ἡτοίμασαν τοῦ βασιλέως τόν θρόνον μετά ἐρυθροῦ καί χρυσοϋφάντου χασδίου, καί καθεξῆς τοῦ τε πατριάρχου, τῶν τοποτηρητῶν καί πάσης τῆς ἀνατολικῆς ἐκκλησίας κατά τάξιν.

[12]Τούτων οὕτω συμφωνηθέντων καί ὁρκωμοτικοῦ διά πλείονα ἀσφάλειαν γενομένου, τᾆ μεγάλη δ', καθώς ἔφημεν, συνήχθημεν καί αὐτοί ἐν τῶ ναῶ τῆς ἐπισκοπῆς, τῶ ἐπ' ὀνόματι τοῦ ἁγίου μεγαλομάρτυρος Γεωργίου, εἰσῆλθεν οὖν πρῶτος ὁ πάπας καί ἐκάθισεν ἐπί τοῦ θρόνου αὐτοῦ ἐπί τό βόρειον μέρος, καθώς ἀνωτέρω δεδήλωται, κατά τήν συμφωνίαν ἡμῶν* εἶτα ἐκάθισεν ὁ βασιλεύς ἡμῶν ἐπί τό νότιον ἐκάθισε δέ καί ὁ δεσπότης ὁ τοῦ βασιλέως ἀδελφός κύρις Δημήτριος, ἐκ δεξιῶν μέν τοῦ βασιλέως, κατώτερον δέ ὡσεί σπιθαμάς δ'· ἐκάθισε καί ὁ πατριάρχης ἡμῶν ἐπί θρόνου καί αὐτός ὑψηλοῦ, εἶτα οἱ τοποτηρηταί τῶν πατριαρχῶν ὑπῆρχον γάρ τοῦ Ἀλεξανδρείας, ὁ Ἡρακλείας κύρις Ἀντώνιος καί ὁ τιμιώτατος πνευματικός κύρις Γρηγόριος• τοῦ Ἀντιοχείας, ὁ Ἐφέσου κύρις Μάρκος καί ὁ Ρωσίας κύρις Ἰσίδωρος* τοῦ Ἱεροσολύμων, ὁ Μονεμβασίας κύρις Δοσίθεος• καί ὁ Σάρδεων, ἐκεῖνος κύρις Διονύσιος• εἶτα ἐκάθισεν ὁ χορός τῶν μητροπολιτῶν κατά τήν τάξιν αὐτῶν, οἵτινες ἦσαν οὗτοι• ὁ Τραπεζοῦντος, κύρις Δωρόθεος, τόν τόπον ἐπέχων τοῦ Καισαρείας• ὁ Κυζίκου, τόν τόπον ἐπέχων τοῦ Ἀγκύρας, κύρις Μητροφάνης* ὁ Νικαίας, τόν τόπον ἐπέχων τοῦ Σάρδεων, κύρις Βησσαρίων* ὁ Νικομηδείας Μακάριος• ὁ Λακεδαιμονίας, καί τόν τόπον ἐπέχων τοῦ Νικομηδείας, κύρις Μεθόδιος• ὁ Τορνόβου, καί τόν τόπον ἐπέχων τοῦ Νικομηδείας, Ἰγνάτιος•ὁ Μιτυλήνης, καί τόν τόπον ἐπέχων τοῦ Σίδης, κύρις Δωρόθεος• ὁ Ἀμασείας Ἰωάσαφ• ὁ Μουλδοβλαχίας, καί τόν τόπον ἐπέχων τοῦ Σεβαστείας, Δαμιανός* ὁ Σταυρουπόλεως Ἡσαΐας• ὁ Ῥόδου Ναθαναήλ* ὁ Δίστρας Κάλλιστος• ὁ Γάνου Γεννάδιος* ὁ Δράμας Δοσίθεος* ὁ Μελενίκου Εὐστράτιος* ὁ Ἀγχιάλου Σωφρόνιος• ὑπῆρχον καί ἀπό τῆς Ἰβηρίας μητροπολίτης εἷς, καί ἐπίσκοπος εἷς. εἶτα ἐκάθισαν οἱ σταυροφόροι [13]ἄρχοντες κύκλω τοῦ πατριάρχου, κάτωθεν δέ οἱ ἡγούμενοι μετά τῶν ἁγιορειτῶν καί οἱ λοιποί κληρικοί, ἅπαντες κατά τήν τάξιν αὐτῶν.

Προκαθημένου καί τοῦ μακαριωτάτου πάπα ἐν τῶ βορείω μέρει καθώς εἰρήκαμεν, κάτωθεν δέ τούτου, ὁ τοῦ βασιλέως θρόνος τᾆν Ἀλαμανῶν ὑπῆρχεν, ὡς εἴρηται* μετά δέ τοῦτον ἐκάθισαν οἱ καρδι-

*Ἡ editio princeps τῶν Ἑλληνικῶν «Πρακτικῶν» (1577) τῆς Συνόδου Φερράρας-Φλωρεντίας*

μόν ἦτον νά ἰδῇ ἄνθρωπος καί νά θαυμάσῃ, διότι ἐφαίνετο ὅτι δέν εἶναι μέσα εἰς τό νερόν τοῦ ποταμοῦ καί πλέουν, ἀμή ὡσάν νά ἦσαν εἰς τήν στερεάν μέσα εἰς Παλάτιον εὐμορφότατον. ἔφθασε δέ ὁ Πατριάρχης μέ τό Ῥεμπούρκιον εἰς τήν Φερράραν εἰς τόν λιμιῶνα, καί ἦτον ὥρα τετάρτη τῆς ἡμέρας. καί ὅταν ἦτον ὁ Πατριάρχης εἰς τήν Βενετίαν, ἔπεμψε δύω Ἀρχιερεῖς εἰς τό Πάπαν, καί ἐπροσκύνησαν αὐτόν ἀπό μέρους αὐτοῦ, τόν Ἡρακλείας, καί τόν Μονεμβασίας. καί ὡσάν ἦλθεν ὁ ατριάρχης εἰς τήν Φερράραν, ἐμήνυσε τοῦ Πάπα, πῶς νά γένη ὅταν θέλει νά ἐμπῇ μέσα εἰς τό Κάστρον, ἤγουν, πῶς νά τόν τιμήσουν, καί πῶς νά τόν δεχθοῦν ὁ Πάπας (χξγ') μέ τούς Καρδιναλέους. ὅμως ὡς ἤκουσε τοῦτο ὁ Πάπας, ἐσυμβουλεύθη πῶς νά γένη. καί ἔτζι ἔμεινεν ὁ Πατριάρχης τήν νύκτα ἐκείνην εἰς τό Ῥεμπούρκιον τό χρυσόν. καί τό πουρνόν, ὥρᾳ πρώτῃ τῆς ἡμέρας, ἔστειλε τέσσαρας Καρδιναλέους, καί Ἐπισκόπους εἰκοσιπέντε, καί τόν Μαρκέσιον τῆς χώρας τόν Ἀφέντην, καί μετ' αὐτοῦ Ἄρχοντες πολλοί, ὅλοι καβαλαρέοι, καί ἔστειλαν ἄλογα, καί μουλάρια, καί ἐκαβαλίκευσεν ὁ Πατριάρχης, καί οἱ Ἀρχιερεῖς καί οἱ Κληρικοί καί ὅλη ἡ συνοδία τοῦ Πατριάρχου, καί ὡσάν ἐκαβαλίκευσαν, ἐμπῆκαν μέσα εἰς τήν Φερράραν, καί ἤρχονταν εἰς τόν Πάπαν. // (507) εἶχαν δύω Καρδιναλέοι τόν Πατριάρχην εἰς τήν μέσην τους. καί ὡσάν ἦλθαν εἰς τό Παλάτι αὐτοῦ τοῦ Πάπα, ἐπέζευσεν ὁ Πατριάρχης, καί οἱ ἐπίλοιποι. καί ὡσάν ἀνέβη ὁ Πατριάρχης εἰς τόν Πάπαν ηὗρέ τον καί ἔστελεν ὀρθός, καί ἠσπάσθηκεν αὐτόν. καί ἔτζι ἐκάθησε, καί ἠσπάσθηκαν αὐτόν ὅλοι οἱ Ἀρχιερεῖς, καί οἱ Κληρικοί τῆς πρώτης Πεντάδος. καί ὡσάν ἠσπάσθηκαν τόν Πάπαν, εὐγῆκεν ὁ Πατριάρχης μετά τῆς συνοδίας αὐτοῦ καί ἐκαβαλίκευσεν, καί ἐπῆγαν εἰς τό Παλάτι, ὁποῦ τοῦ εἶχαν ἡτοιμασμένον ἀπό τόν Πάπαν. ὁμοίως καί τῶν Ἀρχόντων, καί Κληρικῶν ἄλλα ὀσπήτια, καί ἐπῆγεν ὁ καθ' ἕνας ὡς καθώς τῶν εἶχαν διορθωμένα. ταύταις ταῖς τιμαῖς ἔκαμεν ὁ Πάπας τοῦ Βασιλέως καί τοῦ Πατριάρχου, ὅταν ἦλθαν εἰς τήν Φερράραν. τό δέ πουρνόν τῆς Κυριακῆς ἐσυνάχθησαν οἱ Ἀρχιερεῖς καί οἱ Κληρικοί εἰς τό Παλάτι τοῦ Πατριάρχου, καί ὥρισεν ὁ Πα'τριάρχης καί ἐλειτούργησαν οἱ ἱερεῖς, καί διάκονοι ἕως δεκαπέντε εἰς τό Παλάτι αὐτοῦ, καί ἐστέκουνταν οἱ Ἀρχιερεῖς κατά τήν τάξιν αὐτῶν. ὁμοίως καί οἱ Σταυροφόροι καί οἱ Ψάλται, καί ὁ Ἀφέντης τοῦ Κάστρου ὁ Μαρκέζος, καί οἱ Ἄρχοντες αὐτοῦ, καί ἄλλο πλῆθος λαοῦ ἐστέκουνταν μετ' εὐλαβείας, καί ὡσάν ἐτελειώθη ἡ Λειτουργία, ἔδωκε τό ἀντίδωρον ὁ Πατριάρχης, καί ἔτζι ἔγινεν ἀπόλυσις, καί ἐπῆγεν ὁ καθ' ἕνας εἰς τό σπήτιπν αὐτοῦ. ἐπέρασαν δέ ὀλίγαις ἡμέρας, καί ἐζήτησεν ὁ Βασιλεύς τοῦ Πάπα, διά νά γένη Σύνοδος Οἰκουμενική, οὐχί μόνον τῶν Ἐπισκόπων, ἀμή καί τῶν Ῥηγάδων, καί τῶν Δούκιδων, καί τῶν Ἀρχόντων, ἤ νά ἔλθουν αὐτοί σωματικῶς, εἰ δέ καί ἐμποδίζονται διά χρείας αὐτῶν, νά πέμψουν Τοποτηρητήν αὐτῶν εἰς τήν Σύνοδον. ἀκούσας ἔτζι παρά τοῦ Βασι (χξδ') λέως ὁ Πάπας, δέν εἶχε τί νά κάμη, καί ἐζήτησε καιρόν μῆνας τέσσαρας, ἕως οὗ νά τούς μαζώξη. καίκαθώς ἔλαβε τόν καιρόν, ἔστειλεν Ἀποκρισιαρίους πανταχοῦ μέ γράμματα νά ἔλθουν. ὅμως ὁ καιρός τῆς διωρίας ἐπερπάτει, καί αὐτοί δέν ἐφαίνουντ[αν] νά ἔλθη τινάς. καί ἐβουλεύθη ὁ Πάπας μέ τόν Βασιλέα τί νά γένη, καί πῶς νά τούς φέρουν. οὕτως ἔκαμε ταύτην τήν κατασκευήν, ὅπως νά ἀνακηρυχθῇ, καί νά φνανερωθῇ, καί νά διαλαληθῇ, ὅτι πῶς θέλει νά γένη ἡ Σύνοδος ἡ Οἰκουμενική εἰς τήν Φερράραν, διά νά γνωρίση καθ' ἕνας, ὅτι ἀποφασιστικῶς εἰς τήν Φερράραν

νάλιοι* ὅ τε ἀνεψιός τοῦ πάπα, ὁ καμαρέριος κύρις Κλημέντιος ὁ τοῦ ἁγίου Μάρκου* ὁ Ἰορδάνιος, ὁ Σαβινένσης ἐπίσκοπος, καρδινάλιος ὁ Οὐρσίνης• ὁ τοῦ ἁγίου Ἀγγέλου Ἰουλιανός* ὁ καί τοῦ ἁγίου Σταυροῦ ὁ Φιρμάνος* ὁ Πλακεντίας* ὁ Κολούμνας* ὁ ἐπίσκοπος Μπονονιένσης* ἐπίσκοποι δέ καί ἀρχιεπίσκοποι ὡσεί διακόσιοι, ἀλλά καί ἡγούμενοι καί ἀρχιμανδρῖται καί ἕτεροι πολλοί ποιμένες ἐκκλησιῶν, ὁ δέ ἡμέτερος πατριάρχης ἀσθενῶν ἦν καί οὐκ ἦλθεν* ὁμοίως καί ὁ Σάρδεων* ἀλλ' ὁ πατριάρχης ἀπέστειλε προτροπήν ἑαυτοῦ καί θέλημα, καί ἀνέγνωσαν αὐτό.

Μέσον δέ τοῦ ναοῦ καί τῶν δύο μερῶν τοῦ κλήρου, ἔμπροσθεν τῆς ἁγίας τραπέζης, ἔστησαν θρόνον ὡραιότατον πάνυ καί κεκοσμημένον καί εὐτρεπισμένον μετά χρυσοῦ βλατίου* ἐπάνω δέ ἐκάθισεν ὁ μέγας καί δίκαιος κριτής, ὁ κύριος ἡμῶν Ἰησοῦς Χριστός, ἤγουν τό ἅγιον εὐαγγέλιον ἐξ ἑκατέρων δέ τῶν μερῶν αὐτοῦ ἔκειντο αἱ κάραι τῶν ἁγίων ἀποστόλων Πέτρου καί Παύλου καί λαμπάδες ἀνάπτουσαι ἔμπροσθεν αὐτῶν, καί ἦν ἰδεῖν ξένον θέαμα καί φρικτόν τῇ ἡμέρᾳ ἐκείνῃ* καί ἡ ἐκκλησία ὡς οὐρανός ἐγένετο, ὥστε καί μνησθῆναι τοῦ λέγοντος* Οὐρανός πολύφωτος ἡ ἐκκλησία ἀνεδείχθη ἅπασα, φωταγωγοῦσα τούς πιστούς, ἐν ᾗ ἑστῶτες κραυγάζομεν τοῦτον τόν οἶκον στερέωσον, κύριε.

[14]Τούτων οὖν γενομένων, καί ἐνδεδυμένων ταῖς ἱερατικαῖς στολαῖς, οἵ τε τῆς δύσεως ἀρχιερεῖς καί ἱερεῖς πάντες, οἵ τε τῆς ἀνατολῆς τε τῆς ἀνατολης ἐκάθισαν* σιωπῆς δέ γενομένης, ἐξεφώνησεν Εὐλογητόν ὁ μακαριώτατος πάπας, καί ἤρξαντο δοξολογίας καί ὕμνου καί ἱκετηρίων ᾠδῶν* εἶτα ἐκάθισαν, καί ὥρισαν ἐπ' ἄμβωνος ἀναγνωσθῆναι τήν τῆς συνόδου ἀνακήρυξιν* προ ταύτης δέ ὥρισεν ὁ βασιλεύς μετά τοῦ πάπα ἀναγνωσθῆναι ἐγγράφως τήν προτροπήν τοῦ πατριάρχου καί οὕτως ἀνέστη ὁ ρεφερενδάριος τοῦ πατριάρχου διάκονός τις, καί ἤρξατο λέγειν.
[Η ΠΡΟΤΡΟΠΗ ΤΟΥ ΠΑΤΡΙΑΡΧΟΥ]

Ἐν ὀνόματι τῆς ἁγίας καί ζωαρχικῆς Τριάδος, τοῦ Πατρός καί τοῦ Υἱοῦ καί τοῦ ἁγίου Πνεύματος* τά δύο μέρη τῶν χριστιανῶν, τῶν τε Ἰταλῶν καί τῶν Γραικῶν, σήμερον συνεφώνησαν ἀνακηρῦξαι τήν ἁγίαν καί ἱεράν καί οἰκουμενικήν σύνοδον* οἵτινες ἅγιοι πατέρες τῆς ἀνατολικῆς ἐκκλησίας ἀπό τό ἓν μέρος, ὅ τε γαληνότατος βασιλεύς Ἰωάννης ὁ Παλαιολόγος, ὅ τε πατριάρχης κύρις Ἰωσήφ καί οἱ ἀρχιερεῖς, οἵ τε σταυροφόροι καί ἄρχοντες τῆς ἐκκλησίας τῆς ἀνατολικῆς, ἱερεῖς καί διάκονοι καί πᾶς ὁ κλῆρος αὐτῆς* ὁμοίως ἀπό τό ἄλλο μέρος τῶν Ἰταλῶν, πᾶσα ἡ δυτική ἁγία ἐκκλησία τῆς Ῥώμης, ὅ τε μακαριώτατος πάπας, καί πᾶσα ἡ ἱερωσύνη αὐτοῦ, ὁμολογοῦμεν καί στέργομεν ταύτην τήν ἁγίαν καί οἰκουμενικήν σύνοδον γενέ-

*Ἡ editio princeps τῶν Ἑλληνικῶν «Πρακτικῶν» (1577) τῆς Συνόδου Φερράρας-Φλωρεντίας*

γίνεται ἡ Σύνοδος, διά νά ἔλθουν, νά μήν εὑρίσκουν πρόφασιν. καί ἐδιαλαλήθη ἡ Σύνοδος εἰς τάς ἐννέα τοῦ Ἀπριλίου μηνός, τήν ἁγίαν τετράδα τῆς ἁγίας Τεσσαρακοστῆς. καί ἐσυμφώνησαν, ὅτι νά γένη ἡ διάλεξις ἀναμέσον αὐτῶν, καί εἰς δόξαν Θεοῦ. μέσα δέ τῶν ἡμερῶν, ὁποῦ ἦτον ἡ ὥρα νά συναχθοῦν ἡ συνοδία τῆς Συνόδου, ἐγίνη ζήτησις καί φιλονεικία διά τούς θρόνους τῆς Δυτικῆς Ἐκκλησίας, καί τῆς Ἀνατολικῆς, πῶς νά καθήσουν εἰς τήν Σύνοδον. ἐζήτει γάρ ὁ Πάπας, ὅτι εἰς τό ἕνα μέρος τῆς Ἐκκλησίας, ὁποῦ μέλλει νά γένη ἡ Σύνοδος, νά καθήσουν ὅλοι οἱ Ἐκκλησιαστικοί αὐτοῦ, καί εἰς τό ἄλλο μέρος νά καθίση ὁ Βασιλεύς καί ὁ Πατριάρχης καί ὅσοι ἦσαν μετ᾽ αὐτῶν, Ἀρχιερεῖς, καί Κληρικοί, καί μέσα εἰς τήν μέσην νά καθήση ὁ Πάπας ὡς κεφαλή. ὁ δέ Βασιλεύς ἀπεκρίθη. ὅτι τοῦ//
**(508)**το τοῦ Βασιλέως εἶναι, καί ὄχι τοῦ Πάπα, καί πολλούς λόγους ἔκαμαν περί τούτου. τότε διά νά εἰρηνεύσουν, εἶπαν καί ἤφεραν τά πρακτικά τῶν Συνόδων, τά ὁποῖα ἐδιαλάμβαναν, πῶς ἐκάθετο ὁ Βασιλεύς, ὁ Πάπας, ὁ Πατριάρχης, καί οἱ ἐπίλοιποι, καί ἀνέγνωσαν αὐτά. τέλος δέ ἐσυμφώνησαν, ὅτι τό ἕνα μέρος τοῦ Ναοῦ τό ἀριστερόν ἐδόθη τοῦ Πάπα, καί τῶν Κληρικῶν αὐτοῦ, καί Ἀρχόντων, τό δέ ἄλλο μέρος τό δεξιόν ἐδόθη τοῦ Βασιλέως, καί τοῦ Πατριάρχου, καί τῶν ἀλλονῶν ὁποῦ ἦσαν μετ᾽ αὐτῶν, καί ἔστησαν τούς θρόνους αὐτῶν ἔτζι. τοῦ Πάπα τόν θρόνον ἔβαλαν εἰς αὐτό τό μέρος ὁποῦ ἐσυμφώνησαν τό ἀριστερόν, κάτωθεν ἀπό τήν Ἁγίαν Τράπεζαν ἕως ὀργυίαις τέσσαρες, καί κάτωθεν ἀπό τόν θρόνον τοῦ Πάπα ἕως μίαν ὀργυίαν ἔστησαν τόν θρόνον τῆς Ἀλαμανίας. ἐστέκη δέ εὔκαιρος, διότι ὁ Βασιλεύς δέν ἦλθε, μόνον ὁ θρόνος εἶχε τό ὄνομα, καί ἦσαν γράμμα **(χξε΄)** τα, καί ἔλεγαν, τοῦ Βασιλέως τῆς Ἀλαμανίας. συνά δέ τούτου τοῦ θρόνου ἐκάθησαν οἱ Καρδιναλέοι, καί ἀπ᾽ αὐτουνῶν οἱ Μητροπολίται, καί οἱ Ἐπίσκοποι, τόν Ἀριθμόν ἕως ἑκατόν πενῆντα. Ἱερεῖς δέ, Διάκονοι, καί Πρωτονοτάριοι ἦσαν ἀμέτρητοι. ἀπό τούτους ἐκάθησαν οἱ Ἄρχοντες. ὁμοίως καί τό ἄλλο μέρος τό δεξιόν ἡτοίμασαν τοῦ Βασιλέως τόν θρόνον μέ κόκκινον χρυσοΰφαντον χάσδιον, καί καθεξῆς ἡτοίμασαν τούς θρόνους τοῦ Πατριάρχου, τῶν Τοποτηρητῶν τῶν ἀλλονῶν Πατριαρχῶν, καί ἀλλονῶν Ἀρχιερέων, καί Κληρικῶν, καί διαπλέον βεβαίωσιν ἔκαμαν καί ὅρκον, καί τήν μεγάλην τετράδην, καθώς εἴπαμεν, ἐσυνάχθησαν ἐκεῖ εἰς τόν Ναόν τῆς Ἐπισκοπῆς, ὀνομαζόμενος τοῦ Ἁγίου Μεγαλομάρτυρος Γεωργίου, μέγας καί περιβόητος. ὡς ἦλθεν οὖν ὁ Πάπας, καί ἐκάθησε πρῶτος εἰς τό ἀριστερόν μέρος εἰς τόν θρόνον αὐτοῦ, κατά τήν συμφωνίαν ὁποῦ εἶχαν, ἔπειτα ἐκάθησεν ὁ Βασιλεύς εἰς τόν δεξιόν θρόνον, καί ὁ Δεσπότης ὁ ἀδελφός τοῦ Βασιλέως ἐκάθησεν, ὁ κύρ Δημήτριος, εἰς τό δεξιόν μέρος τοῦ Βασιλέως, ἕως τέσσαρες πιθαμαῖς, ἐκάθησε δέ ὁ Πατριάρχης ἐπί θρόνου ὑψηλοῦ, ἔπειτα οἱ ἔτεροι Πατριάρχαι, καί ἦσαν ἐτοῦτοι, ὁ Ἀλεξανδρείας, καί ὁ Ἡρακλείας κύριος Ἀντώνιος, καί ὁ ἐντιμώτατος Πνευματικός κύριος Γρηγόριος τῆς Ἀντιοχείας, ὁ Ἐφέσου κύριος Μάρκος, καί ὁ Ῥουσίας κύρ Ἰσίδωρος, ὁ Μονεμβασίας κύριος Δοσίθεος, καί ὁ Σάρδεων κύρ Διονύσιος. ἐκάθησεν ὁ χορός κατά τήν τάξιν τῶν Μητροπολιτάδων αὐτῶν, οἱ ὁποῖοι ἦσαν ἐτοῦτοι. ὁ Τραπεζοῦντος κύριος Δωρόθεος, ὁ Καισαρείας, ὁ Κυζίκου καί τόν τόπον ἐπέχων Ἀγκύρας, Βησσαρίων ὁ Νικαίας, Μακάριος ὁ Λακεδαιμονίας καί τόν τόπον ἐπέχων Νικομηδείας, Μεθόδιος ὁ Τορνόβου καί τόν τόπον ἐπέχων τοῦ Ἐφέσου, Ἰγνάτιος ὁ Μυτιλήνης καί τόν τόπον ἐπέχων τῆς Ἤδης (sic). ὁ κύριος Δωρόθεος ὁ Ἀμασίας (sic), Ἰωάσαφ ὁ Μολδοβλαχίας καί

σθαι ἐν τῇ πόλει ταύτῃ τῆς Φερραρίας, ἐν τῷ ναῷ τοῦ ἁγίου μεγαλομάρτυρος Γεωργίου, ἐν μέσῳ τῆς αὐτῆς πόλεως* καί κηρύττομεν καί δίδομεν διωρίαν ἀπό τοῦ νῦν, αυλή ἀπριλίῳ θ', ἰνδικτιῶνος α', καί ἐμπροσθεν, μῆνας τρεῖς, εἰς ὅλους τοῦ τόπους καί εἰς ὅλα[15] τά ῥηγάτα τῶν χριστιανῶν, ὅπως ἔλθωσι πάντες, καί οἱ λοιποί τοῦ κονσιλίου τῆς Βασιλείας καί οἱ τῆς Ῥώμης καί πᾶς χριστιανός, ὅστις βούλεται οὖν ἐλθεῖν, ἐλθέτω ἕως τόν διωρισμένον καιρόν καί ὅστις καταφρονήσει ἤ ἀθετήσει τήν ἁγίαν ταύτην σύνοδον, καί οὐδέν ἔλθη ἕως τοῦ διωρισμένου καιροῦ, ἵνα μένη ἐπί κανόνα ἀφορισμοῦ, ἐάν οὐ στέρξη ὅσα ποιήσει ἡ σύνοδος αὕτη ἡ νομοθετημένη, καί εἰ μέν ἐστιν ἄνθρωπος ὑψηλός ἤ σοφός ἤ τῆς ἐκκλησίας ὀφφικιάλιος, λέγομεν ἵνα πέμψῃ τήν ὁμολογίαν αὐτοῦ ἤ τοποτηρητήν, εἰ οὐ δύναται ἐλθεῖν, καί στέρξῃ καί ὁμολογήσῃ ὅσα ποιήσει ἡ ἁγία σύνοδος· εἰ δ' ἀθετήσει, ὡς εἴπομεν, ἵνα μένη ἐπί κανόνα ἀφορισμοῦ* ὁμοίως λέγομεν καί οἱ μεγάλοι αὐθένται καί ῥηγάδες καί δουκάδες καί οἱ ἕτεροι αὐθένται, ἵνα ἔλθωσι καί αὐτοί ἀπό ὁρισμοῦ τοῦ πάπα καί τοῦ βασιλέως καί τῆς συνόδου, ἤ ἵνα γράψωσι καί αὐτοί ὁμοίως τά αὐτά. εἰ δέ πάλιν βουληθῶσιν οἱ αὐτοί ῥηγάδες καί αὐθένται εἰς ἕτερον τόπον γενέσθαι τό κάθισμα τῆς συνόδου, τότε ἵνα σκέψωνται πάλιν τό κρειττότερον, εἴ τι φανῇ τῇ συνόδῳ ἕως τόν διωρισμένον καιρόν.

Τούτου ἀναγνωσθέντος, ὥρισαν ἵνα καί τό δεκρέτον τοῦ μακαριωτάτου πάπα ἀναγνωσθῇ ἐπ' ἄμβωνος. καί δή ἐκλέξαντο οἱ Λατίνοι ἀπό τοῦ μέρους αὐτῶν τόν ἀρχιεπίσκοπον Γραδένσης ἐκλέξαντο δέ καί οἱ ἡμέτεροι ἀπό τοῦ μέρους αὐτῶν τόν Μιτυλήνης Δωρόθεον τούτους προτρέψαντες ἐν τῷ ἄμβωνι ἀναβῆναι, ἐκέλευσαν 30 ἀναγνωσθῆναι ἑλληνικῶς τε καί ῥωμαϊκῶς τῆς οἰκουμενικῆς συνόδου τήν ἀνακήρυξιν καί ἀνέγνω ταύτην ῥωμαϊκῶς πρῶτον ὁ τοῦ μέρους τῶν Ἰταλῶν ἀρχιεπίσκοπος, εἶτα ὁ τοῦ μέρους ἡμῶν μητροπολίτης, ἔχουσαν οὕτως.

[ΤΟ ΔΕΚΡΕΤΟΝ ΤΟΥ ΠΑΠΑ]

[16]Εὐγένιος ἐπίσκοπος δοῦλος τῶν δούλων τοῦ θεοῦ εἰς ἀΐδιον τοῦ πράγματος μνήμην. Μεγάλα τῷ παντοδυνάμῳ θεῷ εὐχαριστῆσαι ἡμᾶς ὡς ἀληθῶς προσήκει, ὅς τῶν παλαιῶν αὐτοῦ οἰκτιρμῶν οὐκ ἀμνημονεύων, τήν αὐτοῦ ἐκκλησίαν γονιμωτέραις ἀεί προκοπαῖς προβιβάζει. ταύτην γάρ εἰ καί χειμάζεσθαι ταῇ τῶν πειρασμῶν τε καί θλίψεων ζάλη καί τρικυμία ἔσθ' ὅτε ἀφίησιν, ἀλλ' οὔποτ' ἐᾷ καταβυθίζεσθαι· κορυφουμένων δέ τῶν κυμάτων ἀβλαβή αὐτήν διατηρεῖ, παρασκευάζει τε ταῇ ἀφάτῳ αὐτοῦ φιλανθρωπίᾳ ἐκείνην ἐν ταῖς πολλαῖς καί ποικίλαις περιστάσεσιν ἀκμάζουσαν μᾶλλον διαπαντός καί ἰσχυροτέραν φανῆναι. ἰδού γάρ οἱ ἀνατολικοί δῆμοι καί δυτικοί διεσχισμένοι ἔκπαλαι ἀπ' ἀλλήλων ἐάς μίαν

*Η editio princeps τῶν Ἑλληνικῶν «Πρακτικῶν» (1577) τῆς Συνόδου Φερράρας-Φλωρεντίας*

τόν τόπον ἀπέχων (sic) τοῦ Σεβαστίας, Δαμιανός ὁ Σταυροπόλεως, Ἡσαΐας ὁ Ῥόδου, Ναθαναήλ ὁ Μελενίκου. Εὐστράτιος ὁ Ἀχελοῦ, ὁ Σωφρώνιος, ἦτον καί ἀπό τήν Βέῤῥοιαν ἕνας Μητροπολίτης καί ἕνας ἐπίσκοπος. ἔπειτα ἐκάθησαν οἱ Σταυροφόροι, οἱ Ἄρχοντες, γύρωθεν τοῦ Πατριάρχου, κάτωθεν δέ οἱ Ἡγούμενοι τῶν Ἁγιορίτων (sic), καί οἱ λοιποί Κληρικοί ἅπαντες κατά τήν τάξιν ἀητῶν (sic), προκαθημέ// **(509)** νου τοῦ μακαριω **(χξστ´)** τάτου Πάπα ἐν τῷ βορείῳ μέρει, ἤγουν τῷ ζερβῷ, καθώς εἴπαμεν. κάτωθεν ἀπό τόν θρόνον τούτου τοῦ Βασιλέως τῆς Ἀλαμανίας, ὡς ἐγράψαμεν, ἐκάθησαν οἱ Καρδιναλέοι, ὅ,τε ἀνεψιός τοῦ Πάπα, ὁ Καμεράριος κύριος Κλημέντιος, ἔπειτα τοῦ Ἁγίου Μάρκου ὁ Ἰορδάνος, ὁ Σαβινένσης Ἐπίσκοπος, ὁ Καρδινάλης Οὐρσῖνος, ὁ τοῦ Ἁγίου Ἀγγέλου Ἰουλιανός, ὁ τοῦ Ἁγίου Σταυροῦ, ὁ Πλακεντίας, ὁ Φυρμιανός, ὁ Πολυμενίας, ὁ Πονυεύσης, Ἐπισκοποίτε, καί Ἀρχιεπίσκοποι, ἕως διακόσιοι, καί Ἡγούμενοι, καί Ἀρχιμανδρῖται, καί ἄλλοι πολλοί Ποιμένες Ἐκκλησιῶν. ὁ δέ Πατριάρχης ἦτον ἀσθενής, καί δέν ἤθελε νά καθήσῃ, ὁμοίως καί ὁ Σάρδεων Μητροπολίτης. ἀμή ὁ Πατριάρχης ἀπέστειλεν ἐπιτροπήν αὐτοῦ καί ἀνέγνωσαν αὐτήν. μέσα εἰς τόν Ναόν, εἰς τήν μέσην τῶν δύω μερῶν τοῦ Κλήρου τῶν Ἀνατολικῶν, καί Δυτικῶν, ὀμπρός εἰς τήν Ἁγίαν Τράπεζαν, ἔστησαν θρόνον πολλά εὐμορφότατον, καί πολλά στολισμένον μέ χρυσόν βλατί, καί ἐκάθησεν ἀπάνω ὁ Μέγας Βασιλεύς καί Δίκαιος Κριτής, ὁ Κύριος ἡμῶν Ἰησοῦς Χριστός, ὁ Μέγας Ἀρχιερεύς, ἤγουν τό Ἅγιον καί Ἱερόν Εὐαγγέλιον, καί ἀπό τό ἕνα μέρος καί τό ἄλλο τοῦ Ἁγίου Εὐαγγελίου ἦσαν αἱ δύω Κεφαλαί Πέτρου καί Παύλου, τῶν Κορυφαίων Ἀποστόλων, καί λαμπάδες ἀναμμέναις πολλαῖς ἔμπροσθεν τοῦ Θείου Εὐαγγελίου, καί τῶν Ἁγίων Ἀποστολικῶν Κεφαλῶν. καί ἦτον νά εἰδῇ τινάς τήν ἡμέραν ἐκείνην ξένον θέαμα καί φρικτόν, ὅτι ἡ Ἐκκλησία ἐγίνη ὡσάν Οὐρανός, καί ἐνθυμήθησαν ἐκεῖ ὅπου λέγει, Οὐρανός πολύφωτος ἡ Ἐκκλησία, ἀνεδείχθη ἅπαντα, φωταγωγοῦσα τούς πιστούς, ἐν ᾗ ἑστῶτες κραυγάζομεν, τοῦτον τόν οἶκον στερέωσον Κύριε. τούτου οὖν γενομένη (sic), ὅλοι οἱ Ἀρχιερεῖς ἦσαν ἐνδυμένοι τήν ἱερατικήν στολήν ὅλην, καθώς ποτέ καί εἰς τάς ἄλλας ἑπτά Συνόδους, ὅπου δέν ἐκάθησαν ποτέ οἱ Ἀρχιερεῖς, οὔτε ἄλλοι Ἱερωμένοι χωρίς τάς ἱεράς στολάς αὐτῶν. ὅμως ἐκάθησαν ὅλοι τῆς Δύσεως οἱ Ἀρχιερεῖς καί Ἱερεῖς ὅλοι, ἤγουν οἱ Φράγγοι, ὁμοίως καί τῆς Ἀνατολῆς, ἤγουν οἱ Ῥωμαῖοι, καί ὡσάν ἐκάθησαν, ἔγινε μεγάλη σιωπή, καί τινάς οὐδέν ὡμίλειε, μόνον ἐκαθέζετο χωρίς λόγου τινός. τότε ὁ Πάπας ἐσυκώθη ὀρθός, καί ὅλοι οἱ Ἀρχιερεῖς καί Ἱερεῖς, καί οἱ Διάκονοι, καί οἱ Ψάλται, κοσμικοί ἄνδρες, δοξολογίαν καί ὕμνον πρός τόν Θεόν ἔπεμ **(χξζ´)** πον καί δέησιν, ἵνα γένῃ ἡ ἕνωσις, καί παύσουν τά σχίσματα. καί ὡσάν ἔγινεν ἡ Δοξολογία ἐκάθησαν ὅλοι. τότε ὥρισαν, ὅτι εἰς τόν ἄμβωνα ἀπάνω νά ἀναγνωσθῇ καί νά φανερωθῇ ἡ ὑπόθεσις τῆς Συνόδου αὐτῆς. ὥρισεν ὁ Βασιλεύς καί ὁ Πάπας νά ἀναγνωσθῇ ἐγγράφως ἡ προτροπή τοῦ Πατριάρχου. καί ἔτζι ἐσυκώθη ὁ Ῥεφερενδάριος τοῦ Πατριάρχου, ὁ Διάκων, καί ἄρχισε καί ἐδιάβαζεν αὐτήν. Ἐν τῷ ὀνόματι τῆς ἁγίας καί Ζωαρχικῆς Τριάδος, τοῦ Πατρός, καί τοῦ Υἱοῦ, καί τοῦ Ἁγίου Πνεύματος, τά δύω μέρη τῶν Χριστιανῶν, τῶν τε Φραγγῶν (sic) καί τῶν Ῥωμαίων, τήν σήμερον ὡμοφώνησαν ἀνακηρύξαι τήν ἁγίαν καί ἱεράν καί Οἰκουμενικήν Σύνοδον, εἰς τήν ὁποίαν ἦτον Πατέρες τῆς Ἀνατολικῆς Ἐκκλησίας, ἤγουν οἱ Ῥωμαῖοι, ἀπό τό ἕνα μέρος, καί ὁ Γαληνότα// **(510)** τος Βασιλεύς Κωνσταντινουπόλεως, Ἰωάννης ὁ Παλαιολό-

ἑνώσεως καί εἰρήνης χάριν συνδραμεῖν σπεύδουσιν οό δή τῶ σφᾶς αὐτούς χρονία κεχωρίσθαι διχονοία ἤσχαλλον ὡς εἰκός· μετά πολλούς δέ αἰώνας, αὐτοῦ δήπου χορηγοῦντος ἐξ οὗ πᾶσα δόσις ἀγαθή, ἐφέσει τῆς ἁγίας ἑνώσεως εἰς τουτονί συνῆλθον τόν τόπον. τῆς ἡμετέρας τοίνυν ὑπηρεσίας ἁπάσης τε τῆς ἐκκλησίας ἔργον ἐστί τε καί εἶναι νοοῦμεν τό πάση δυνάμει πειρᾶσθαι, ὅπως τά οὕτως εὐτυχῆ προοίμια σπουδῇ συνεχεῖ καί ἀδιαλείπτῳ τήν τε προχώρησιν καί τήν ἔκβασιν εὐδαίμονα δέξηται, ὡς ἄν συνεργοί τῆς τοῦ Θεοῦ χάριτος εἶναί τε καί λέγεσθαι ἀξιωθῶμεν. ὁ τοίνυν ποθεινότατος ἡμῶν υἱός Ἰωάννης ὁ Παλαιολόγος ὁ Ῥωμαίων βασιλεύς, ἅμα τῷ θεοσεβεστάτῳ ἀδελφῷ Ἰωσήφ τῷ Κωνσταντινουπόλεως πατριάρχῃ καί τούς τῶν λοιπῶν πατριαρχικῶν θρόνων τοποτηρηταῖς, μεγάλη τε ἀρχιεπισκόπων, ἐπισκόπων, ἐκκλησιαστικῶν ἀνδρῶν, καί ἀρχόντων εὐγενῶν συνοδίᾳ, τῇ η' τοῦ φεβρουαρίου μηνός τοῦ ἄρτι παρεληλυθότος, εἰς τάς Βενετίας ἤγουν εἰς τόν ἔσχατον λιμένα ὥρμησαν.

[17] παντί γοῦν τρόπῳ καί τύπῳ ὡς ἐνί μάλιστα, ἀποφαίνομεν καί δηλοποιοῦμεν προστεθείσης τῆς συναινέσεως τῶν εἰρημένων βασιλέως τε καί πατριάρχου τῶν ᾧδε παρόντων καί πάντων τῶν ἐν τῇ παρούσῃ συνεληλυθότων συνόδῳ, τήν ἱεράν οἰκουμενικήν σύνοδον εἶναι ἐν ταύτῃ τῇ πόλει τῆς Φερραρίας, τῇ πᾶσιν ἐλευθέρᾳ καί ἀσφαλεῖ, τήν τε εἰρημένην σύνοδον οὕτως ὑπό πάντων χρῆναι νομίζεσθαί τε καί ὀνομάζεσθαι· ἔνθα δίχα τινός ἐριστικῆς φιλονεικίας καί θορυβώδους φιλαυτίας ἤ ἰσχυρογνωμοσύνης, μᾶλλον μέν οὖν μετά πάσης ἀγάπης, τήν ἱεράν ταύτην τῆς ἑνώσεως πραγματείαν μεταχειρίζεσθαι, ἥν θεοῦ ὁδηγοῦντος καί ἵλεω γενομένου εὐτυχῶς τελεῖσθαι ἐλπίζομεν, μετά τῶν λοιπῶν ἁγίων ἔργων, πρός ἅ ἡ σύνοδος

[18] Ὅτε δέ ἀνέγνωσαν ταῦτα καί ἑτέρας γραφάς, ἔταξαν γενέσθαι τήν σύνοδον ἐν Φερραρίᾳ. Εἶτα ἀνέστη τις ἐκ τοῦ μέρους τῶν Ἰταλῶν, καί ἠρώτησε τούς αὐτῶν καρδιναλίους, καί ἀρχιερεῖς, καί ἐπισκόπους, καί ἅπαντας τοῦ κλήρου, λέγων Στέργετε ταῦτα, ἅπερ ἐγράφησαν καί ἀνεγνώσθησαν σήμερον καί ὁμολογοῦμεν τότε ἠρώτησαν καί οἱ Γραικοί τούς αὐτῶν ἀρχιερεῖς, ὁμοίως καί πάντας, τό αὐτό· καί εἶπον καί ἔμπροσθεν ὑμῶν; οἱ δέ ἀποκριθέντες εἶπον Στέργομεν αὐτοί· Στέργομεν καί ὁμολογοῦμεν. καί ἔγραψαν τήν ὁμολογίαν τῶν δύο μερῶν, καί ἐκηρύχθη ἡ σύνοδος καί τό κάθισμα ἐν χώρᾳ τῇ Φερραρίᾳ, καθώς ἄνωθεν εἴρηται.

Τούτων οὖν εἰρημένων καί γενομένων, καί τῶν ἀρχιερέων μικρόν καθισάντων, ἀναστάντες ἤρξαντο πάλιν δοξολογεῖν καί ὕμνους ἀναφέρειν τῷ θεῷ. γενομένης οὖν τῆς εὐχῆς καί τοῦ ὕμνου παυσαμένου, γέγονε τελεία ἀπόλυσις. ἀλλά τίς διηγήσεται, ἤ τίς δύναται ἐξηγηθῆναι κατά μέρος τά τότε πραχθέντα λεπτομερῶς, τάς τάξεις

γος, καί ὁ Πατριάρχης κύριος Ἰωάσαφ, καί ὅλοι οἱ Ἀρχιερεῖς, Σταυροφόροι καί Ἄρχοντες τῆς Ἐκκλησίας τῆς Ἀνατολικῆς, Ἱερεῖς, καί Διάκονοι, καί ὅλος ὁ κλῆρος. ὁμοίως καί ἀπό τό ἄλλο μέρος τῶν Φραγγῶν ὅλης τῆς Δύσεως, τῆς Ἁγίας Ἐκκλησίας τῆς Ῥώμης, ὅ,τε μακαριώτατος Πάπας, καί ὅλος ὁ Κλῆρος αὐτοῦ, ὁμολογοῦμεν καί στέργομεν ταύτην τήν ἁγίαν καί Οἰκουμενικήν Σύνοδον νά γένη εἰς τό Κάστρον τῆς Φερράρας, εἰς τόν Ναόν τοῦ Ἁγίου Μεγαλομάρτυρος Γεωργίου, εἰς τήν Μέσης τοῦ αὐτοῦ Κάστρου. καί κηρύττομεν καί δίδομεν διορίαν ἀπό τήν σήμερον χίλιοι τετρακόσιοι τριάντα ὀκτώ χρόνοι ἀπό Χριστοῦ Γεννήσεως, Ἀπριλλίου εἰς τάς ἐννέα, καί ὀμπρός μῆμας τρεῖς, εἰς ὅλους τούς τόπους, καί εἰς ὅλα τά Ῥηγάτα τῶν Χριστιανῶν, ὅπως νά ἔλθουν ὅλοι, καί οἱ λοιποί τοῦ Κονσεγίου τῆς βασιλείας καί τῆς Ῥώμης καί πάντων τῶν Χριστιανῶν, ὅποιος βούλεται νά ἔλθη εἰς τόν διωρισμένον καιρόν. καί ὅποιος καταφρονέση καί ἀθετήση τήν ἁγίαν αὐτήν Σύνοδον, καί δέν ἔλθη ἕως εἰς τόν διωρισμένον καιρόν, νά εἶναι ἐπί κανόνα ἀφωρισμένος, ἐάν δέν στέρξη ὅσα κάμη τούτη ἡ Σύνοδος. καί εἰ μέν ἄνθρωπος ὑψηλός, ἤ Ῥήγας, ἤ Δοῦκας, ἤ σοφός, ἤ τῆς Ἐκκλησίας ὀφφικιάλιος, λέγομεν νά στείλη τήν ὁμολογίαν του, ἤ Τοποτηρητήν αὐτοῦ, ἄν δέν δύνεται νά ἔλθη, καί νά στέρξη καί νά Ὁμολογήση ὅσα κάμη ἡ Ἁγία αὕτη Σύνοδος. εἰ δέ ἀθετήση, καθώς εἴπαμεν, νά εἶναι εἰς τόν κανόνα τοῦ ἀφορισμοῦ. καί ὡσάν ἀνεγνώσθη τοῦτο, ὥρισε νά ἀναγνωσθῆ καί τό δεκρέτον τοῦ μακαριωτάτου Πάπα, ἀπάνω εἰς τόν ἄμβωνα. καί ἔτζι ἔκλεξαν οἱ Φράγγοι ἀπό μέρους αὐτῶν τόν Ἀρχιεπίσκοπον Γραδένσης, ἔκλεξαν δέ καί οἱ Ῥωμαῖοι ἀπό μέρος αὐτῶν τόν Μητροπολίτην Μιτυλήνης Δωρόθεον. τούτους ἐπρόσταξαν νά ἀνεβοῦν εἰς τόν ἄμβωνα νά ἀναγνώσουν Ῥωμάϊκα (sic) καί Φράγγικα τήν ἀνακήρυξιν τῆς Συνόδου, καί ἀνέγνωσαν αὐτήν Φράγγικα ὁ Ἀρχιεπίσκοπος Γραδένσης, ὅπου ἦτον ἀπό μέρος τῶν Φραγγῶν, ὁ δέ Μητροπολίτης Μιτυλήνης ἀνέγνωσεν αὐτήν Ῥωμαΐκα, ὅπου ἦτον ἀπό τό μέρος τῶν Ῥωμαίων. ἔλεγε δέ οὕτως.

Εὐγένιος Ἐπίσκοπος δοῦλος τῶν δούλων τοῦ Θεου, εἰς τήν ὑπόθεσιν τῆς παρούσης ὑποθέσεως γράφω νά στέκεται πάντοτε. μεγάλως τόν Παντοδύναμον Θεόν κάμνει χρεία κατά ἀλήθειαν νά εὐχαριστήσωμεν, ὁ ὁποῖος διά τῶν οἰκτιρμῶν αὐτοῦ δέν ἀλησμόνησε τήν Ἐκκλησίαν αὐτοῦ νά τήν αὐξάνη εἰς προκοπαῖς καί χάριτες, καλά καί ἦλθεν εἰς αὐτήν πολύς καί μεγάλος χειμῶνας καί κύματα φοβερά, ἤγουν πειρασμοί. καί ἀμή ὅσον ἦσαν μεγάλα τά πάθη, ἐτήρησε καί τηρεῖ αὐτήν ἀβλαβῆ. καί ἔστωντας νά εἶναι σύγχυσις καί σκάνδαλα πρό πολλοῦ, καί περί τινων, ἐσυνάχθημεν αἱ δύο Ἐκκλησίαι, ὁδηγοῦντος, νά ἑνωθοῦμεν, νά γίνη σμίξις εἰς τήν μέσην ἡμῶν, τό ὁποῖον εἶναι ἔργο θεῖον. λοιπόν ὁ ποθεινότατος ἡμῶν Υἱός κατά πνεῦμα, Ἰωάννης ὁ Παλαιολόγος, ὁ Βασιλεύς τῶν Ῥωμαίων, σύν τῷ Θεοσεβεστάτῳ Ἀδελφῷ ἡμῶν Ἰωάσαφ, τῷ Κωνσταντινουπόλεως Πατριάρχῃ, καί τοῖς ἐπιλοίποις // **(511)** τῶν Πατριαρχικῶν θρόνων Τοποτηρητῶν, ὁμοίως καί οἱ ἐπίλοιποι Ἀρχιερεῖς, Κληρικοί τε, καί Ἄρχοντες, ὅτι ἦλθαν εἰς τάς ὀκτώ τοῦ ἀπερασμένου Φευρουαρίου μηνός εἰς τήν Βενετίαν, διά νά σμίξουν μεθ' ἡμῶν νά γένη ἡ Σύνοδος. καί ὁ Βασιλεύς νά γένη ἐκεῖ δέν ἠθέλησε, μόνον εἶπεν εἰς Φερράραν. καί ἔτζι ἦλθεν ὁ Βασιλεύς, καί ἀνέφεραν τήν ὑπόθεσιν, καί ἐστέρξαμεν καί ἡμεῖς τοῦτο, ἐδῶ εἰς τήν Φερράραν νά γένη ἡ Σύνοδος, καί ἐβεβαιώσαμεν τήν ζήτησιν τοῦ Βασιλέως. ἐγράψαμεν εἰς τούς Ῥηγάδες, καί

τῶν πατριαρχῶν, τάς ἰσοτιμίας τῶν βασιλέων, τοῦ βορείου μέρους τόν καλλωπισμόν, πῶς ἐκαθέζοντο οἱ ἱερεῖς καί ἀρχιερεῖς φοροῦντες πᾶσαν ἀρχιερατικήν στολήν* τοῦ νοτίου μέρους τήν λαμπρότητα τῶν ἀρχιερέων τῶν ἀνατολικῶν, τάς κατά τάξιν καθέδρας καί ἀναβάθρας καί ὑποπόδια, τό πλῆθος τῶν κληρικῶν, τόν ἀριθμόν τῶν νοταρίων, τό σμῆνος τῶν πριμικηρίων, τῶν ἀρχόντων τήν κατάστασιν, καί ἁπλῶς ὅλον τό συνέδριον τό [19] πολυπληθές ; ἀλλ' ὅμως ἐλύθη ἡ σύνοδος, καί ἀπῆλθεν ἕκαστος ὅθεν ἐβούλετο.

Παρελθόντων τοίνυν τῶν ἡμερων τοῦ πάσχα καί τοῦ καιροῦ πλημμελοῦντος, ἡ ἐκκλησία τῶν Λατίνων ἐζήτει ἀεί, μή ἐν κενοῖς παρέρχεσθαι τόν καιρόν, ἀλλά συνέρχεσθαι συχνῶς τοῦ ἐξετάζειν τά δόγματα. ἡμεῖς δέ ἄδικον εἶναι ἐλέγομεν διαλέγεσθαι, μή παρόντων ἀρχιερέων τῶν ἐν τῇ Βασιλείας συνόδῳ συναθροισθέντων. πολλῆς οὖν διωρίας γενομένης, μόλις κατενεύσαμεν διά θεραπείαν τινά τῶν πραγμάτων, ἵνα ἐξετάζωνται θατέρων αἱ δόξαι περί τε τοῦ καθαρτηρίου πυρός καί περί ἄλλων ζητημάτων ἐκκλησιαστικῶν• καί δή ἐποιήσαμεν ἀμφότεροι ἐκλογήν καί ἐκλέξαντο οἱ Λατίνοι ἐκ τοῦ μέρους αὐτῶν καρδινάλεις β', μητροπολίτας β', ἐπισκόπους β', καί ἱερομονάχους β', ἀββάδας β', καί νοταρίους β'. ἐκλεξάμεθα καί ἡμεῖς ἐκ τῶν πρώτων ἀρχιερέων β, καί ἀπό τῶν μέσων β', καί ἐκ τῶν τελευταίων β', καί ἡγουμένους β', καί σταυροφόρους β', καί νοταρίους β'• καί ἀπεκαταστήσαμεν τούτους διαλέγεσθαι. καί ἀπερχόμενοι δή καθ' ἑβδομάδα δύο ἡμέρας, ἐν τῷ ναῷ τοῦ ἁγίου Φραντζέσκου διελέγοντο.

εἰς τούς Δούκιδες, καί εἰς ἄλλους μεγάλους Ἄρχοντας, ὅπως νά συναχθοῦν νά ἔλθουν, καί ἔτζι ἐγένετο συμφωνητικῶς, χωρίς τινός φιλονεικίας καί σκανδάλου, ἀμή μετά πάσης ἀγάπης τήν ἱεράν ταύτην σύνοδον ἐπιχειρήσθημεν, Θεοῦ ὁδηγοῦντος, διά νά ἑνωθοῦν αἱ Ἐκκλησίαι. καί ἐλπίζομεν εἰς τόν αὐτόν Θεόν, νά ὁδηγήσῃ καί νά φωτίσῃ ἡμᾶς εἰς τοῦτο, νά γένῃ ὁμόνοια καί ἀγάπη, διά νά δοξάζεται αὐτός ὁ ἐν ἀρχῇ Θεός. ἐδόθη Ἀπριλίου εἰς τάς ἐννέα. χρόνοι ἀπό Χριστοῦ Γεννήσεως χίλιοι τετρακόσιοι τριάντα ὀκτώ.

Καί ὡσάν ἀνέγνωσαν ταῦτα, τά ἄνωθεν, καί ἄλλας γραφάς, ἐσυκώθη ἕνας ἀπό τό μέρος τῶν Φραγγῶν, καί ἠρώτησε τούς Καρδιναλέους, καί τούς Κληρικούς, καί Ἀρχιερεῖς, λέγων πρός τούς Φράγγους. στέργετε ταῦτα ὁπού ἐγράφησαν, καί ἀνεγνώσθησαν τήν σήμερον ἔμπροσθέν σας; καί τότε ὅλοι μιᾷ φωνῇ ἀπεκρίθησαν καί εἶπαν, στέργομεν καί ὁμολογοῦμεν, καί ἔγραψαν τήν ὁμολογίαν τῶν δύο μερῶν, καί ἐκηρύχθη ἡ Σύνοδος, ὡσάν ἔγινε τοῦτο, ἐκάθησαν ὅλοι οἱ Ἀρχιερεῖς, καί τότε ἐσυκώθησαν καί ἄρχησαν Δοξολογίαν καί Ὕμνον ἀναφέρειν τῷ Θεῷ. γινομένου δέ τοῦ Ὕμνου καί τῆς Δοξολογίας, ἔκαμαν τελείαν ἀπόλυσιν. λοιπόν ποῖος δύναται νά διηγηθῇ, καί νά ἐξηγηθῇ καταλεπτῶς μέρος τῆς τάξεως τῶν Πατριαρχῶν; τάς ἀσοτιμίας (sic) τῶν Βασιλέων τοῦ δεξιοῦ μέρους; τόν καλλωπισμόν καί τήν εὔμορφην τάξιν πῶς ἐκαθέζοντο οἱ Ἀρχιερεῖς, καί Ἱερεῖς, φορεμένοι μέ τάς ἀρχιερατικάς αὐτῶν λαμπρότητας ὁπού εἶχαν, κατά τάξιν εἰς τάς καθέδρας αὐτῶν, καί ἀναβάθρας, καί ὑποπόδια; τό πλῆθος τῶν κληρικῶν; τόν ἀριθμόν τῶν Ἀρχόντων καί τήν κατάστασιν, καί ἁπλῶς ὅλον τό συνέδριον; τό πολύ πλῆθος ὅλον; ὅμως ἐσυκώθη ἡ Σύνοδος, καί ἐπῆγε καθ' ἕνας εἰς τό ὁσπήτιον αὐτοῦ.

Ἀφ' οὗ δέ ἐπέρασεν ἡ Ἑορτή τοῦ Πάσχα τῆς Λαμπρῆς, καί ἐπέρασαν ἡμέραι, ἡ Ἐκκλησία τῶν Φραγγῶν ἐζήτει πάντοτε πρός τόν Βασιλέα, νά μήν ἀφήνουν νά περνᾷ ὁ καιρός εὔκαιρα, ἀμή νά ὑπαγένουν νά ἐξετάζουν τό δόγματα καί τάς διαφοράς, ὁπού ἔχουν ἀνάμεσόν τους. ἐπέρασε δέ καιρός πολύς, καί διά νά κάμῃ θεραπείαν νά τούς ἀναπαύσῃ, ὥρισε νά ἐξετάσουν τήν ὑπόθεσιν περί τοῦ Καθαρτηρίου πυρός, ὁπού τό λέγουν οἱ Φράγγοι Πουργατώριον, καί περί τῆς Ἐκπορεύσεως τοῦ Ἁγίου Πνεύματος, καί περί τοῦ Ἀζύμου, καί περί ἄλλων ζητημάτων, καί ὡς ἔγινεν εἰς τοῦτο ἀπόφασις, ἔκαμαν ἀνάμεσόν τους ἐκλογήν Ῥωμαῖοι καί Φράγγοι, νά ἐκλέξουν **(χο')** Ἐπιστήμονας ἄνδρας σοφούς, // **(512)** νά διαλέγωνται. καί ἔκλεξαν οἱ Φράγγοι ἀπό τό μέρος αὐτῶν Καρδιναλέους δύω Μητροπολιτάδες δύω, Ἐπισκόπους δύω, Ἱερομονάχους δύω, Ἀββάδες δύω, καί Νοταρίους δύω. ἔκλεξαν καί οἱ Ῥωμαῖοι ἐκ τῶν πρώτων Ἀρχιερέων δύω, καί ἀπό τούς δευτέρους δύω, καί ἀπό τούς ὑστέρους δύω, καί ἡγουμένους δύω, καί Σταυροφόρους δύω, καί Νοταρίους δύω, καί ἀποκατέστησαν τούτους νά διαλέγωνται, καί ἔτζι ἐπήγαιναν πᾶσαν τήν ἑβδομάδα εἰς τόν Ναόν τοῦ Ἁγίου Φραγκίσκου καί ἐδιαλέγουνταν.

www.ingramcontent.com/pod-product-compliance
Lightning Source LLC
Chambersburg PA
CBHW081205170426
43197CB00018B/2927